# 개발자를 위한
# **최소한**의 **실무** 지식

### 현장에서 바로 써먹는 40가지 핵심 기술

# 개발자를 위한 최소한의 실무 지식

현장에서 바로 써먹는 40가지 핵심 기술

**초판 1쇄 발행** 2024년 1월 23일

**지은이** 김현정, 이재효 / **펴낸이** 전태호
**펴낸곳** 한빛미디어(주) / **주소** 서울시 서대문구 연희로2길 62 한빛미디어(주) IT출판2부
**전화** 02-325-5544 / **팩스** 02-336-7124
**등록** 1999년 6월 24일 제25100-2017-000058호 / **ISBN** 979-11-6921-196-3    93000

**총괄** 송경석 / **책임편집** 홍성신 / **기획** 홍현정 / **편집** 박혜원 / **교정** 김묘선
**디자인** 박정우 / **전산편집** 다인
**영업** 김형진, 장경환, 조유미 / **마케팅** 박상용, 한종진, 이행은, 김선아, 고광일, 성화정, 김한솔 / **제작** 박성우, 김정우

이 책에 대한 의견이나 오탈자 및 잘못된 내용에 대한 수정 정보는 한빛미디어(주)의 홈페이지나 아래 이메일로
알려주십시오. 잘못된 책은 구입하신 서점에서 교환해드립니다. 책값은 뒤표지에 표시되어 있습니다.
**한빛미디어 홈페이지** www.hanbit.co.kr / **이메일** ask@hanbit.co.kr

**지금 하지 않으면 할 수 없는 일이 있습니다.**
**책으로 펴내고 싶은 아이디어나 원고를 메일(writer@hanbit.co.kr)로 보내주세요.**
**한빛미디어(주)는 여러분의 소중한 경험과 지식을 기다리고 있습니다.**

# 개발자를 위한 **최소한**의 **실무** 지식

---

**현장에서** 바로 써먹는
**40가지 핵심 기술**

**김현정, 이재효** 지음

**IB한빛미디어**
Hanbit Media, Inc.

이 책은 개발 프로젝트를 수행하는 모든 이에게 필요한 지식과 실무 요소를 이해하기 쉬운 예시를 통해 설명합니다. 특히 초급 개발자뿐만 아니라 최신 SI 환경을 낯설어하는 고급 개발자와 해당 환경을 구축하고 관리해야 하는 PM에게도 큰 도움이 될 것입니다. 프로젝트 참여자들이 어렵게 느끼는 데이터베이스, 암복호화, 깃허브, CI/CD 등도 명확히 이해할 수 있도록 전반적인 그림이 잘 그려져 있고 실제로 개발자들이 흔히 하는 실수들도 짚어주어 매우 인상 깊었습니다. 저 또한 이 책을 통해 어렴풋이 알고 있던 개념을 정확히 이해할 수 있었기에 개발 프로젝트와 관련이 있는 모든 이에게 추천하고 싶습니다.

**김아연** QA 엔지니어

신입 개발자도 실무에 바로 적용할 수 있는 개념이 상세하게 설명되어 있습니다. 뿐만 아니라 효율적인 소프트웨어 개발과 테스팅을 위한 환경 설정에 대한 내용도 담겨 있어 지식을 업무에 실제로 적용할 수 있도록 도와줍니다.

**송옥수** 우아한형제들 Quality Engineer

소프트웨어 분야는 전문 도서로만 공부해야 실력자가 된다는 말은 옛말입니다. 이제는 현장에서 마주하는 세세한 부분을 누구나 알기 쉽게 전달해주는 책을 원하고 있습니다. 이 책이 바로 그런 책입니다. 기초부터 분야별 이슈로 체계적으로 구성되어 있으며 심지어 친절하기까지 합니다. 더불어 실무에서 누구나 마주하는 고민에 대한 해결책까지 담고 있어 개발 실무에 몸담고 있거나 몸담을 예정이라면 꼭 읽어보기를 추천합니다.

**이창희** LG전자 소프트웨어 센터 책임 연구원

이 책을 읽으며 15년 전 무지했던 신입사원 시절이 떠올랐습니다. '인코딩', '라이선스'와 같은 낯선 용어에 막막함을 느꼈던 그때 이 책이 있었더라면 얼마나 큰 도움이 되었을지, 적어도 흑역사(?)를 생성할 일은 없었을 텐데 말입니다.

이 책은 다양한 IT 분야의 필수 개념을 깊이 있게 다루면서도 개발 현장에 바로 적용할 수 있는 실무 지식을 담고 있습니다. 현업에서 실제로 적용할 수 있는 코딩 사례도 가득 있어 마치 보물섬과도 같은 책입니다. '찐' 개발자로 거듭나고 싶다면 꼭 읽어보기를 추천합니다.

**임우섭** IT 품질 관리자

이 책은 초보 개발자들이 자주 부딪히는 어려움과 궁금증을 세심하게 다루면서 간단한 예시와 함께 이해하기 쉽게 설명합니다. 데이터베이스, 보안, 성능 최적화 등 다양한 주제를 다루는 동시에 고급 개발자로 성장하는 데 필요한 최신 기술의 핵심을 조리 있게 설명합니다. 그런 의미에서 개발을 시작하는 이들에게는 기초 입문서로, 성장을 추구하는 주니어 개발자에게는 탄탄한 실무의 토대를 다지는 지침서로 추천합니다.

**장석진** 삼성전자 수석 연구원

비전공자와 전공자 모두에게 개발자로서 역량 향상에 도움을 주는 책으로 저자의 경험을 토대로 한 구체적인 예시는 실무를 효과적으로 이해하는 데 큰 도움을 줍니다. 다양한 주제를 아우르며 초보자부터 경력자까지 폭넓은 독자층에게 실무 능력을 높일 수 있는 필수 지식을 선사하는 책입니다.

**정창호** 구글코리아 Customer Engineer

취업 준비를 하면서 '실무'에 대한 이야기를 자주 듣게 됩니다. 도대체 실무란 무엇이고 교육 과정과는 어떻게 다른지 등 궁금한 점을 이 책을 통해 많이 해소했습니다. 실무 맞춤 공부는 물론, 프로젝트에 적용할 키워드까지 알 수 있는 좋은 책입니다.

**공예지 컴퓨터공학부 학생**

자료구조나 네트워크 같은 기본 개념이 실무에 정말 필요하냐는 질문을 종종 받는데, 필요할 뿐만 아니라 매우 중요합니다. 수년간 포털 검색 시스템을 개발하며 대용량 데이터와 수천 TPS의 사용자 트래픽을 감당하려면 CS 지식이 절실함을 느꼈습니다. 기초가 잘 다져질수록 경험의 질도 좋아집니다. 이 책은 기초 지식이 어떻게 실무로 이어지는지 친절하게 알려주고 개발자로서 공부와 성장 방향을 제시해주는 훌륭한 가이드입니다.

**김삼영 체커(쿼리파이) 개발자**

아무것도 모르는 신입 개발자에게 사수 같은 책입니다. 저자의 경험과 지식을 통해 전공 지식과 실무 사이의 괴리를 빠르게 좁힐 수 있습니다. 제대로 된 사수가 없을 때 겪는 시행착오를 이 책으로 대부분 해결할 수 있을 것입니다.

**박소현 데이터 엔지니어**

개발자가 되었다고 바로 역량이 생기지 않는데, 현장에서는 곧바로 높은 수준의 실무를 맡기기도 합니다. 특히 데이터베이스, 보안, 코딩 컨벤션 및 클라우드 등에 대한 실무 관점 지식은 일하기 전에 알기 어려운데 이 책으로 미리 익히면 선배 개발자와 원활한 소통이 가능할 것입니다.

**박수빈 엔씨소프트**

공부한 개념을 실무에 어떻게 적용할 수 있는지 알려주는 친절한 사수 같은 책입니다. 이제 막 개발의 세계로 입문한, 실수를 줄이고 싶은 개발자에게 강력 추천합니다.

**박주영 백엔드 개발자**

초보 개발자들의 방황을 줄여주는 유익한 안내서입니다. 교육 과정만으로는 알 수 없는 생생한 실무 지식을 다루고 개인 멘토처럼 유용한 팁과 정보를 친절하게 설명해줍니다. 실무에 어려움을 느낀다면 분야를 막론하고 꼭 한 번 읽어보길 바랍니다.

**안예린 프런트엔드 엔지니어**

개발을 시작한 지 얼마 안 되었다면 공부해야 할 범위가 넓어 '무엇부터 해야 할지 모르겠다'라는 생각이 들 겁니다. 이런 사람들을 위해 실무 맞춤 지식 영역을 대신 그려주고 저변을 넓혀주는 책입니다. 코딩 규칙, 보안, 클라우드 등 다양한 주제를 쉽게 풀어 써서 무척 읽기 편합니다.

**양해준 백엔드 개발자**

단순 이론 설명이 아닌 현장에서 어떤 관점을 가지고 업무에 적용해야 하는지 자세하게 다룹니다. 학생뿐 아니라 주니어 개발자에게 유익한 내용으로 가득합니다. 개발은 끝없는 배움의 연속이지만 이 책에서 알려주는 개념만이라도 먼저 알고 넘어간다면 한 단계 성장하는 개발자가 될 것입니다.

**이장훈 데브옵스 엔지니어**

신입 개발자가 깊이 고려하지 못하는 개념을 콕 짚어줍니다. 신입이 지닌 다양한 의문을 해소할 수 있도록 필수 지식을 포괄적이고 친절하게 다룹니다. 게다가 개발할 때 발생할 수 있는 문제를 사전에 예방하고 해결하는 데 도움이 되는 실용적인 정보도 담고 있습니다. 더 나은 성과를 이루고 싶다면 반드시 읽어야 할 개발 지침서입니다.

**이재복 풀스택 개발자**

첫발을 내딛는 이들의 발판이 되어주는 책입니다. 헷갈리기 쉽거나 생소한 개념을 친절하게 설명해 시야를 넓혀줍니다. 이론을 실무에 적용할 때 중점적으로 봐야 할 것들을 차근차근 이해시켜주고, 이를 통해 생긴 궁금증을 확장해 더 깊이 공부할 수 있는 밑거름을 만들어줍니다.

**이한슬** 프런트엔드 엔지니어

주니어 개발자에게 마치 안정제 같은 책입니다. 자리에 앉아는 있지만 뭘 해야 할지 막막할 때, 합격은 했지만 무언가 준비해야 할 것 같은 불안감이 앞서는 이들에게 추천하고 싶습니다. 실무 맞춤 지식과 현업에서 유용한 팁으로 막연한 마음에 안정을 선사해줄 것입니다.

**장유리** 프런트엔드 개발자

비전공자라면 프로그래밍 언어와 CS 지식이 분리되어 있는 느낌을 받는 분이 많을 것입니다. 하지만 이 책을 읽는다면 기초 지식과 개발 업무를 조화롭게 연결시킬 수 있습니다. 또한 실무에서 중요한 지식은 물론 앞으로 어떠한 방향으로 공부를 하면 좋을지 안내해주는 가이드입니다.

**정하영** 프런트엔드 직무 취업 준비생

## 지은이 소개

**김현정** hena080@daum.net

카이스트에서 소프트웨어공학을 전공했고 IT 컨설팅 회사에 근무하면서 다양한 소프트웨어를 현장에서 직접 경험하고 있다. 소프트웨어 분야에서 공적을 인정받아 2014년 미래창조과학부 장관상을 수상했다. ISO/IEC 국제 표준화 활동에 활발하게 참여하고 있으며 관련 분야 전문위원으로도 활동 중이다. 15여 년 동안 아카데미와 대학교 등에서 소프트웨어 분야 강의를 하면서 IT 기술을 이해하기 쉽게 설명하는 방법을 배웠고, 현장감 있는 교육을 제공하기 위해서는 흥미롭고 재미있는 이야기와 경험을 공유하는 것이 무엇보다 중요하다는 것을 깨달았다. 이에 청소년과 일반인을 위한 재미있고 이해하기 쉬운 교양서 집필을 시작해, 그 결실로『그림과 이야기로 쉽게 배우는 소프트웨어와 코딩 첫걸음』,『코딩책과 함께 보는 코딩 개념 사전』,『코딩책과 함께 보는 소프트웨어 개념 사전』,『엔트리 블록 코딩 100제』,『코딩책과 함께 보는 인공지능 개념 사전』,『청소년을 위한 파이썬 300제』를 펴내게 되었다.

**이재효** ljh8324@gmail.com

성균관대학교 임베디드소프트웨어학과에서 석사 학위를 받았다. 국내 DBMS 개발 회사에서 오랜 기간 품질 책임자로 활동하면서 시스템 소프트웨어 품질 관리, 테스트 자동화 도구 개발, 신뢰할 수 있는 코딩 가이드 개발 등 좋은 소프트웨어를 만들기 위한 다양한 실무 경험을 쌓았다. 현재는 IT 컨설팅 회사에 근무하면서 소프트웨어를 전문적으로 검증하고 있다. ISO/IEC 국제 표준화 활동에 참여하고 있으며, IT 분야 아카데미 등에서 소프트웨어 관련 강의를 하고 있다.

많은 사람이 대학교나 다양한 교육 기관에서 배운 지식을 현장에 적용하는 데 어려움을 느낍니다. 이제 막 일을 시작한 초보 개발자들은 SQL에서 왜 오토커밋을 권장하지 않는지, 왜 비밀번호를 단방향 암호화 방식을 통해 저장해야 하는지 모른 채 그저 문법에 맞게 코드를 작성하다가 에러가 발생하면 그제야 기본기의 중요성을 깨닫곤 합니다. 사실 오토커밋과 같은 내용은 기본적인 교육 과정에서 배우지만 이를 현장에 적용하기까지는 '시행착오'라는 비용을 지불해야 하는 것이 사실이지요.

교육 과정이 충분하지 않아서일까요? 아니면 책 속의 정보를 살아 숨 쉬는 지식으로 바꿔주는 촉매제가 부족해서일까요? 이론과 현장의 경험을 연결해줄 좋은 방법이 그동안 없었던 걸까요? 우리에겐 책 속 이론을 살아있는 지식으로 만들 무언가가 필요합니다. 이 책은 개발 이론을 현장에서 응용할 수 있도록 실무적 관점으로 소개합니다. 책 속 이론을 코딩으로 연결한 실무 맞춤형 지식을 통해 현장에서 필요한 개발자가 되는 데 도움이 되도록 했습니다.

이제 막 첫걸음을 뗀 개발자들은 좋은 프로그램을 만들기 위한 지식과 경험이 매우 부족합니다. 제대로 된 프로그램을 만들기 위해서는 프로그래밍 실력뿐 아니라 보안, 데이터베이스, 품질, 성능 등에 관한 경험도 갖추어야 합니다. 하지만 이를 찬찬히 알려줄 친절한 멘토가 부족한 것도 사실입니다.

이 책을 든 여러분에게 매우 다행인 점은 바로 친절한 멘토를 얻었다는 것입니다. 초보 개발자들에게 꼭 필요한 지식을 이해하기 쉬운 언어로 전달하고자 했습니다. 여느 IT 책과 달리 친절한 설명과 찰떡같은 비유를 통해 추상적인 개념이 더욱 깊이 와닿을 겁니다. 게다가 선생님이 직접 이야기하는 듯한 어투로 설명해서 책을 읽는 동안 친근함을 느낄 수 있게 했습니다.

우리가 학습하는 동안 뇌는 마치 청개구리처럼 동작하기도 합니다. 다른 사람들이 잘못한 사례에서 오히려 더 크게 배우기도 하죠. 그런 이유에서 이 책에서는 소프트웨어 개발 과정에서 자주 하는 실수와 오작동 상황을 마주했을 때 문제 해결에 유용한 핵심 개념을 설명합니다. 물론 좋은 코드의 다양한 예시도 제공해 초보 개발자들이 좋은 코드의 기준을 한 단계 높일 수 있도록 구성했습니다.

IT는 여러분에게 다양한 기회를 제공합니다. 노력과 역량만으로도 성공할 수 있는 정직한 분야이기도 한데요. 고급 개발자로 성장하기 위해서는 기본기를 탄탄하게 구축하는 과정이 절대적으로 필요하답니다. 이 책을 통해 소프트웨어 개발의 기본 개념을 확실히 정립하고, 소프트웨어 개발에 대한 안목을 키워나가길 바랍니다.

**김현정, 이재효**

## 이 책의 독자

이 책은 개발자로 취업을 준비하는 사람, 이제 막 회사에 입사한 신입 개발자 그리고 어느 정도 개발 경험이 있는 주니어 개발자를 대상으로 합니다. IT 관련 전공은 아니지만 코딩을 공부하고 있는 비전공자의 경우에는 실무 지식뿐만 아니라 학습 방향 설정에도 도움을 얻을 수 있습니다.

## 필요한 선수 지식

이 책은 초보 개발자를 대상으로 하기 때문에 개발 경력이 크게 중요하지는 않지만, 1~2년 정도의 개발 경험이 있다면 더 많은 공감대와 깊은 이해를 갖고 읽어나갈 수 있을 것입니다.

이론을 실무 관점으로 재조명하는 책이므로 코딩, 데이터베이스, 보안, 테스팅 등에 대한 기초 지식을 필요로 합니다. 책에 포함된 예제 코드는 자바Java로 작성되어 있습니다. 코드를 잘 이해하기 위해서는 자바 언어에 대한 사전 지식이 있으면 좋지만, 다른 언어로 코딩을 배운 경험이 있다면 예제 코드를 읽어나가는 데는 문제가 없을 것입니다.

## 이 책의 구성

1부에서는 학교에서 배웠던 데이터베이스, 보안, 자원 관리, 성능 등 다양한 이론을 현장에서 적용할 수 있도록 이론을 실무적 관점에서 소개합니다. 아울러 소프트웨어 저작권인 라이선스를 제대로 이해하고 개발할 수 있도록 다양한 오픈소스 라이선스를 설명합니다.

2부에서는 더 나은 소프트웨어를 만들기 위해 필요한 사항들을 소개합니다. 체계적인 개발을 위해 갖추어야 하는 개발 환경부터 테스팅 도구까지 개발자들이 활용할 수 있는 다양한 도구의 세계로 초대합니다.

3부에서는 반듯한 코딩 작성을 위한 코딩 규칙과 시큐어 코딩secure coding 규칙, 에러 처리 방법 등을 설명합니다. 이를 위해 에러 상황별로 핵심 개념을 설명하고, 좋은 코드의 다양한 예시를 제공합니다. 나아가 우리나라에서 만든 소프트웨어가 다양한 국가에서 사용될 수 있도록 국제화 개념을 설명하고, 소프트웨어의 구독형 서비스 시대에 상식적으로 알아야 하는 클라우드 컴퓨팅의 개념을 알아봅니다.

## 1부 학교에서 배운 이론을 실무에 적용하기

### Chapter 1 데이터베이스의 효과적인 활용

학교에서 이미 배웠지만 실무에 적용하지 못하는 데이터베이스의 중요한 개념을 쏙쏙 뽑아 실무적인 관점에서 알아봅니다. 나아가, 다양한 DBMS의 세계를 소개하고 왜 소프트웨어의 특징에 따라 다른 DBMS를 사용하는지를 살펴봅니다.

### Chapter 2 데이터를 지키는 암호화 기법

데이터를 보호하기 위해 알아야 하는 보안과 보호의 개념을 다룹니다. 암호화를 위해 권고하는 암호 알고리즘이 무엇인지, 비밀번호 암호화를 위해 단방향 암호화를 하는 이유 등을 배워봅니다. 또한 보안을 공부하는 사람이라면 상식처럼 알아야 하는 시큐어 코딩에 대해 알아보고 클라우드 서비스 시대에 보안 기능도 서비스로 이용하는 방법을 소개합니다.

### Chapter 3 체계적인 자원 관리

다수의 사용자가 동시에 사용하는 소프트웨어의 경우 체계적인 자원 관리가 필요합니다. 이를 위해 동시성 프로그래밍, 메모리 누수, 스레드 풀링thread pooling 등에 대해 실무적 관점으로 알아봅니다.

### Chapter 4 성능을 향상하는 방법

중급 개발자로 거듭나기 위해서는 성능에 눈을 떠야 합니다. 이를 위해 성능의 개념과 병목 지점에 대해 설명합니다. 나아가 클라우드 컴퓨팅 환경에서 다수 사용자 접속에도 문제없이 서비스할 수 있도록 클라우드 서비스의 오토 스케일링을 배우고, 웹 애플리케이션 개발에서 성능을 고려한 5가지 개발 팁을 제시합니다.

## Chapter 5 오픈소스 라이선스의 세계

라이선스를 준수하지 않고 개발하게 되면 자신이 만든 소스 코드를 모두 공개해야 하는 불상사가 발생합니다. 초보 개발자들이 간과하기 쉬운 오픈소스 라이선스를 이해하는 시간을 가져봅시다.

# 2부 더 나은 개발 환경 조성하기

## Chapter 6 개발자를 위한 개발 도구

소프트웨어 개발에서 도구의 사용은 기본이자 필수겠죠? 그런 의미에서 체계적인 소프트웨어 개발에 필요한 깃허브, 레드마인, 젠킨스 등 다양한 도구의 세계를 탐구합니다.

## Chapter 7 효율적인 테스팅을 돕는 도구

소프트웨어 품질 검증을 위해 필요한 다양한 테스팅 도구에 대해 살펴봅니다. 반복적인 기능 시험을 위한 테스트 자동화 도구, 부하 발생을 위한 성능 시험 도구 그리고 보안성 시험을 위한 웹 취약점 점검 도구 등 개발자들이 사용할 수 있는 각종 도구를 알아봅니다.

# 3부 더 고급진 소프트웨어 개발하기

## Chapter 8 좋은 코드 작성과 에러 처리

가독성 높고 유지보수하기 좋은 코드를 작성하는 방법을 알아봅니다. 또한 완성도 있는 소프트웨어 개발에 필요한 에러 처리 방법을 알아봅니다.

## Chapter 9 글로벌 소프트웨어 개발하기

해외에서 사용할 수 있는 소프트웨어를 개발하고 싶다면 어떻게 해야 할까요? 이를 위해서는 국제화가 선행되어야 합니다. 국제화를 위해 하나의 소스 코드로 다양한 언어를 지원하는 방법과 다국어 지원을 위한 언어 설정 방법을 배웁니다. 나아가 언어 및 국가별 인터페이스 변경을 위해 필요한 로케일 설정 방법에 대해 알아봅니다.

## Chapter 10 전 세계로 통하는 클라우드 서비스

소프트웨어도 구독형 서비스로 제공되는 시대. 클라우드 컴퓨팅 시대에 개발자가 꼭 알아야 하는 특징과 개념을 알아봅니다. 또한 클라우드 컴퓨팅을 제대로 활용할 수 있도록 멀티테넌시, 가용성, 탄력성을 고려한 소프트웨어 개발 방법을 배웁니다.

## 편집 규약

이 책에서 정보를 구별하는 편집 스타일은 다음과 같이 정의합니다.

1. 명령어나 메뉴 이름, 파일명 등은 다음과 같은 서체를 사용했습니다.
[예시] **CREATE TABLE 직원**은 '직원'이라는 이름으로 테이블을 만들라는 의미입니다.

2. 코드에서 생략된 부분은 … 과 같이 표기하였습니다.

OS 명령어 인젝션 공격에 취약한 코드

```
1    ...
2    String domain = getParameter("domain");
3
4    Process process = Runtime.getRuntime().exec("cmd.exe /c nslookup " + domain);
5    ...
```

## 코드 예제

이 책에서 사용한 소스 코드는 다음 깃허브 주소에서 확인할 수 있습니다. 또한, 추가로 참고하면 좋을 개념을 각 장별 로드맵으로 그려 깃허브에 올려두었으니 참고하길 바랍니다.

- 깃허브 URL: https://github.com/ljhyo/minimal-knowledge-for-developers

# 목차

# 학교에서 배운 이론을 실무에 적용하기

**Part 1**

**목차**

# 더 나은 개발 환경
# 조성하기

Part 2

목차

# 더 고급진 소프트웨어 개발하기

**Part 3**

## Part 1

# 학교에서 배운
# 이론을 실무에 적용하기

1부에서는 이론으로 배웠던 데이터베이스, 보안, 자원 관리,
성능 등의 개념을 현장에 적용할 수 있도록 실무적 관점에서 소개합니다.
아울러 소프트웨어 저작권인 라이선스를 제대로 이해하고 개발할 수 있도록
다양한 오픈소스 라이선스를 설명합니다.

# 데이터베이스의
# 효과적인 활용

## 1.1 논리적인 작업의 단위, 트랜잭션

### 트랜잭션이란

트랜잭션transaction은 컴퓨터로 처리하는 작업의 단위를 말합니다. 트랜잭션에 속한 모든 작업이 성공적으로 완료되어야 트랜잭션의 실행도 완료되기 때문에 트랜잭션은 '작업과 운명을 함께한다'라고 표현할 수 있습니다.

**트랜잭션**

그림 1-1 트랜잭션의 이해

트랜잭션을 보다 쉽게 이해하기 위해 계좌이체 상황을 생각해보겠습니다. 계좌이체는 하나의 계좌에서 돈을 인출하고 이 돈을 다른 계좌로 입금하는 2개의 작업으로 이루어집니다. 성공적인 계좌이체를 위해서는 인출 작업과 입금 작업이 하나의 트랜잭션으로 묶여야 합니다. 이때 인출 작업과 입금 작업은 운명을 함께하기 때문에 두 작업이 모두 오류가 없으면 트랜잭션 실행도 완료되지만, 두 작업 중 하나라도 오류가 나면 트랜잭션 실행은 완료되지 않습니다. 만약 한 계좌에서 10만 원을 인출했는데, 다른 계좌로 10만 원이 입금되지 않았다면 이 트랜잭션의 실행은 완료되지 않은 것입니다. 이런 상황이 되면 컴퓨터는 인출 작업을 취소해 트랜잭션이 실행되기 이전의 상태로 되돌려놓습니다.

트랜잭션의 개념을 제대로 이해하지 못하면 트랜잭션 구간을 너무 길게 설정하거나 오토커밋<sup>autocommit</sup>을 해제하지 않는 실수를 범할 수 있습니다. 때문에 우리는 트랜잭션의 개념을 명확히 이해한 후 코딩해야 합니다.

### 커밋과 롤백의 정체

트랜잭션에는 커밋<sup>commit</sup>과 롤백<sup>rollback</sup>이라는 명령어를 사용합니다. 커밋은 '약속하다'라는 뜻으로 여러 개의 쿼리를 묶어 하나의 트랜잭션으로 처리하겠다고 약속하는 명령어입니다. 그리고 롤백은 쿼리 실행 도중 오류가 발생하면 상태를 되돌리기 위해 사용하는 명령어입니다.

컴퓨터의 모든 작업이 메모리에서 실행되지만, 작업한 결과는 반드시 디스크에 기록해야 합니다. 메모리가 가진 휘발성이라는 특징 때문인데요. 전원 연결이 끊어지면 메모리의 데이터가 연기처럼 사라지기 때문에 데이터를 꼭 디스크에 기록해야 한답니다. 이러한 까닭에 커밋 명령어를 사용해 쿼리문 실행 결과를 디스크에 기록합니다. 반면, 롤백 명령어를 사용하면 트랜잭션이 실행되기 전 상태로 되돌리기 때문에 쿼리문 실행 결과가 디스크에 기록되지 않습니다.

예를 들어 설명하겠습니다. 계좌이체를 위해 트랜잭션의 구간을 다음과 같이 지정할 수 있습니다. 두 행의 쿼리문을 하나의 트랜잭션으로 묶기 위해 START TRANSACTION과 COMMIT 명령어를 사용합니다.

```
START TRANSACTION
UPDATE ACCOUNT SET BALANCE  = BALANCE - 100000 WHERE ID = 'A'
UPDATE ACCOUNT SET BALANCE  = BALANCE + 100000 WHERE ID = 'B'
COMMIT
```

앞에서 설명한 것처럼 트랜잭션으로 묶인 쿼리문은 운명을 함께합니다. 모든 쿼리문이 에러 없이 실행되면 트랜잭션이 정상적으로 완료되지만, 쿼리문 하나라도 에러가 발생하면 트랜잭션 실행은 취소된다는 사실을 기억해야 합니다.

그런데 커밋 실행 후에 롤백을 실행할 수 있을까요? 답은 '아니오'입니다. 커밋한 데이터는 트랜잭션이 완료되었기 때문에 롤백을 실행하더라도 이전으로 되돌릴 수 없습니다. 그럼 만약 커밋을 실행하지 않으면 어떻게 될까요? 쿼리문을 통해 추가하거나 변경한 데이터가 메모리에만 저장되고 디스크에는 기록되지 않기 때문에 락lock이 걸려 다른 사람이 이 데이터를 변경하지 못합니다. 그럼에도 오랫동안 커밋을 실행하지 않으면 타임아웃timeout되어 강제 롤백된답니다.


**오토커밋을 해제해야 하는 이유**

오토커밋은 쿼리문을 실행할 때마다 자동으로 커밋이 실행되는 DBMSDatabase Management System[1] 기능입니다. 쿼리문마다 커밋 명령이 실행되기 때문에 쿼리문 하나가 곧 트랜잭션의 구간이 됩니다. 앞에서 언급한 계좌이체에 빗대어보면 인출 작업 완료 후 커밋 실행, 입금 작업 완료 후 커밋 실행 순으로 동작합니다. DBMS에서 테이블을 만들면 오토커밋이 기본으로 설정되지만, 코딩을 하려면 이 설정을 해제해야 합니다. 왜 그럴까요? 그 이유는 다음과 같습니다.

[그림 1-2]와 같이 인출 후 입금하는 도중 에러가 났다고 가정하겠습니다. 오토커밋을 설정하지 않았다면 두 작업은 하나의 트랜잭션으로 묶이기 때문에 에러 발생 이전 상태로 되돌릴 수 있습니다. 하지만 [그림 1-3]과 같이 오토커밋을 설

---

1 DBMS는 데이터를 체계적으로 관리하도록 도와주는 소프트웨어로 오라클, MariaDB, MySQL 등이 있습니다.

정했다면 인출 후 바로 커밋이 실행되기 때문에 쿼리 실행 결과가 디스크에 기록되고 에러 발생 이전 상태로 되돌릴 수 없습니다. 즉, 돈이 인출은 됐는데 입금은 되지 않는 문제가 생기죠. 이런 이유로 여러 개의 작업을 논리적으로 묶어야 하는 경우에는 오토커밋을 사용하지 않는 편이 좋습니다.

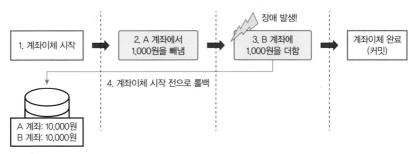

그림 1-2 오토커밋을 사용하지 않은 경우

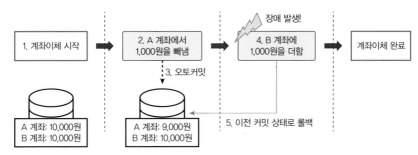

그림 1-3 오토커밋을 사용한 경우

다음 코드는 오토커밋을 해제하는 방법을 알려줍니다. DBMS에 접속한 후 con-nection.setAutoCommit(false)라는 명령어를 사용하면 간단하게 오토커밋을 해제할 수 있습니다.

```
1    Connection connection = null;
2
3    // 연결 설정
4    con = DriverManager.getConnection(
5               "jdbc:mariadb://127.0.0.1:3306/mariadb",
6               "ID",
7               "PASSWORD");
8
9    // 오토커밋 해제
10   connection.setAutoCommit(false);
```

**NOTE**

**자바 프로그램과 데이터베이스의 연결을 위한 JDBC**

자바 프로그램에서 데이터베이스를 연결하기 위해서는 JDBC^Java Database Connectivity를 사용하는데요. JDBC에서 제공하는 다양한 API를 통해 자바 프로그램에서 데이터베이스에 접근하여 데이터를 읽거나 쓸 수 있습니다. JDBC 라이브러리는 DBMS 제조사별로 따로 제공하기 때문에 자신이 사용하는 DBMS의 JDBC 라이브러리를 사용해야 한답니다.

이번에는 커밋과 롤백 등을 코드로 어떻게 작성하는지 살펴보겠습니다. 다음 코드 22행에서 오토커밋을 해제하고, 쿼리문 후반부인 32행에서 commit() 메서드를 사용합니다. 그런데 왜 트랜잭션 시작을 알려주는 코드를 적지 않았을까요? 쿼리문이 시작되면 자동으로 트랜잭션이 시작되었다고 판단하기 때문입니다.

코드가 항상 정상적으로 동작하리란 보장이 없기 때문에 rollback()을 수행할 코드도 포함해야 하는데요. 이를 위해 37행 try-catch문에서 rollback() 메서드를 사용했습니다.

```java
1   import java.sql.Connection;
2   import java.sql.DriverManager;
3   import java.sql.PreparedStatement;
4   import java.sql.SQLException;
5
6   public class Transaction {
7
8       public static void main(String[] args) {
9
10          Connection connection = null;
11          PreparedStatement preparedStatement = null;
12
13          try {
14
15              Class.forName("org.mariadb.jdbc.Driver");
16              String url = "jdbc:mariadb://127.0.0.1:3306/mysql";
17              String id = "myid";
18              String password = "mypassword1234!";
19
20              connection = DriverManager.getConnection(url, id, password);
21
22              connection.setAutoCommit(false);
23
24              preparedStatement = connection.prepareStatement("update account set
25                              balance = balance - 100000 where id = 'A'");
26              preparedStatement.executeUpdate();
27
28              preparedStatement = connection.prepareStatement("update account set
29                              balance = balance + 100000 where id = 'B'");
30              preparedStatement.executeUpdate();
31
32          connection.commit();
33
34          } catch (Exception ex) {
35
36          if (connection != null) {
37              try {
38              connection.rollback();
```

```
39              } catch (SQLException e) {
40                  // 에러 코드 작성
41              }
42          }
43      }
44  }
45 }
```

**스프링 프레임워크를 이용해 트랜잭션을 정의하는 방법**

자바 기반의 웹 어플리케이션 개발을 위해 일반적으로 스프링 프레임워크$^{Spring Framework}$를 사용합니다. 이 프레임워크를 사용하면 코드에 커밋, 롤백 등의 메서드를 사용하지 않고 트랜잭션 어노테이션(@Transactional)을 추가해 특정 구간의 코드(클래스, 메서드 등)를 하나의 트랜잭션으로 정의할 수 있습니다.

## 1.2 지름길 정보, 인덱스

**인덱스의 의미**

우리는 데이터를 잘 관리하기 위해 데이터베이스 관리 시스템$^{DBMS}$이라고 불리는 특별한 소프트웨어를 사용합니다. DBMS에는 내가 원하는 데이터를 빨리 찾을 수 있는 '인덱스'라는 자료 구조가 있습니다. 인덱스란 데이터를 찾는 지름길과도 같습니다. 테이블의 모든 데이터를 일일이 확인하지 않아도 찾고자 하는 데이터를 빨리 찾을 수 있도록 돕는 정보이지요.

책에서는 특정 단어가 나오는 위치를 찾고 싶을 때 책 뒤편의 인덱스를 활용합니다. 책의 인덱스는 색인, 찾아보기라고도 합니다. 이와 유사하게 DBMS도 무수히 쌓인 데이터 중 원하는 것을 쉽고 빠르게 찾기 위해 인덱스를 사용합니다.

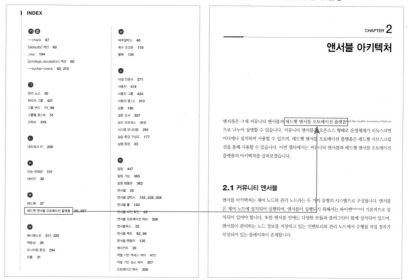

색인(index)　　　　　　　　　책 본문의 단어 설명

**그림 1-4** 책의 인덱스 활용 예시

쿼리문을 빠르게 실행하기 위해서는 인덱스를 잘 활용해야 한다는 사실을 놓치는 개발자들이 있습니다. 이런 안타까운 상황을 면하려면 인덱스가 무엇이고 어느 경우에 만들어야 하는지 이해해야 합니다.

DBMS의 인덱스는 인덱스 키key와 행 주소row address에 대한 정보를 담고 있습니다. 인덱스 키는 우리가 찾고자 하는 키워드를 말하고, 행 주소는 책의 인덱스에 있는 페이지 번호처럼 위치를 나타내는 정보입니다. 인덱스의 페이지 번호를 따라가면 본문에서 해당 키워드를 바로 찾듯이, 인덱스의 데이터 위치를 따라가면 테이블에서 원하는 데이터를 쉽게 찾게 됩니다.

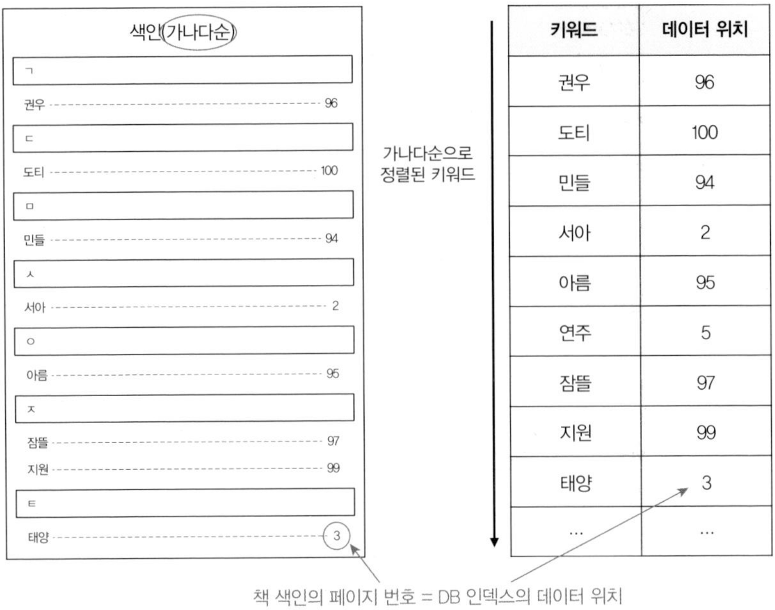

색인(가나다순)
ㄱ
권우 96
ㄷ
도티 100
ㅁ
민들 94
ㅅ
서아 2
ㅇ
아름 95
ㅈ
잠뜰 97
지원 99
ㅌ
태양 3
가나다순으로
정렬된 키워드
키워드
데이터 위치
권우 96
도티 100
민들 94
서아 2
아름 95
연주 5
잠뜰 97
지원 99
태양 3
… …
책 색인의 페이지 번호 = DB 인덱스의 데이터 위치


**그림 1-5** 책 색인의 페이지 번호와 DB 인덱스의 데이터 위치

### 인덱스와 기본 키의 관계

테이블을 만들기 위해 다음 쿼리문을 사용합니다. DBMS를 한 번쯤 공부해보았다면 이 쿼리문이 익숙하겠지요. 하지만 쿼리가 실행되는 순간 DBMS 내부에서 '어떤 일들이 일어나는지' 모르는 채 쿼리문을 사용하는 경우가 많습니다.

```
CREATE TABLE 직원 (사번 CHAR(5) PRIMARY KEY, 이름 CHAR(10), 직위 CHAR(2));
```

`CREATE TABLE` **직원**은 '직원'이라는 이름으로 테이블을 만들라는 의미입니다. 테이블을 만들 때 사번, 이름, 직위 이렇게 3개의 열을 지정하라고 되어 있군요. 여기서 주의 깊게 봐야 하는 단어는 사번 옆의 `PRIMARY KEY`입니다. 쿼리문의 `PRIMARY KEY`는 사번을 '기본 키'로 지정하겠다는 의미입니다. 기본 키는 테이블에서 매우 중요한 정보이므로 DBMS는 기본 키로 지정된 열에 인덱스를 자동으로 만듭니다.

인덱스에는 [그림 1-6]의 왼쪽 테이블과 같이 인덱스 키와 행 주소가 담깁니다. 인덱스 키는 사번 데이터를 나타내고, 행 주소는 직원 테이블에 있는 행의 위치를 표시합니다.

| 인덱스 키 | 행 주소 |
|---|---|
| A001 | 10001 |
| A002 | 10002 |
| A003 | 10003 |
| A004 | 10004 |
| A005 | 10005 |

인덱스

행 주소를 통해
인덱스 키에 해당하는
데이터를 찾아갑니다.

| 행 주소 | 사번 | 이름 | 직급 |
|---|---|---|---|
| 10005 | A005 | 나부장 | 부장 |
| 10003 | A003 | 홍차장 | 차장 |
| 10001 | A001 | 이과장 | 과장 |
| 10004 | A004 | 김대리 | 대리 |
| 10002 | A002 | 박사원 | 사원 |

직원 테이블

그림 1-6 인덱스와 테이블의 관계

다음 쿼리문을 실행할 때는 인덱스가 어떻게 활용될까요? 이 쿼리문은 'DBMS 님! 직원 테이블에서 사번이 A002인 데이터 좀 찾아주세요'라는 의미입니다.

```
SELECT 사번, 이름, 직위 FROM 직원 WHERE 사번 = 'A002'
```

앞서 설명했듯이, 책의 색인으로 원하는 키워드를 빠르게 찾는 것처럼 DBMS의 인덱스도 빠른 데이터 검색을 위해 사용합니다. 사번에 대한 인덱스가 있기 때문에 DBMS는 정보를 찾을 때 인덱스를 먼저 뒤져봅니다. DBMS는 인덱스의 첫째 행부터 데이터를 비교하며 사번이 A002인 행을 찾습니다. 둘째 행에 A002 가 있습니다([그림 1-7]의 ❶). 이제 사번 우측의 행 주소 정보를 이용해 직원 테이블에서 원하는 데이터를 찾을 수 있습니다(❷). 테이블의 모든 데이터를 일일이 확인하지 않아도 인덱스를 이용하면 원하는 데이터를 빨리 찾습니다.

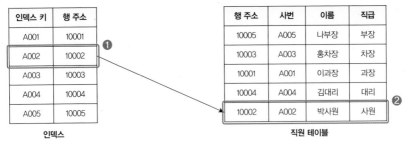

그림 1-7 인덱스를 통한 데이터 조회 과정

색인에서 단어를 찾기 쉽게 가나다순으로 정렬하는 것처럼, DBMS도 인덱스를 [그림 1-8]과 같이 순서대로 정렬합니다. 그리고 정렬된 인덱스를 하나씩 순차적으로 확인하며 원하는 키워드를 찾아갑니다. 그런데 데이터가 많아지면 인덱스에서 원하는 데이터를 찾는 데 시간이 많이 걸립니다. 사번이 A000002라면 금세 찾지

그림 1-8 순차 인덱스 검색

만 A999999라면 맨 마지막에 가서야 데이터를 찾을 테니까요. 그래서 데이터를 구조화하여 더 빨리 찾을 방법을 사용하기 시작했는데, 그중 하나가 바로 B-Tree 인덱스입니다.

B-Tree 인덱스는 뒤집어진 나무 모양의 구조입니다. 맨 위의 노드를 루트 노드, 맨 아래의 노드를 리프 노드라고 부릅니다. 그리고 이들 사이에 있는 노드를 브랜치 노드라고 부릅니다. [그림 1-9]에 총 5개의 리프 노드가 있습니다. 각각의 노드에는 A001에서 A005까지의 인덱스 키가 적혀 있는데, 이 범위의 중간에 위치하는 A003 인덱스 키가 루트 노드로 사용되고 있습니다.

찾고자 하는 인덱스 키가 A003보다 작으면 인덱스의 왼편만 검색하고, A003보다 크면 인덱스의 오른편만 검색합니다. 이런 방식으로 범위를 좁혀가면서 데이터를 찾기 때문에 인덱스를 찾는 시간이 매우 짧아집니다.

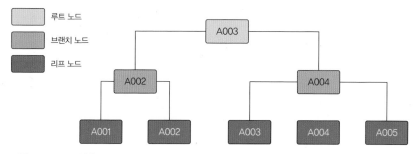

**그림 1-9** B-Tree 인덱스

사용자가 다음과 같은 쿼리문을 실행한다고 가정하겠습니다. 이 쿼리문은 사번이 A002인 데이터를 찾는 질의문입니다. WHERE 절에 사용된 사번에 기본 키가 설정되었기 때문에 인덱스를 활용해 원하는 데이터를 검색합니다.

```
SELECT 사번, 이름, 직위 FROM 직원 WHERE 사번 = 'A002'
```

이를 위해 DBMS는 B-Tree 인덱스의 루트 노드를 제일 먼저 확인합니다. 인덱스의 루트 노드 A003과 찾을 내용 A002를 비교하고, 찾는 데이터 A002가 루트 노드의 값인 A003보다 작으므로 인덱스의 왼편 노드를 검색합니다. 오른편 노드는 A003보다 큰 값이기 때문에 더 이상 확인하지 않습니다. 이렇게 검색 범위를 좁혀가며 리프 노드까지 내려가면 원하는 데이터를 찾을 수 있습니다.

### 인덱스를 지정하는 방법

DBMS는 모든 열의 인덱스를 자동으로 만들어주지 않습니다. 그러므로 빠른 검색이 필요한 열이 있다면 다음과 같이 인덱스를 직접 지정해야 합니다. 인덱스 지정으로 검색 속도가 항상 빨라지는 건 아니기 때문에 어떤 열을 인덱스로 지정할지 고민해야 합니다. 인덱스를 잘못 지정하면 오히려 성능이 나빠질 수도 있거든요.

```
CREATE INDEX employee_index ON 직원(이름);
```

인덱스를 잘 지정하기 위해서는 값이 중복되지 않고 유일한 열을 선택해야 합니다. 이런 열을 인덱스로 지정하면 검색 속도가 빨라지기 때문이죠. 예를 들어 다음 테이블의 '사번'은 유일한 값을 가지므로 인덱스로 지정하면 검색 속도가 높아집니다. '이름'도 동명이인이 있을 순 있지만 중복될 확률이 적으므로 인덱스로 지정하기에 좋은 조건입니다.

| 사번 | 이름 | 직급 | 성별 | 주소 |
|------|------|------|------|------|
| A001 | 나부장 | 부장 | 남 | OO 시 OO 구 OO 동 OO로 OOO동 OOO호 |
| A002 | 홍차장 | 차장 | 여 | OO 시 OO 구 OO 동 OO로 OOO동 OOO호 |
| A003 | 이과장 | 과장 | 여 | OO 시 OO 구 OO 동 OO로 OOO동 OOO호 |
| A004 | 김대리 | 대리 | 남 | OO 시 OO 구 OO 동 OO로 OOO동 OOO호 |
| A005 | 박사원 | 사원 | 여 | OO 시 OO 구 OO 동 OO로 OOO동 OOO호 |

반면, 성별은 적합한 조건이 아닙니다. 테이블을 보면 성별이 여자인 사원 수가 전체 사원의 과반을 차지하기 때문에 인덱스를 사용하는 방법보다 테이블의 모든 데이터를 조회하여 찾는 방법이 더 빠를 수 있거든요. 주소는 어떨까요? 주소는 값이 중복되지 않지만, 주소처럼 긴 문자열을 인덱스 키로 저장할 경우, 인덱스에 저장되는 데이터 크기도 덩달아 커져 성능에 부담이 될 수 있답니다.

## 1.3 쿼리 옵티마이저의 실행 계획

쿼리문을 실행하는 방법에는 테이블 전체를 찾는 풀 테이블 스캔full table scan과 인덱스에서 지름길 정보를 찾는 인덱스 스캔index scan이 있습니다. 이 중 어떤 방법으로 실행할지는 상황에 따라 다릅니다. 쿼리문을 빠르게 실행하기 위한 계획이 다르기 때문이지요.

DBMS는 쿼리를 최적으로 실행할 계획을 짭니다. 쿼리문을 실행하면 DBMS에 있는 쿼리 옵티마이저optimizer가 이 쿼리문에 맞게 최적의 실행 계획을 세웁니다. 이름에서 짐작하듯이, 쿼리 옵티마이저는 쿼리 실행 최적화를 돕는 DBMS 기능입니다.

'최적'의 방법을 말할 때 '비용'을 예로 들어 설명하곤 합니다. DBMS는 최소 비용으로 쿼리를 실행하기 위해 쿼리문 실행 시간을 절약하는 방법으로 계획을 세웁니다. 쿼리 옵티마이저의 실행 계획에 관심을 가져야 하는 이유가 여기 있습니다. 쿼리문을 어떻게 작성하느냐가 곧 시스템 성능을 결정하기 때문이지요.

옵티마이저가 어떻게 동작하는지 살펴볼까요? 쿼리문을 실행하면 옵티마이저는 자신이 처리할 수 있는 형태로 쿼리문을 변환합니다. 그런 다음 테이블에 대한 통계 정보를 활용해서 쿼리문 실행을 위해 얼마나 많은 작업을 해야 하는지를 비용 측면에서 계산합니다.[2] 그리고 이 계산 결과를 기반으로 최적의 실행 계획을 세웁니다([그림 1-10] 참조).

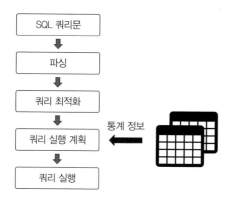

**그림 1-10** DBMS 쿼리 옵티마이저

예를 들어 MariaDB에서는 EXPLAIN 키워드를 사용하여 실행 계획을 확인합니다. EXPLAIN 키워드 옆에 쿼리문을 작성하면 이 쿼리문을 실행하기 위해 옵티마이저가 어떤 실행 계획을 세웠는지 확인할 수 있지요.

---

2　비용 계산 시 통계 테이블에 저장된 통계 정보를 활용합니다. 통계 정보에는 테이블 행의 개수, 인덱스 크기, 열 값의 분포도 등이 있습니다.

먼저 쿼리문을 실행하겠습니다. 다음은 **학생** 테이블에서 모든 데이터를 가져오라는 쿼리문입니다.

```
MariaDB> SELECT * FROM 학생;
```

쿼리문 **SELECT * FROM 학생**을 실행하면 다음과 같은 결과가 출력됩니다.

| 학번 | 이름 | 학년 | 학과 |
| --- | --- | --- | --- |
| 20180346 | 임아영 | 4 | 수학과 |
| 20182532 | 최진아 | 4 | 물리학과 |
| 20193467 | 조진형 | 3 | 기계공학과 |
| 20194950 | 양우진 | 3 | 화학과 |
| 20201515 | 신재영 | 2 | 산업공학과 |
| 20205678 | 이세현 | 2 | 법학과 |
| 20211234 | 박시헌 | 1 | 컴퓨터공학과 |
| 20214567 | 김은진 | 1 | 유아교육과 |

이 쿼리문을 실행하면 풀 테이블 스캔을 통해 데이터를 가져옵니다. 테이블의 모든 데이터를 가져와야 하기 때문에 인덱스를 거칠 필요가 없으니까요. EXPLAIN으로 실행 계획을 확인해보니 key 열의 값이 'NULL'입니다. 이는 인덱스를 활용하지 않고 풀 테이블 스캔을 통해 데이터를 가져온다는 의미입니다.

```
MariaDB> EXPLAIN SELECT * FROM 학생;
```

| id | select_type | table | type | possible_keys | key | key_len | ref | rows | extra |
| --- | --- | --- | --- | --- | --- | --- | --- | --- | --- |
| 1 | SIMPLE | 학생 | ALL | NULL | NULL | NULL | NULL | 8 | |

그럼 어떤 경우에 인덱스 스캔을 할까요? 이를 확인하기 위해 쿼리문에 **WHERE** 절을 사용해 데이터를 찾아보겠습니다.

```
MariaDB> SELECT * FROM 학생 WHERE 학번 = '20180346';
```

WHERE 절을 사용하면 다음과 같이 하나의 행이 조회됩니다. 이 데이터를 옵티마이저가 어떤 방법으로 가져왔는지는 실행 계획으로 알 수 있습니다.

| 학번 | 이름 | 학년 | 학과 |
|------|------|------|------|
| 20180346 | 임아영 | 4 | 수학과 |

다음의 실행 계획을 살펴보니 key 열에 'PRIMARY'라는 단어가 있습니다. 이것은 인덱스에서 지름길 정보를 사용했다는 의미입니다. 인덱스를 확인해 쿼리문을 실행한 이유는 학번 열이 기본 키로 지정되었기 때문입니다.

```
MariaDB> EXPLAIN SELECT * FROM 학생 WHERE 학번 = '20180346';
```

| id | select_type | table | type | possible_keys | key | key_len | ref | rows | extra |
|----|-------------|-------|------|---------------|-----|---------|-----|------|-------|
| 1 | SIMPLE | 학생 | const | PRIMARY | PRIMARY | 4 | const | 1 | |

기본 키가 지정되어 있으면 인덱스가 만들어지기 때문에 옵티마이저는 쿼리를 실행할 때 쿼리문의 WHERE 절에 주목합니다. WHERE 절에 기본 키로 정의된 열이 들어있다면, 풀 테이블 스캔을 할지 인덱스 스캔을 할지 따져본 후 통계 정보를 이용해 최소 비용이 드는 방향으로 실행 계획을 세웁니다.

다른 예를 볼까요? 다음 쿼리문을 실행하면 하나의 데이터가 출력됩니다. 이 결과를 얻기 위해 쿼리 옵티마이저는 어떤 계획을 세웠을까요?

```
MariaDB> SELECT * FROM 학생 WHERE 학과 = '컴퓨터공학과';
```

| 학번 | 이름 | 학년 | 학과 |
|------|------|------|------|
| 20211234 | 박시언 | 1 | 컴퓨터공학과 |

다음의 실행 계획을 확인해보니 key 열 값이 'NULL'입니다. **WHERE** 절을 사용했는데 왜 인덱스 스캔이 아니라 풀 테이블 스캔으로 검색했을까요?

```
MariaDB> EXPLAIN SELECT * FROM 학생 WHERE 학과 = '컴퓨터공학과';
```

| id | select_type | table | type | possible_keys | key | key_len | ref | rows | extra |
|---|---|---|---|---|---|---|---|---|---|
| 1 | SIMPLE | 학생 | ALL | NULL | NULL | NULL | NULL | 8 | Using where |

그 이유는 학과 열에 대한 인덱스가 만들어지지 않았기 때문입니다. 인덱스가 없기 때문에 테이블의 모든 데이터를 확인하는 풀 테이블 스캔 방법을 택한 것이죠. 프로그램에서 자주 사용되는 쿼리문을 풀 테이블 스캔하면 DBMS에 부담을 줄 수 있습니다. 그러므로 실행 계획을 확인해보고, 필요하다면 인덱스를 지정하는 것이 좋습니다.

그럼 '학과' 열에 다음 쿼리문을 실행하여 인덱스를 추가하겠습니다.

```
MariaDB> CREATE INDEX 학생_idx ON 학생(학과);
```

쿼리문의 실행 계획을 확인해보니 key 열에 **학생_idx**라는 단어가 추가되었습니다. 이제는 옵티마이저가 **학생_idx** 인덱스를 사용하여 데이터를 조회하도록 실행 계획을 세우겠군요.

```
MariaDB> EXPLAIN SELECT * FROM 학생 WHERE 학과 = '컴퓨터공학과';
```

| id | select_type | table | type | possible_keys | key | key_len | ref | rows | extra |
|---|---|---|---|---|---|---|---|---|---|
| 1 | SIMPLE | 학생 | ref | 학생_idx | 학생_idx | 31 | const | 1 | Using index condition |

옵티마이저는 주어진 시간 내에 여러 개의 실행 계획을 세우고 그중 비용이 가장 낮은 방법을 선택합니다. 만약 인덱스를 스캔하는 비용이 풀 테이블 스캔 비용보다 크다고 판단하면, 옵티마이저는 인덱스를 선택하지 않을 수도 있습니다. DBMS에는 '힌트'라는 기능이 있습니다. 옵티마이저의 실행 계획을 변경할 수 있도록 알려주는 기능입니다. 다음과 같이 FORCE INDEX라는 키워드를 사용하면 풀 테이블 스캔으로 세운 실행 계획을 인덱스 스캔으로 변경할 수 있습니다.

```
MariaDB> EXPLAIN SELECT * FROM 학생 FORCE INDEX(학과_idx) WHERE 학과 = '컴퓨터공
학과' or 학과 = '수학과' OR 학과 ='물리학과' OR 학과 = '유아교육과';
```

옵티마이저는 실행 계획을 세울 때 힌트를 우선 고려합니다. 옵티마이저가 세운 실행 계획이 있더라도 이를 무시하고 힌트로 지정한 방식으로 실행 계획을 세웁니다. 힌트는 실행 계획을 직접 변경할 수 있는 장점이 있지만, 전문가들은 계획적이지 않은 힌트 사용을 권장하지 않습니다. 잘못된 힌트 사용은 오히려 옵티마이저의 올바른 판단을 방해하여 비용이 높은 실행 계획을 세울 수도 있기 때문입니다. 일반적으로 옵티마이저가 다양한 통계 정보를 활용해 알아서 실행 계획을 잘 세우기 때문에 옵티마이저의 판단을 따르는 것이 더 바람직합니다. 힌트는 옵티마이저가 세운 실행 계획보다 더 좋은 실행 계획을 만들 수 있는 경우에만 제한적으로 사용하는 것이 좋습니다.

## 1.4 데이터에 결점이 없는 성질, 데이터 무결성

소프트웨어를 만들 때 '데이터 무결성을 보장해야 한다'고 말하곤 합니다. '무결하다'는 결점이나 결함이 없다는 의미이고 '데이터 무결성'이란 데이터에 결점이 없는 성질을 말합니다. 데이터에 결점이 없다는 것은 데이터가 정확하고 일관적이며 누락 등의 문제가 없다는 뜻입니다.

데이터 무결성을 배워도 이를 제대로 알고 사용하는 경우는 많지 않습니다. 데이터 무결성이 중요한 만큼 데이터를 체계적으로 관리해야 하는 DBMS에서 세 가지 무결성을 지원한다는 사실조차 모르고 코드를 작성하기도 하지요.

'데이터 무결성을 확보하기 위해 코드만 잘 작성하면 되지 않나요?'라고 생각하는 분도 있을 것 같습니다. 하지만 코드만으로는 데이터 무결성을 보장하기 어렵기 때문에 DBMS에서 제공하는 기능을 잘 활용해야 합니다.

예를 들어 설명하겠습니다. 회원가입 기능을 구현할 때 다음과 같이 아이디 중복을 체크하는 코드를 추가할 수 있습니다. 사용자 테이블에 아이디가 존재하면 '이미 등록된 아이디입니다'라고 알려주고, 존재하지 않으면 '사용 가능한 아이디입니다'라고 알려주는 의사코드<sup>pseudocode</sup>이지요. 의사코드란 프로그램의 실행 흐름을 쉽게 이해할 수 있도록 자연어로 작성한 코드를 말합니다.

```
/* 아이디 중복 체크 의사코드*/

입력한 아이디가 사용자 테이블에 존재하는지 확인하기 위한 조회 쿼리문 실행

만약, 사용자 테이블에 아이디가 존재한다면,
    사용자에게 안내 메시지("이미 등록된 아이디입니다.")를 출력

만약, 사용자 테이블에 아이디가 존재하지 않는다면,
    사용자에게 안내 메시지("사용 가능한 아이디입니다.")를 출력
```

중요한 사실은 이 코드만으로는 데이터 무결성을 보장할 수 없다는 점입니다. 왜일까요? 동시성이 발생하는 상황에서 무결성 보장을 고려하지 않았기 때문입니다.

두 명의 사용자가 동시에 회원가입을 하는 상황을 생각해봅시다. 두 사용자가 동시에 동일한 아이디로 회원가입을 하면 해당 코드도 동시에 실행됩니다. 두 사람이 입력한 사용자 아이디가 아직 DBMS의 사용자 테이블에 존재하지 않으

므로 동일한 아이디를 사용했음에도 두 사람은 모두 '사용 가능한 아이디입니다'라는 결과를 얻게 되겠지요. 결국 테이블에 동일한 아이디가 입력되는 문제가 생긴답니다.

이렇듯 코드 작성만으로 데이터 무결성을 보장하기는 매우 어렵습니다. 우리가 DBMS에서 제공하는 세 가지 무결성을 제대로 이해하고 활용해야 하는 이유가 바로 이것입니다. 지금부터 세 가지 무결성을 살펴보겠습니다.

## DBMS에서 제공하는 세 가지 무결성

### 1) 개체 무결성

개체 무결성이란 테이블의 특정 열에 중복된 값이 들어가지 않도록 강제하여 무결성을 보장하는 것입니다. 여기서 '개체'는 테이블을 의미하는데요. 한마디로, 테이블의 특정 열에 유일한 값이 들어가도록 강제하는 것이 바로 개체 무결성입니다.

다음 학생 테이블을 예로 들어 설명하겠습니다. 이 테이블은 학번, 이름, 학년, 학과 열로 구성되었습니다. 학번 열은 각 학생의 정보를 구별하기 위한 식별 정보이므로 값이 누락되거나 중복되어서는 안 됩니다.

| 학번 | 이름 | 학년 | 학과 |
| --- | --- | --- | --- |
| 20211234 | 박시언 | 1 | 컴퓨터공학과 |
| 20214567 | 김은진 | 1 | 유아교육과 |
| 20205678 | 이세현 | 2 | 법학과 |
| 20193456 | 이수현 | 3 | 기계공학과 |

개체 무결성을 보장하는 방법은 의외로 간단합니다. 테이블을 만드는 쿼리문에 Unique 제약 조건이나 Primary Key 제약 조건을 추가하면 됩니다.

다음은 특정 열에 Primary Key 제약 조건을 추가한 예입니다. 테이블을 작성하는 질의문 마지막에 **PRIMARY KEY(학번)**이라고 작성하면 DBMS는 개체 무결성이 보장되도록 학번 열의 데이터를 보호합니다.

```
CREATE TABLE 학생(
학번 INTEGER,
이름 CHAR(10),
학년 INTEGER,
학과 CHAR(10),
PRIMARY KEY(학번));


------------- 실행 화면 ------------
MariaDB > CREATE TABLE 학생(
    -> 학번 INTEGER,
    -> 이름 CHAR(10),
    -> 학년 INTEGER,
    -> 학과 CHAR(10),
    -> PRIMARY KEY(학번));
Query OK, 0 rows affected (0.022 sec)
```

이제 학번은 Primary Key를 통해 특별히 관리받는 데이터가 되었습니다. 앞으로 학번 열에 중복 값이나 누락된 데이터가 있으면 DBMS가 에러 메시지를 통해 개체 무결성의 존재를 알려줄 테니까요.

Primary Key 제약 조건을 지정한 후 테이블에 어떤 변화가 일어나는지 관찰하기 위해 **DESC**[3] **학생** 질의문을 실행합니다. 그 결과, 다음과 같이 학번의 **Key** 열에 Primary Key라는 의미로 **PRI**가 표시됩니다.

```
MariaDB > DESC 학생;
+--------+---------+------+-----+---------+-------+
¦ Field  ¦ Type    ¦ Null ¦ Key ¦ Default ¦ Extra ¦
```

---

3  DESC(describe)는 특정 테이블의 칼럼 이름과 데이터 형식과 같은 정보를 조회하는 명령어입니다.

```
+---------+----------+------+-----+----------+--------+
| 학번    | int(11)  | NO   | PRI | NULL     |        |
| 이름    | char(10) | YES  |     | NULL     |        |
| 학년    | int(11)  | YES  |     | NULL     |        |
| 학과    | char(10) | YES  |     | NULL     |        |
+---------+----------+------+-----+----------+--------+
4 rows in set (0.038 sec)
```

SELECT * FROM 학생이라고 작성해서 학생 테이블의 '모든' 열에 해당하는 데이터를 조회하겠습니다. 쿼리문을 실행하니 다음과 같이 데이터 목록이 조회됩니다. 학번 데이터를 유심히 살펴보면 중복된 데이터와 누락된 데이터가 전혀 없습니다.

```
MariaDB > SELECT * FROM 학생;
+-----------+--------+------+--------------------+
| 학번      | 이름   | 학년 | 학과               |
+-----------+--------+------+--------------------+
| 20193456  | 이수현 |    3 | 기계공학과         |
| 20205678  | 이세현 |    2 | 법학과             |
| 20211234  | 박시언 |    1 | 컴퓨터공학과       |
| 20214567  | 김은진 |    1 | 유아교육과         |
+-----------+--------+------+--------------------+
4 rows in set (0.001 sec)
```

만약 중복 데이터를 추가하면 어떻게 될까요? 이미 존재하는 학번 20211234와 동일한 데이터를 추가하면 DBMS는 다음과 같이 에러를 출력합니다. 에러를 보니 '기본 키로 지정했는데 중복된 데이터를 추가하면 어떡하나요?'라며 항의하는 듯한데요. 이런 식으로 DBMS는 개체 무결성을 꼼꼼히 관리한답니다.

```
MariaDB > INSERT INTO 학생 VALUES(20211234, '오수정', 1, '물리학과');
ERROR 1062 (23000): Duplicate entry '20211234' for key 'PRIMARY'
```

## 2) 참조 무결성

다음 학생 테이블에 학과와 건물번호 열이 있습니다. 그런데 학과 열에 '컴퓨터공학과'가 세 번이나 중복되는군요. 이렇게 중복 데이터가 많으면 이를 별도의 테이블로 분리해야 합니다. 한 테이블에 중복 데이터가 많으면 데이터를 효율적으로 변경하지 못하기 때문입니다. 예를 들어 '컴퓨터공학과'라는 명칭을 변경할 경우 학과 열에서 해당 명칭을 일일이 찾아 변경해야 하니 작업 효율이 떨어집니다.

| 학번 | 이름 | 학년 | 학과 | 건물번호 |
|---|---|---|---|---|
| 20211234 | 박시언 | 1 | 컴퓨터공학과 | A401 |
| 20214567 | 김은진 | 1 | 유아교육과 | B302 |
| 20205678 | 이세현 | 2 | 법학과 | C102 |
| 20193456 | 이수현 | 3 | 기계공학과 | D507 |
| 20182468 | 강인규 | 4 | 컴퓨터공학과 | A401 |
| 20179876 | 송우준 | 4 | 컴퓨터공학과 | A401 |

그럼 반복적으로 등장하는 데이터의 열을 분리해서 별도의 테이블로 만들어볼까요? [그림 1-11]과 같이 '학생 테이블'에서 학과와 건물번호 열을 뽑아 '학과 테이블'에 담겠습니다.

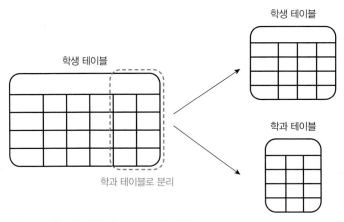

그림 1-11 참조 무결성 보장을 위한 테이블 분리 과정

테이블 하나를 둘로 쪼갰으니 두 테이블을 연결해주는 정보가 필요합니다. 이를 위해 학과번호 열을 하나 추가하겠습니다. [그림 1-12]는 학생 테이블에서 중복된 데이터를 뽑아 2개의 테이블로 분리한 결과입니다. 여기서 '학과번호'는 두 테이블을 긴밀하게 연결하고 학생 테이블에서 학과 테이블을 '참조'하기 위한 정보입니다.

학생 테이블

| 학번 | 이름 | 학년 | 학과번호 |
|------|------|------|----------|
| 20211234 | 박시언 | 1 | 101 |
| 20214567 | 김은진 | 1 | 102 |
| 20205678 | 이세현 | 2 | 103 |
| 20193456 | 이수현 | 3 | 104 |
| 20182468 | 강인규 | 4 | 101 |
| 20179876 | 송우준 | 4 | 101 |

연결 고리

| 학과번호 | 이름 | 건물번호 |
|----------|------|----------|
| 101 | 컴퓨터공학과 | A401 |
| 102 | 유아교육과 | B302 |
| 103 | 법학과 | C102 |
| 104 | 기계공학과 | D507 |

학과 테이블

그림 1-12 학생 테이블과 학과 테이블의 관계

학과 관련 세부 정보를 알기 위해 학과 테이블을 참조만 하면 되니 테이블에 중복 데이터가 생길 염려는 없습니다.

만약 학생 테이블에 이전에 없던 학과번호를 추가하면 어떻게 될까요? 예를 들어 학생 테이블에서 송우준 학생의 '학과번호'를 '200'으로 추가하면 학과 테이블에도 이에 해당하는 정보가 있어야 합니다. 그런데 학과 테이블의 학과번호에 200이라는 데이터가 없다면 데이터의 참조 과정에서 문제가 생깁니다.

| 학번 | 이름 | 학년 | 학과번호 |
|------|------|------|----------|
| 20211234 | 박시언 | 1 | 101 |
| 20214567 | 김은진 | 1 | 102 |
| 20205678 | 이세현 | 2 | 103 |
| 20193456 | 이수현 | 3 | 104 |
| 20182468 | 강인규 | 4 | 101 |
| 20179876 | 송우준 | 4 | 200 |

❶ 학과번호가 200인 데이터가 추가되었어요!

**학생 테이블**

| 학과번호 | 이름 | 건물번호 |
|----------|------|----------|
| 101 | 컴퓨터공학과 | A401 |
| 102 | 유아교육과 | B302 |
| 103 | 법학과 | C102 |
| 104 | 기계공학과 | D507 |

❷ 엇! 그런데 학과 테이블에 200이 없습니다. 참조 무결성 에러 발생!

**학과 테이블**

그림 1-13 참조 무결성 에러

이런 상황이 되면 DBMS에서는 '학과번호에 해당하는 데이터를 참조하려고 학과 테이블을 뒤져보니 관련 데이터가 없는 걸요!'라는 이유로 에러를 일으키죠. 이 문제를 해결하기 위해 DBMS에는 두 테이블의 관계를 단단히 묶는 연결 정보가 있습니다. 바로 외래 키[foreign key]입니다([그림 1−14] 참조). 외래 키는 테이블의 특정 열이 다른 테이블을 참조한다는 표시입니다. 다른 테이블에 속한 데이터가 내 테이블에 담겨 있으니 외래 키라고 부른답니다. 이 키를 통해 테이블의 데이터가 변경되면 관련된 테이블의 값도 함께 변경되도록 강제하여 참조 무결성을 유지합니다.

| 학번 | 이름 | 학년 | 학과번호<br>(외래 키) |
|---|---|---|---|
| 20211234 | 박시언 | 1 | 101 |
| 20214567 | 김은진 | 1 | 102 |
| 20205678 | 이세현 | 2 | 103 |
| 20193456 | 이수현 | 3 | 104 |
| 20182468 | 강인규 | 4· | 101 |
| 20179876 | 송우준 | 4 | 101 |

**학생 테이블**

학과 테이블의 기본 키를 학생 테이블의
외래 키로 지정해줍니다.

| 학과번호<br>(기본 키) | 이름 | 건물번호 |
|---|---|---|
| 101 | 컴퓨터공학과 | A401 |
| 102 | 유아교육과 | B302 |
| 103 | 법학과 | C102 |
| 104 | 기계공학과 | D507 |

**학과 테이블**

그림 1-14 학생 테이블과 학과 테이블의 외래 키 관계

예를 들어 학과 테이블에 없는 새로운 학과번호를 학생 테이블에 추가하면 참조 무결성 에러가 나타납니다. 이렇게 참조 무결성에 위배되는 사항을 바로 알려주기 때문에 데이터 무결성을 보장하는 데 큰 도움이 된다는 사실을 기억하기 바랍니다.

외래 키를 지정해보고 참조 무결성이 발생하는 경우를 살펴보겠습니다. 학생 테이블을 만들 때는 다음과 같은 문장을 추가하면 됩니다.

```
CREATE TABLE 학과(
    학과번호 INTEGER,
    이름 CHAR(10),
    건물번호 CHAR(4),
```

```
PRIMARY KEY(학과번호));

CREATE TABLE 학생(
학번 INTEGER,
이름 CHAR(10),
학년 INTEGER,
학과번호 INTEGER NOT NULL,
PRIMARY KEY(학번),
FOREIGN KEY(학과번호) REFERENCES 전공(학과번호)); ←외래 키를 정의하는 문장
```

이 문장은 '학생 테이블에서 학과번호가 외래 키이니, 이 키에 대한 상세한 정보는 학과 테이블의 학과번호를 참조<sup>reference</sup>해야 해'라는 의미입니다. 이렇게 한 줄만 작성하면 DBMS가 참조 무결성을 관리하므로 굉장히 편리합니다.

이번에는 학생 테이블에 다음과 같은 쿼리문을 실행해 데이터를 추가하겠습니다. 그런데 학과 테이블에 없는 학과번호 999가 사용되었군요.

```
INSERT INTO 학생 VALUES(20215678, '신현준', 1, 999);
```

이 쿼리문을 실행하니 다음과 같은 에러 메시지가 출력됩니다. 학과번호 999를 학과 테이블에서 참조하려고 시도하지만, 관련 데이터가 없으니 외래 키 참조 에러가 발생한 것이죠.

```
ERROR 1452 (23000): Cannot add or update a child row: a foreign key constraint
fails (`mysql`.`학생`, CONSTRAINT `학생_ibfk_1` FOREIGN KEY (`학과번호`)
REFERENCES `` (`학과번호`))
```

이렇게 DBMS가 참조 무결성을 관리하므로 코드를 작성할 때 외래 키를 잘 활용하면 좋답니다.

### 3) 도메인 무결성

도메인[4] 무결성은 정해진 범위에서 허용된 값만 입력하도록 보장하는 성질입니다. [그림 1-15]처럼 입력 도메인 안에 있는 데이터는 허용하지만, 도메인 밖에 있는 데이터는 오류를 일으킵니다.

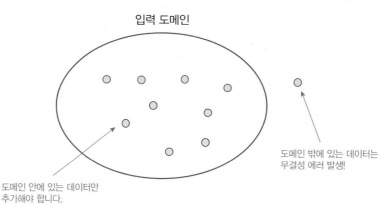

입력 도메인

도메인 안에 있는 데이터만
추가해야 합니다.

도메인 밖에 있는 데이터는
무결성 에러 발생!

**그림 1-15** 도메인 무결성 개념

DBMS는 허용된 값만 받기 위해 '제약 조건'이라는 기능을 제공합니다. 테이블 열에 제약 조건을 설정해놓으면 이 조건을 충족하지 않은 입력이 들어오자마자 DBMS가 에러를 발생시킵니다. DBMS의 제약 조건은 UNIQUE, NOT NULL, CHECK 등이며 매우 중요한 개념입니다. 기계적으로 암기하면 제약 조건을 제대로 활용하지 못하게 되니 다음에서 설명하는 제약 조건만큼은 확실히 이해하고 넘어가길 바랍니다.

---

4  데이터베이스에서의 도메인은 테이블의 열에 저장될 수 있는 유효한 값들의 집합을 의미합니다. 예를 들어 '이메일' 속성에 대한 열은 이메일 형식의 문자열만 유효한 값으로 처리하므로 해당 열에 대한 도메인은 유효한 이메일 주소의 집합이 됩니다.

## DBMS에서 제공하는 제약 조건

### 1) UNIQUE 제약 조건

테이블의 특정 열에 UNIQUE 제약 조건을 설정하면 유일한 값만 들어갈 수 있습니다. 유일하다는 것은 모든 데이터의 값이 서로 다르고 중복되지 않는다는 의미입니다. 그래서 이 제약 조건은 테이블에 중복 값이 저장되려는 순간 에러를 일으킵니다.

테이블에 UNIQUE 제약 조건을 추가하는 방법은 다음과 같습니다. 이 쿼리문은 '이메일에 UNIQUE 제약 조건을 지정하고, 제약 조건의 이름은 이메일_유니크야'라는 의미입니다.

```
CREATE TABLE 학생(
학번 INTEGER,
이름 CHAR(10),
학년 INTEGER,
학과 CHAR(10),
이메일 CHAR(30),
CONSTRAINT 이메일_유니크 UNIQUE(이메일));
```

UNIQUE는 값이 유일해야 한다는 제약 조건이기 때문에 NULL 값을 허용합니다. 만약 NULL을 허용하지 않고 싶다면 NOT NULL 제약 조건을 함께 사용하면 된답니다.

### 2) NOT NULL 제약 조건

아무 값도 입력되지 않은 상태를 NULL이라고 합니다. 데이터가 입력되지 않았기 때문에 '알 수 없는 값$^{unknown}$'으로도 불립니다.

테이블의 모든 열은 기본적으로 NULL 입력을 허용합니다. 예를 들어 회원가입할 때 입력 필드에 값을 입력하지 않으면 DBMS는 테이블에 NULL이라는 글자를 자동으로 삽입합니다. 만약 테이블에 데이터가 꼭 들어가야 한다면 어떻게 할까요? 이런 경우 NOT NULL 제약 조건을 사용해 DBMS에 데이터가 반드시 입력되도록 강제합니다. 한 예로, 테이블을 생성할 때 다음과 같이 **NOT NULL**이라는 키워드만 추가하여 간단하게 설정할 수 있습니다.

```
CREATE TABLE 학생(
학번 INTEGER,
이름 CHAR(10),
학년 INTEGER,
학과 CHAR(10),
이메일 CHAR(30) NOT NULL,
CONSTRAINT 배송지_유니크 UNIQUE (배송지));
```

### 3) CHECK 제약 조건

단어의 뜻 그대로 테이블에 데이터가 추가되기 전에 유효한 데이터인지 체크하는 제약 조건입니다. 예를 들어 학생들의 성적을 입력받을 경우 입력값의 범위가 0~100이어야 한다면, CHECK 제약 조건을 통해 입력값이 정해진 범위인지 체크합니다. 만약 테이블에 유효하지 않은 값을 추가하는 쿼리문이 실행되면 CHECK 제약 조건에 걸려 삽입 오류가 일어납니다.

CHECK 제약 조건은 테이블을 생성할 때 다음과 같이 작성하면 되는데요. **CHECK**라는 키워드와 함께 괄호 안에 원하는 조건을 설정하면 됩니다.

```
CREATE TABLE 학생(
학번 INTEGER,
이름 CHAR(10),
학년 INTEGER,
학과 CHAR(10),
이메일 CHAR(30),
CONSTRAINT 학년_체크 CHECK (학년 >= 1 AND 학년 <=4));
```

'학년의 입력값이 1에서 4 사이인지 확인해야 해!'라는 의미의 조건이 추가되었으므로 다음과 같이 학년을 5로 입력하면 삽입 오류가 일어납니다.

```
MariaDB > INSERT INTO 학생 VALUES(20211234, '오수정' ,5, 101);
ERROR 4025 (23000): CONSTRAINT `학년_체크` failed for `mysql`.`학생`
```

'소스 코드 레벨에서 다음과 같이 사용자 입력값에 대한 유효성 검사를 하는 코드를 추가하면 안 되나요?' 이런 궁금증을 가지는 분도 있을 것 같습니다.

```
/* 성적 점수 확인 의사코드*/
만약, 사용자가 입력한 성적 점수가 0 ~ 100 사이의 값이 아니라면.
    사용자에게 안내 메시지("0~100 사이의 값을 입력해야 합니다.")를 전송
```

소스 코드에서 입력값 범위를 확인하는 것은 매우 좋은 코딩 습관입니다. 그렇다 해도 DBMS의 CHECK 제약 조건을 함께 사용하는 것이 좋습니다. 왜냐고요? 소스 코드로 구현한 유효성 검사 코드에 에러가 생기거나 해커가 입력한 공격 문자열을 통해 유효성 검사가 제대로 동작하지 않는 등 예외 상황이 발생할 수 있어 DBMS에 확실히 맡기는 편이 더 현명하기 때문입니다.

데이터 무결성 에러가 발생하면 그 원인을 찾는 과정이 매우 험난합니다. 그렇기 때문에 소프트웨어 개발을 시작하는 초기부터 데이터 무결성을 보장하는 방법을 적극적으로 활용하는 것이 중요하답니다. 그러니 소스 코드에 유효성 검사를 위한 코드를 추가하고, DBMS의 CHECK 제약 조건도 잘 활용하기 바랍니다.

## 1.5 다양한 데이터베이스의 세계

우리가 잘 알고 있는 Oracle, MSSQL, MySQL, MariaDB, PostgreSQL, Altibase, Tibero 등은 모두 관계형 데이터베이스입니다. 여러분이 배운 데이터베이스는 대부분 관계형 데이터베이스일 겁니다. 회사에서 관계형 데이터베이스를 많이 사용하기 때문이죠.

데이터베이스는 특징에 따라 열 기반 데이터베이스column-oriented database, 키-값 데이터베이스key-value database, 문서 기반 데이터베이스document-based database

등 여러 종류로 나뉩니다. 지금까지 관계형 데이터베이스에만 익숙했다면 이제는 다른 종류의 데이터베이스가 있다는 사실에 눈을 떠야 합니다. 그 이유는 여러분이 만드는 애플리케이션의 특성에 따라 사용해야 하는 데이터베이스가 다르기 때문입니다.

### 관계형 데이터베이스

데이터를 표 형식으로 가지런히 정리해서 관리하고 이들의 관계를 중요시하는 데이터베이스가 있습니다. 바로 다음과 같은 관계형 데이터베이스relational database입니다.

| Key | 이름 | 지역 | 우편번호 | 전화번호 | 나이 | 성별 |
|-----|------|------|----------|----------|------|------|
| 1 | 김하나 | 서울 | 12345 | 010-1111-2222 | 24 | 여 |
| 2 | 한소현 | 부산 | 43433 | 010-1111-3333 | 23 | 여 |
| 3 | 박미나 | 대전 | 23232 | 010-1111-4444 | 24 | 여 |
| 4 | 이지우 | 광주 | 11233 | 010-1111-5555 | 25 | 남 |
| 5 | 한지호 | 서울 | 22322 | 010-1111-6666 | 26 | 남 |

이 데이터베이스는 여러 개의 테이블을 만들어 데이터를 관리하고 테이블 간에 관계가 있다면 연결합니다. 관계를 맺어주기 위해 기본 키와 외래 키를 사용하는데, 이렇게 테이블 간의 관계를 매우 중요하게 생각하기 때문에 '관계형'이라는 용어가 붙습니다.

관계형 데이터베이스는 정형 데이터 관리에 사용되는데요. 여기서 '정형'이란 데이터의 형태가 정해졌다는 의미입니다. 데이터베이스에 특정한 형태의 데이터가 추가되도록 데이터의 길이와 형태를 미리 정해주는 방식으로, 어떤 열은 정수형으로 입력하도록 강제하거나 NULL 값이 입력되지 않도록 제약을 가하기도 합니다.

관계형 데이터베이스의 장점은 데이터의 무결성을 보장한다는 점입니다. 앞에서 살펴본 것처럼 개체 무결성, 참조 무결성 등을 DBMS에서 관리하니 데이터가 잘못 들어갈 일이 없습니다. 게다가 DBMS에서 제공되는 SQL<sup>structured query language</sup>이라는 특별한 언어를 사용하여 데이터를 쉽게 조작할 수 있습니다. 이를테면 데이터의 추가, 수정, 조회 등이죠.

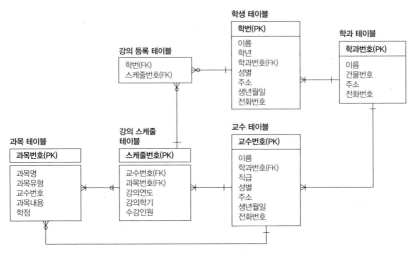

**그림 1-16** 테이블의 관계를 맺어주는 관계형 데이터베이스

관계형 데이터베이스는 실시간으로 방대하게 축적되는 비정형 데이터에는 적합하지 않을 수 있습니다. 비정형 데이터란 형태가 정해져 있지 않은, SNS에 업로드한 글이나 영상, 오디오 파일 같은 데이터입니다. 자유로운 형식의 비정형 데이터를 관계형 데이터베이스에 가둔다면 오히려 오버헤드가 발생하기 때문에 NoSQL과 같은 데이터베이스를 사용하는 것입니다. (NoSQL은 바로 다음에 '키-값 데이터베이스'에서 설명합니다.)

관계형 데이터베이스는 테이블의 행을 중심으로 데이터를 읽고 쓰는 행 지향 데이터베이스<sup>row-oriented database</sup>와 테이블의 열을 중심으로 데이터를 읽고 쓰는 열 지향 데이터베이스<sup>column-oriented database</sup>(또는 열 기반 데이터베이스)로 구분합니다.

[그림 1–17]과 같이 가로줄(행) 데이터를 추가 또는 삭제하는 경우를 생각해봅시다. 행 지향 데이터베이스는 테이블에 가로줄 데이터를 한 줄씩 추가하거나 삭제합니다. 데이터를 업데이트할 때도 행을 한 줄씩 가져와서 업데이트하는데, 이렇게 행 중심으로 데이터를 처리하기 때문에 행 지향 데이터베이스라고 부르는 것이죠.

테이블

| 날짜 | 가격 | 크기 |
|---|---|---|
| 02-10 | 15,000 | 10 |
| 02-11 | 20,000 | 20 |
| 02-12 | 10,000 | 10 |
| 02-13 | 15,000 | 15 |
| 02-14 | 20,000 | 13 |
| ... | ... | ... |
| 02-15 | 10,000 | 20 |

행을 중심으로 데이터를 읽고 씁니다.

행 지향 데이터베이스

| 날짜 | 가격 | 크기 |
|---|---|---|
| 02-10 | 15,000 | 10 |
| 02-11 | 20,000 | 20 |
| 02-12 | 10,000 | 10 |
| 02-13 | 15,000 | 15 |
| 02-14 | 20,000 | 13 |
| ... | ... | ... |
| 02-15 | 10,000 | 20 |

그림 1-17 행 지향 데이터베이스

한편 열 지향 데이터베이스는 데이터를 읽고 쓸 때 [그림 1–18]과 같이 테이블의 세로줄(열)을 중심으로 처리합니다. 열 기준으로 처리하므로 하드디스크에도 열을 기준으로 데이터를 저장합니다.

테이블

| 날짜 | 가격 | 크기 |
|---|---|---|
| 02-10 | 15,000 | 10 |
| 02-11 | 20,000 | 20 |
| 02-12 | 10,000 | 10 |
| 02-13 | 15,000 | 15 |
| 02-14 | 20,000 | 13 |
| ... | ... | ... |
| 02-15 | 10,000 | 20 |

열을 중심으로 데이터를 읽고 씁니다.

열 지향 데이터베이스

| 날짜 | 가격 | 크기 |
|---|---|---|
| 02-10 | 15,000 | 10 |
| 02-11 | 20,000 | 20 |
| 02-12 | 10,000 | 10 |
| 02-13 | 15,000 | 15 |
| 02-14 | 20,000 | 13 |
| ... | ... | ... |
| 02-15 | 10,000 | 20 |

그림 1-18 열 지향 데이터베이스

OLTP 성격의 애플리케이션을 개발한다면 고민할 필요 없이 Oracle, MySQL 등의 행 기반 데이터베이스를 사용하면 됩니다. 하지만 데이터 분석용 애플리케이선을 만들고자 한다면 열 기반의 데이터베이스가 적합합니다. 그 이유를 알기 위해 하드디스크에서 데이터를 읽고 쓰는 방식을 살펴보겠습니다.

하드디스크 내부를 살펴보면 원판과 막대가 있습니다. 원판은 플래터platter라고 부르고, 막대는 암arm이라고 부르는데, 암 끝에는 데이터를 읽고 쓸 수 있는 헤드head가 붙어 있습니다.

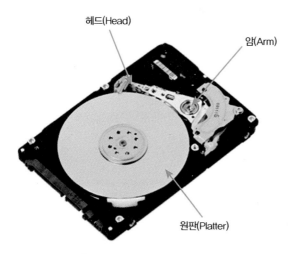

그림 1-19 하드디스크 내부 모습

하드디스크에서 데이터를 읽고 쓰기 위해서는 플래터를 물리적으로 움직여야 하기 때문에 여기저기 분산된 데이터를 읽어오는 과정은 하드디스크 입장에서 노력이 필요한 작업입니다. 그래서 작업량을 최소화하기 위해 데이터를 서로 가까운 위치에 저장합니다.

행 기반 데이터베이스는 테이블의 가로줄(행)을 기준으로 연속적인 데이터가 하드디스크에 저장됩니다. 예를 들어 `SELECT * FROM sales WHERE id = '111'` 쿼리문을 실행하면 적은 작업량으로 쿼리문을 만족하는 데이터를 찾을 수 있도록 데이터가 옹기종기 모여 있습니다. 데이터가 서로 인접한 곳에 있기 때문에 플래터를 여기저기 움직이지 않고 한번에 데이터를 가져올 수 있으니 그만큼 속도도 빠릅니다.

[그림 1-20]을 보면 하드디스크의 데이터가 행을 중심으로 인접합니다. 이런 상태에서 행 기준으로 데이터를 읽어오는 과정은 하드디스크 입장에서 수월한 일입니다.

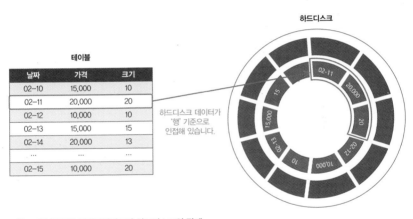

그림 1-20 행 기반 데이터베이스와 하드디스크의 관계

만약 행 지향 데이터베이스에서 특정 열의 데이터만 가져오면 어떻게 될까요? [그림 1-21]과 같이 하드디스크를 뒤져서 열 데이터를 읽어와야 합니다. 행을 기준으로 데이터를 기록하기 때문에 열을 기준으로 보면 데이터가 분산되어 있습니다. 상태가 이렇다 보니 암을 여기저기 움직여야 하고 데이터를 가져오는 시간이 오래 걸립니다.

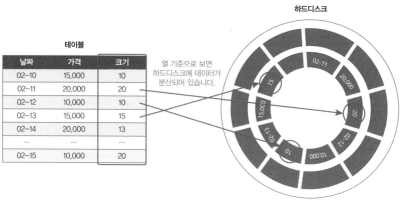

**그림 1-21** 열 지향 데이터베이스와 행 기준으로 기록된 하드디스크의 관계

이러한 배경에서 열 지향 데이터베이스가 개발된 것인데요. 열 지향 데이터베이스를 사용하면 테이블의 데이터가 열을 기준으로 하드디스크에 인접해 저장되기 때문에 열 기준으로 데이터를 조회하면 속도가 훨씬 빨라집니다.

[그림 1-22]를 보면 크기 열의 데이터가 하드디스크에 인접하게 붙어 있습니다. 그래서 이 열에서 데이터를 읽어오는 과정은 행 기반의 데이터베이스보다 훨씬 빠릅니다.

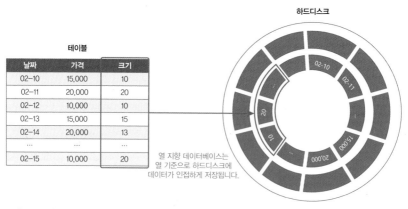

**그림 1-22** 열 지향 데이터베이스와 하드디스크의 관계

그럼 어떤 경우에 열 지향 데이터베이스를 사용할까요? 대표적으로, 빅데이터 분석용 애플리케이션을 개발할 때입니다. 빅데이터 분석용 애플리케이션은 특정 열의 데이터를 분석하기 때문에 열 지향 데이터베이스가 제격이지요.

열 지향 데이터베이스는 분석에 필요한 열만 메모리에 적재하여 처리하는 구조이기 때문에 디스크 I/O를 크게 줄입니다. 따라서 애플리케이션의 성능을 크게 향상시킨답니다. 이 테이블도 테이블의 관계를 중요시하는 관계형 데이터베이스에 속하기 때문에 데이터 일관성과 무결성을 보장합니다. 물론 단점도 있습니다. 데이터를 빈번하게 추가하거나 업데이트해야 하는 애플리케이션을 개발한다면, 시스템 성능이 떨어질 수 있기 때문에 OLTP 성격의 프로그램에는 적합하지 않습니다. 대표적인 열 지향 DBMS로는 SAP HANA, Amazon Redshift 등이 있습니다.

> **NOTE**
>
> **SSD의 장점**
>
> SSD<sup>solid state drive</sup>는 반도체를 이용하는 저장 장치로, 요즘은 서버에 하드디스크보다 SSD를 많이 사용하는 편입니다. SSD가 디스크의 물리적 회전 속도까지 생각할 필요는 없지만, 그럼에도 열 지향 데이터베이스의 장점은 유효합니다. 이 데이터베이스에는 열 기준으로 데이터가 저장되어 디스크를 읽고 쓰는 I/O 횟수를 줄일 수 있어 시스템 성능 개선에 도움이 되기 때문이지요.

### 키-값 데이터베이스

키-값 데이터베이스<sup>key-value database</sup>는 [그림 1-23]과 같이 키<sup>key</sup>와 값<sup>value</sup>의 형태로 저장하는 데이터베이스입니다. 테이블에 데이터를 가지런히 저장하는 관계형 데이터베이스와는 모습이 전혀 다르죠? 값(Value) 열을 보면 다양한 형태의 데이터가 있습니다. 이런 식으로 형태가 정해지지 않은 '비정형 데이터'를 마음껏 저장할 수 있답니다.

| 키(Key) | 값(Value) |
|---|---|
| Key001 | 20211234, 박시언, 1, 컴퓨터공학과 |
| Key002 | 101, 컴퓨터공학과, A401 |
| Key003 | 이사원, 사원, 남, 2022-02-04 |
| Key004 | 2022-04-02 |
| Key005 | OO시 OO구 OO동 OO로 OO OOO동 OOO호 |

그림 1-23 키-값 데이터베이스의 데이터 저장 방식

데이터 형태를 꼼꼼히 확인하는 관계형 데이터베이스는 형태가 정해진 정형 데이터에 안성맞춤입니다. 관계형 데이터베이스가 데이터 무결성을 위해 정해진 데이터만 테이블에 들어가도록 허용하기 때문이지요. 그래서 제약 사항을 충족하지 않는 자유분방한 데이터가 추가되면 여지없이 오류가 발생합니다.

최근 빅데이터가 방대해지면서 어떻게 하면 데이터를 빠르게 저장할 수 있을지에 관심이 쏠렸습니다. 그동안 데이터 무결성과 일관성을 유지하기 위해 관계형 데이터베이스에 다양한 기술이 적용되었습니다. 하지만 데이터가 기하급수적으로 축적되는 빅데이터 시대에 관계형 데이터베이스의 이런 꼼꼼함은 더이상 유용하지 않게 되었습니다. 그래서 데이터 형식의 자유로움을 그대로 허용하는 데이터베이스가 필요했던 것인데요. 이런 필요에 의해 키-값 데이터베이스는 데이터 형식에 자유를 선물했습니다. 즉, 키-값 데이터베이스에는 데이터 형식의 제약이 없어 그야말로 형식이 자유분방한 '비정형 데이터'를 추가할 수 있습니다.

데이터 양이 어마어마하게 증가하다 보니 CPU, 메모리, 디스크 등 하드웨어의 사양을 업그레이드해 수직적으로 확장(스케일 업scale up)하는 관계형 데이터베이스로는 분명 한계가 있었습니다. 그래서 사람들은 여러 대의 서버를 사용해 수평적으로 확장(스케일 아웃scale out) 가능한 키-값 데이터베이스로 관심을 돌리기 시작했습니다.

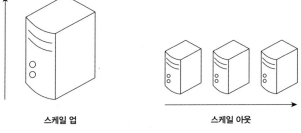

**그림 1-24** 스케일 업과 스케일 아웃

키-값 데이터베이스는 데이터를 키와 값으로만 저장하기 때문에 저장 구조가 단순해서 여러 서버에 걸쳐 데이터를 나눠 저장하고 처리할 수 있습니다. 고사양 하드웨어를 요구하지 않기 때문에 구축 비용이 저렴하다는 장점이 있고, 서버 확장에 한계가 없기 때문에 성능 부하 발생 시 언제든 서버를 추가해 유연하게 처리할 수 있습니다.

모든 것이 그러하듯 장점만 있지는 않습니다. 키-값 데이터베이스는 성능 부하를 유연하게 처리할 수 있지만 데이터 일관성을 유지하는 데는 한계가 있습니다. 데이터 일관성을 전혀 보장하지 않는 것은 아니지만 다수의 서버에 데이터가 분산되어 저장되기 때문에 일시적으로 일관성이 없는 경우가 생기기도 합니다. 그러므로 키-값 데이터베이스는 이러한 일시적 비일관성을 허용하는 서비스에 적합합니다.

키-값 데이터베이스는 단순한 데이터를 처리할 때 효율이 매우 높습니다. 그렇기 때문에 소셜 네트워크의 게시글이나 장바구니, 사용자 세션 정보 등 관계성이 적은 데이터를 저장할 때 주로 사용합니다. 대표적인 키-값 DBMS로는 레디스Redis, 다이나모DBDynamoDB, 멤캐시드Memcached 등이 있습니다.

## 문서 기반 데이터베이스

마지막으로 살펴볼 데이터베이스는 문서 기반 데이터베이스document-based database입니다. 문서가 중심인 데이터베이스라 데이터가 문서 안에 키와 값의 형태로 저장됩니다. 키-값 데이터베이스와 유사해 보이지만, 문서 단위로 데이터를 처리한다는 점이 다릅니다.

다음은 문서 기반 데이터베이스에 저장되는 문서의 모습입니다. 데이터가 키와 값의 쌍으로 기록된 것을 알 수 있는데요. address 값에 또 다른 키와 값의 쌍이 포함되었군요.

문서 기반 데이터베이스의 문서 예시

```
{
  "_id": "12243455664d4d3f",
  "fistname" : "Park",
  "lastname" : "Jane",
  "address": {
      "street": "Jongro 222",
      "city": "Seoul",
    }
}
```

문서 기반 데이터베이스는 문서마다 동일한 키를 가질 필요가 없습니다. 또 값에 들어가는 데이터 형태도 고정되지 않습니다. address처럼 하나의 값에 또 다른 키와 값의 쌍을 포함할 수 있어 데이터가 매우 자유로운 형태로 확장됩니다. 관계형 데이터베이스라면 테이블을 2개 사용해야 하지만, 문서 기반 데이터베이스는 그럴 필요가 없습니다. 여러 테이블을 조인해 데이터를 조회할 필요가 없으니 조회 속도가 빠릅니다.

문서 기반 데이터베이스는 '스키마가 없는schemaless' 것이 특징입니다. 문서마다 스키마가 달라도 상관없기 때문에 데이터를 융통성 있게 저장할 수 있고, 데이터베이스에 들어갈 수 있는 데이터가 정해져 있지 않아 데이터의 변경도 용이하지요. 스키마를 중요하게 고려해야 하는 관계형 데이터베이스와는 상반되는 특징입니다.

물론 단점도 있습니다. 필요한 데이터가 한 문서에 모두 담겨 있어 데이터 조회가 간편하지만, 동일한 데이터가 중복 저장될 수 있어 데이터 일관성에 문제가 생길 수 있습니다. 데이터를 업데이트하려면 여러 문서를 만져야 하기 때문에 업데이트가 필요한 기능보다는 주로 조회 목적으로 사용한답니다.

문서를 저장하기 위해 JSON, XML, BSON 등의 형식을 사용할 수 있습니다. Node.js처럼 자바스크립트JavaScript 기반 프레임워크의 경우, JSON 형식으로 데이터 처리가 가능하기 때문에 JSON 형식의 문서를 많이 사용합니다. 참고로, 대표적인 문서 기반 DBMS로는 몽고DBMongoDB, 카우치DBCouchDB, 다이나모DB 등이 있습니다.

## Chapter

# 02

# 데이터를 지키는
# 암호화 기법

주민등록번호, 비밀번호 등과 같은 데이터는 본인이나 꼭 필요한 사람만 봐야 하는 중요한 정보입니다. 그러나 악의적인 목적으로 이 데이터를 보려고 하는 사람이 있기 때문에 우리가 개발하는 소프트웨어는 이 데이터를 암호화해 보호하는 기능을 갖추어야 합니다.

'암호화'란 우리가 사용하는 평범한 문장(평문)을 의미를 알 수 없는 암호문으로 변환하는 것을 말합니다. 반면 '복호화'는 암호문을 평문으로 되돌리는 것인데요. 금고가 귀중품을 지켜주는 것처럼 암호화는 중요한 데이터를 보호하는 수단입니다.

**그림 2-1** 암호화와 복호화 개념

사이버 공격이 날로 증가하고 치밀해지는 만큼 개발자는 암호화 개념을 반드시 이해해야 합니다. 예를 들어 다음과 같은 메서드가 기술적으로 어떤 의미가 있는지, 어떤 암호 알고리즘을 사용해야 하는지 알아야겠지요.

```
Cipher cipher = Cipher.getInstance("AES/ECB/PKCS5Padding");
```

이 메서드를 이해하기 위한 개념을 지금부터 살펴보겠습니다.

## 2.1 대칭 키와 비대칭 키 암호 알고리즘

### 대칭 키 암호 알고리즘

암호 알고리즘은 암호화와 복호화를 할 때 사용하는 알고리즘입니다. 금고를 열기 위해 열쇠를 사용하듯, 이 알고리즘에서도 키를 사용합니다. 암호화를 위한 열쇠를 '암호화 키'라고 부르고, 복호화를 위한 열쇠를 '복호화 키'라고 부릅니다.

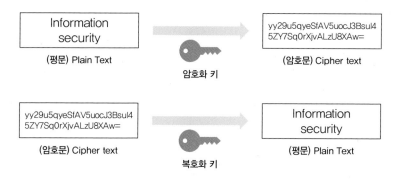

그림 2-2 대칭 키 알고리즘의 암호화 키와 복호화 키

암호화 키와 복호화 키는 동일할 수도 있고 다를 수도 있습니다. 알고리즘이 사용하는 두 키가 동일하면 '대칭 키 암호 알고리즘'이라고 하고, 두 키가 동일하지 않으면 '비대칭 키 암호 알고리즘'이라고 합니다.

대칭 키 알고리즘은 DES, 3DES, AES, ARIA, SEED, LEA 등 다양합니다. 암호화 강도를 고려해 전문가들은 최소 128비트 이상의 알고리즘 사용을 권고합니다. 하지만 간혹 이 사실을 모르고 DES(64비트), 3DES(112비트) 등의 알고리즘을 사용하는 경우가 있습니다.

**표 2-1** 대칭 키 알고리즘 비트 수 및 권고 여부

| 대칭 키 알고리즘 | 비트 수 | 권고 여부 |
| --- | --- | --- |
| DES | 64 | X |
| 3DES | 112 | X |
| AES | 128/192/256 | O |
| ARIA | 128/192/256 | O |
| SEED | 128/256 | O |
| LEA | 128/192/256 | O |

이런 오류를 범하지 않으려면 암호 알고리즘에 대한 개념을 이해해야 합니다. 그런 의미에서 자바 코드로 대칭 키 암호 알고리즘을 설명하겠습니다. 다음은 대칭 키 알고리즘을 이용해 암호화와 복호화를 수행하는 자바 코드입니다. AESEncryption이라는 클래스가 정의되고, 이 클래스는 암호화를 위한 메서드(encrypt)와 복호화를 위한 메서드(decrypt)로 구성되었습니다.

```
1    import java.security.MessageDigest;
2    import java.security.SecureRandom;
3    import java.util.Arrays;
4    import java.util.Base64;
5    import javax.crypto.Cipher;
6    import javax.crypto.spec.IvParameterSpec;
7    import javax.crypto.spec.SecretKeySpec;
8
9    public class AESEncryption {
10
11       private SecretKeySpec secretKey;
12       private byte[] initialVector;
13
14       // 대칭 키 암호화를 위한 메서드
15       public String encrypt(String plainText, String secretString)
16                                               throws Exception {
17
18           byte[] sha256 = null;
```

```java
19          byte[] cipherText = null;
20
21          // secretString에 대한 해시 값 생성
22          sha256 = MessageDigest.getInstance("SHA-256").
23                  digest(secretString.getBytes("UTF-8"));
24
25          // 해시 값을 16바이트 배열로 나누어 저장
26          sha256 = Arrays.copyOf(sha256, 16);
27
28          // 해시 값과 AES 알고리즘을 이용하여 비밀 키 생성
29          secretKey = new SecretKeySpec(sha256, "AES");
30
31          // 첫 번째 블록 암호화를 위해 난수 값을 이용하여 초기화 벡터 생성
32          initialVector = new byte[16];
33          SecureRandom random = new SecureRandom();
34          random.nextBytes(initialVector);
35
36          /* 암호화 객체 생성
37           * - 암호 알고리즘: AES
38           * - 블록 암호화 운영 모드: CBC
39           * - 패딩: PKCS5Padding
40           */
41          Cipher cipher = Cipher.getInstance("AES/CBC/PKCS5Padding");
42
43          // 암호화 모드, 대칭 키, 초기화 벡터 값을 입력하여 암호화 객체 초기화
44          cipher.init(Cipher.ENCRYPT_MODE, secretKey,
45                      new IvParameterSpec(initialVector));
46
47          // 데이터 암호화 수행
48          cipherText = cipher.doFinal(plainText.getBytes("UTF-8"));
49          // Base64로 인코딩하여 암호문 반환
50          return Base64.getEncoder().encodeToString(cipherText);
51
52      }
53
54  // 대칭 키 복호화 함수
55  public String decrypt(String cipherText, SecretKeySpec secretKey)
56                                              throws Exception {
```

```
57
58          byte[] plainText = null;
59
60          // 암호화 객체 생성
61          Cipher cipher = Cipher.getInstance("AES/CBC/PKCS5Padding");
62
63          // 암호화 모드, 대칭 키, 초기화 벡터 값을 입력하여 암호화 객체 초기화
64          // secretKey(대칭 키)와 initialVector(초기화 벡터)는 암호화에
65          // 사용한 값과 동일한 값으로 설정
66          cipher.init(Cipher.DECRYPT_MODE, secretKey,
67                          new IvParameterSpec(initialVector));
68          // 데이터 복호화 수행
69          plainText = cipher.doFinal(Base64.getDecoder().
70                          decode(cipherText));
71          // 바이트 형식으로 복호화된 데이터를 문자열 형식으로 변환하여 반환
72          return new String(plainText);
73
74      }
75
76      // 대칭 키 및 암호 알고리즘 조회
77      public SecretKeySpec getSecretKey()  {
78          return secretKey;
79      }
80
81  }
```

우선 암호화를 위한 메서드부터 살펴보겠습니다. 대칭 키 암호 알고리즘은 비밀 키를 이용해 평문을 암호문으로 변환합니다. 이를 위해 15행처럼 encrypt 메서드는 plainText와 secretString이라는 2개의 매개변수를 받습니다. 여기서 painText는 평문을 입력으로 받는 변수이고 secretString은 비밀 키를 생성하기 위해 사용하는 변수입니다.

```
15  public String encrypt(String plainText, String secretString)
```

암호 알고리즘에 사용하는 비밀 키를 만들어보겠습니다. 암복호화에 사용되는 매우 중요한 키이기 때문에 쉽게 유추할 수 없도록 복잡한 문자열로 만들어야 하는데요. 이를 위해 22행, 23행과 같이 SHA-256 알고리즘을 사용했습니다. 이 알고리즘에 secretString 변수 값을 넣으면 256비트 길이의 해시 값이 반환되고 sha256 변수에 할당됩니다.

```
22  sha256 = MessageDigest.getInstance("SHA-256").
23                      digest(secretString.getBytes("UTF-8"));
```

29행은 비밀 키 sha256과 암호 알고리즘 AES를 매개변수로 하여 secretKey 객체를 생성합니다. 앞서 설명했듯 128비트 이상의 암호 알고리즘을 사용해야 하므로 AES를 지정했습니다. 다시 한번 강조하지만 DES, 3DES와 같이 취약한 암호 알고리즘을 사용하면 안 됩니다.

```
29  secretKey = new SecretKeySpec(sha256, "AES");
```

41행에 CBC라는 용어가 보입니다. 이것은 데이터 블록을 암호화할 때 사용하는 운용 모드입니다. 코딩 책에 있는 코드를 그대로 따라 적기도 하는데, 전문가가 되기 위해서는 블록 암호화 방식의 운용 모드가 무엇인지 알고 넘어가야 합니다. 우리가 사용하는 암호화 방식은 데이터를 블록으로 나누는데, 이를 위한 운용 모드로는 ECB<sup>electronic code book</sup>, CBC<sup>cipher-block chaining</sup> 등이 있습니다. ECB를 사용하면 데이터를 블록으로 나눈 후 각각을 암호화합니다. 반면, CBC는 데이터를 블록으로 나누고 블록 간 체인을 만들어 암호화합니다. 여기서 이전 블록의 암호화 결과를 다음 블록의 암호화에 사용하기 때문에 '체인'이라는 명칭이 붙었습니다.

CBC는 ECB보다 보안에 더 강합니다. ECB 방식에서는 동일한 블록에 동일한 암호문이 생성되지만, CBC 방식에서는 동일한 블록에 매번 다른 암호문이 생성되기 때문인데요. 이런 이유로 우리가 작성한 코드의 운용 모드를 CBC로 정했습니다.

암호화 대상이 되는 가장 첫 번째 블록의 경우, 이전 블록이 없기 때문에 이를 대신할 '초기화 벡터'를 넣어주어야 합니다. 이 초기화 벡터를 만들기 위해 34행에서 랜덤 함수를 사용한 것입니다.

```
34    random.nextBytes(initialVector);
```

41행에서 암호화 객체를 생성합니다. getInstance의 매개변수로 작성한 AES/CBC/PKCS5Padding은 암호 알고리즘을 AES로 하고 이것의 운용 모드는 CBC, 패딩 방식은 PKCS#5로 하겠다는 뜻이지요.

```
41    Cipher cipher = Cipher.getInstance("AES/CBC/PKCS5Padding");
```

패딩 방식을 정하는 이유는 무엇일까요? 블록 암호화 방식을 사용하므로 각 블록의 길이가 일정해야 하기 때문입니다. AES-128의 경우 블록 크기가 16바이트이므로, 만약 블록 크기가 16바이트가 되지 않으면 크기를 맞추기 위해 임의의 값을 추가합니다. 우리는 이것을 패딩padding이라고 부르는 거죠.

대칭 키 암호 알고리즘에서 주로 사용하는 패딩 방식에는 PKCS#5와 PKCS#7이 있습니다. PKCS#5로 지정하면 패딩 값을 최대 8바이트까지만 채우지만, PKCS#7로는 최대 255바이트까지 채웁니다. 요즘 사용하는 대부분의 대칭 키 암호 알고리즘은 블록 크기가 16바이트 이상이기 때문에 패딩 값을 많이 채워주는 PKCS#7을 주로 사용합니다.

그러나 앞에서 설명한 자바 코드에서는 PKCS#5 패딩(PKCS5Padding)을 사용했습니다. PKCS7Padding을 사용할 경우 예외(NoSuchAlgorithmException)가 발생합니다. 자바에서는 PKCS5Padding을 사용하더라도 내부적으로는 PKCS7 Padding으로 동작합니다.

드디어 평문을 암호문으로 변환하는 마지막 단계에 이르렀습니다. 그래서 메서드 이름도 doFinal이군요. 48행과 같이 plainText에 들어 있는 문자열을 바이트 값으로 변환해 doFinal 메서드의 매개변수로 넣어주면 그 결과로 암호문이 생성됩니다.

```
48    cipherText = cipher.doFinal(plainText.getBytes("UTF-8"));
```

그리고 50행과 같이 암호문을 Base64 형식으로 인코딩하여 반환해주면 긴 암호화 여정이 끝납니다.

```
50    return Base64.getEncoder().encodeToString(cipherText);
```

**NOTE**

**암호문을 Base64 형식으로 인코딩하는 이유**
암호문은 이진 데이터로 생성되는데, 이진 데이터는 네트워크 통신 과정에서 신호 왜곡, 비트 오류 등의 이유로 손실 위험이 있고 데이터베이스 관점에서 이진 데이터보다 문자열 데이터가 처리하기에 더 용이합니다. 또한 다른 애플리케이션과 연동하거나 데이터 입출력 시 Base64로 표현하는 규약이 있어서 이진 데이터를 문자열 데이터로 인코딩한답니다.

그럼 이번에는 복호화를 위한 메서드를 살펴볼까요? 이 메서드는 55행부터 시작합니다. 복호화의 의미를 전달하기 위해 메서드에 decrypt라는 이름이 사용되었습니다. 이 메서드는 비밀 키를 이용해 암호문을 평문으로 바꿔야 하기 때문에 cipherText와 secretKey를 매개변수로 받습니다. cipherText는 암호문을 의미하고 secretKey는 암호문을 푸는 키가 됩니다. 앞서 설명한 것처럼 대칭키 암호 알고리즘을 사용했기 때문에 암호화를 위한 키와 복호화를 위한 키가 동일하답니다.

```
55    public String decrypt(String cipherText, SecretKeySpec secretKey)
                                                        throws Exception {
```

복호화하려면 알고리즘을 복호화 모드(DECRYPT_MODE)로 설정해야 합니다. 그리고 암호화에 사용된 비밀 키(secretKey)와 초기화 벡터 값(initialVector)을 이용해 암호화 객체를 초기화해야 합니다.

```
66    cipher.init(Cipher.DECRYPT_MODE, secretKey,
                            new IvParameterSpec(initialVector));
```

이제 69행에서 doFinal 메서드를 통해 복호화를 수행하겠습니다. 앞에서 암호문을 Base64로 인코딩했기 때문에 이번에는 복호화 전에 Base64로 디코딩해야 합니다.

```
69    plainText = cipher.doFinal(Base64.getDecoder().
70                            decode(cipherText));
```

마지막으로 바이트 형식의 데이터를 문자열 형식으로 변환하여 반환해주면 복호화 작업이 종료됩니다.

```
72    return new String(plainText);
```

지금까지 코드를 통해 대칭 키 암호 알고리즘과 관련된 개념을 정리했습니다. 이제 비대칭 키 암호 알고리즘을 살펴보겠습니다.

## 비대칭 키 암호 알고리즘

비대칭 키 암호 알고리즘은 암호화를 위해 사용하는 키와 복호화를 위해 사용하는 키가 다릅니다. 그래서 두 키의 이름도 서로 다릅니다. 암호화에 사용하는 키를 '공개 키'라고 하고, 복호화에 사용하는 키를 '비밀 키'라고 합니다. 이름에서 알 수 있듯, 공개 키는 모두에게 공개가 가능하지만 비밀 키는 공개해서는 안 되는 키입니다.

공개 키를 활용해 암호화하는 것을 '공개 키 암호화 방식'이라고 하는데요. 공개 키와 비밀 키는 함께 태어난 이란성 쌍둥이와 같습니다. 공개 키로 암호화하면 반드시 함께 태어난 비밀 키로 복호화해야 합니다. 다른 쌍의 비밀 키로는 복호화가 불가능하지요. 반대의 경우도 마찬가지입니다. 비밀 키로 암호화하면 함께 태어난 공개 키로 복호화해야 하지요. 당연히 이 경우도 다른 쌍의 공개 키로는 복호화가 불가능하답니다.

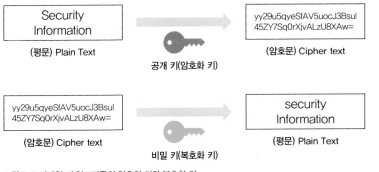

**그림 2-3** 비대칭 키 알고리즘의 암호화 키와 복호화 키

대칭 키 암호화와 비대칭 키 암호화 방식 중에 어느 것이 더 좋을까요? 그 답은 상황에 따라 다릅니다. 대칭 키 암호화는 비대칭 키 암호화에 비해 연산 속도가

더 빠른 장점이 있지만, 키를 상대방에게 전달하기 어려운 단점이 있습니다. 대칭 키 암호화에 사용하는 키는 공개해서는 안 되는 비밀 키이기 때문에 상대방에게 도난당하지 않도록 전달해야 하는데, 그 방법이 마땅치 않거든요. 이메일에 첨부하여 보내자니 많은 사람이 공용으로 사용하는 인터넷 망에서는 도난 가능성이 있고, USB 메모리에 저장하여 보내자니 참 번거롭습니다.

"비밀 키를 암호화해서 보내면 되잖아요!"라고 말씀하시는 분이 있을 것 같군요. 맞습니다! 보통 비밀 키를 전송할 때는 암호화해서 상대방에게 보내는데, 이때 사용하는 방법이 바로 비대칭 암호화 방식입니다.

비대칭 키 암호 알고리즘은 공개 키와 비밀 키를 사용합니다. 공개 키는 누구에게나 공개할 수 있는 키이기 때문에 상대방에게 공개 키를 미리 전달해놓고, 이 키를 이용해 데이터를 암호화하도록 요청하면 됩니다. 이렇게 만들어진 암호문은 내가 가진 비밀 키로만 복호화가 가능하기 때문에 다른 사람이 절대 풀 수 없습니다.

예를 들어 지호가 문서를 암호화해서 서아에게 보내야 한다고 가정해보겠습니다. 이를 위해 [그림 2-4]와 같이 서아가 자신의 공개 키를 지호에게 미리 전달합니다. 그러면 지호는 이 공개 키를 이용해 데이터를 암호화해서 서아에게 보내는데요. 서아에게 보낸 이 암호문은 공개 키와 쌍이 되는 비밀 키로 복호화할 수 있습니다. 여기서 주목할 점은 지호에게 전달한 키가 공개 키라는 점입니다. 비밀 키는 전달할 필요가 없기 때문에 전송 과정에서 위험이 줄게 되지요.

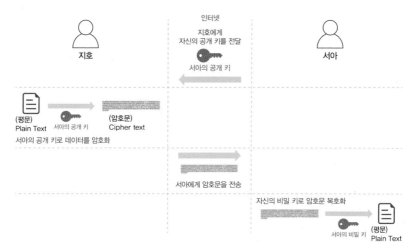

**그림 2-4** 공개 키를 이용한 데이터 암호화 과정

그럼 비밀 키로 암호화하고 공개 키로 복호화할 수는 없을까요? 물론 가능합니다. 다만, 이 방식은 전자서명을 할 때 사용한다는 점이 중요합니다. 전자서명은 약속의 표시로 하는 서류상의 서명과 쓰임새가 같습니다. 예를 들어 지호의 비밀 키로 문서를 암호화하면 지호의 공개 키로만 풀 수 있습니다. 다른 사람의 공개 키로는 절대 풀 수 없기 때문에 문서를 암호화한 사람이 지호인 것을 확실히 믿게 됩니다. 그래서 이 방법이 전자서명의 역할을 하는 것인데요. 지호의 공개 키로 암호문이 풀리므로, 지호가 오리발을 내밀고 "전 암호문을 만든 적이 없는데요!"라고 부인해도 소용없습니다. 지호가 공개한 공개 키로 풀린다는 것은 지호가 비밀 키로 암호화했다는 증거이지요.

비대칭 키 암호 알고리즘이 이렇게 보안적으로 훌륭한데 왜 대칭 키 암호 알고리즘을 사용하는 걸까요? 비대칭 키 암호화는 키를 상대방에게 더 안전하게 전달하는 장점이 있지만, 대칭 키 암호화에 비해 속도가 느린 단점이 있기 때문입니다.

표 2-2 대칭 키와 비대칭 키 암호 알고리즘 비교

| 구분 | 대칭 키 | 비대칭 키 |
| --- | --- | --- |
| 키 개수 | 1개<br>(암/복호화에 동일한 키 사용) | 2개(공개 키, 비밀 키)<br>(암/복호화에 다른 키 사용) |
| 키 길이 | 192/256/512비트 | 2048/4096비트 |
| 암호화 속도 | 빠름 | 느림 |
| 암호 알고리즘 | AES/ARIA/SEED | RSA |
| 키 교환 | 어려움 | 쉬움 |
| 주요 사용 목적 | 데이터 암호화 | 전자서명, 키 교환, 인증 |

그래서 대칭 키 암호 알고리즘의 비밀 키를 교환할 때 비대칭 암호 알고리즘을 사용하고, 안전하게 비밀 키가 교환된다면 그때부터 속도가 빠른 대칭 키 암호 알고리즘을 사용하여 문서를 암복호화한답니다. 비대칭 키 암호 알고리즘은 대칭 키에 비해 더 길고 복잡하기에 암복호화 속도가 느립니다.

이제 자바 코드를 통해 비대칭 키 암호 알고리즘이 어떻게 사용되는지 탐구해보 겠습니다. 다음 코드에서 privateKey와 publicKey라는 키워드가 눈에 띄는데 요. 이쯤 되면 두 키워드가 각각 비밀 키와 공개 키를 저장하기 위한 변수라는 사 실을 쉽게 짐작하실 겁니다.

```java
1   import javax.crypto.Cipher;
2   import java.security.KeyPair;
3   import java.security.KeyPairGenerator;
4   import java.security.NoSuchAlgorithmException;
5   import java.security.PrivateKey;
6   import java.security.PublicKey;
7   import java.util.Base64;
8
9   public class RSAEncryption {
10
11      private PrivateKey privateKey = null;
12      private PublicKey publicKey = null;
```

```
13
14      public RSAEncryption() {
15
16          this.makeKey();
17
18      }
19
20      // 비대칭 키 생성 메서드
21      public KeyPair makeKey() {
22
23          KeyPairGenerator keyPairGenerator = null;
24          KeyPair keyPair = null;
25
26          try {
27
28              // 비대칭 키 생성을 위한 객체 생성
29              keyPairGenerator = KeyPairGenerator.getInstance("RSA");
30
31              // RSA 알고리즘의 비트 수를 2048비트로 설정
32              keyPairGenerator.initialize(2048);
33
34              // 비대칭 키(공개 키, 비밀 키) 생성
35              keyPair = keyPairGenerator.generateKeyPair();
36
37              // 비밀 키 변수 할당
38              privateKey = keyPair.getPrivate();
39
40              // 공개 키 변수 할당
41              publicKey = keyPair.getPublic();
42
43          } catch (NoSuchAlgorithmException e) {
44              e.printStackTrace();
45      }
46
47      return keyPair;
48
49  }
50
```

```
51      // 암호화 함수
52      public String encrypt(String plainText) throws Exception {
53
54          byte[] cipherText = null;
55
56          // 암호화 객체 생성
57          Cipher cipher = Cipher.getInstance("RSA");
58
59          // 암호화 모드, 공개 키를 입력하여 암호화 객체 초기화
60          cipher.init(Cipher.ENCRYPT_MODE, publicKey);
61
62          // 데이터 암호화 수행
63          cipherText = cipher.doFinal(plainText.getBytes());
64
65          // Base64로 인코딩하여 암호문 반환
66          return Base64.getEncoder().encodeToString(cipherText);
67
68      }
69
```

비대칭 키 암호 알고리즘을 사용하기 위해서는 공개 키와 비밀 키부터 만들어야
합니다. 이를 위해 21행부터 49행 코드까지 makeKey 메서드를 정의합니다.

```
21   public KeyPair makeKey() {
```

이제 공개 키를 이용하여 평문을 암호화할 차례입니다. 52행에서 다음과 같이
plainText라는 평문을 받는 encrypt 메서드를 정의합니다.

```
52   public String encrypt(String plainText) throws Exception {
```

57행 코드에서 공개 키 기반 암호 알고리즘인 RSA를 지정하여 암호화 객체를 생성합니다. 앞에서 설명한 것처럼 RSA는 전문가들이 권고하는 안전한 암호 알고리즘입니다.

공개 키로 암호화하면 개인 키로 복호화해야 한다는 점, 잊지 않으셨죠? 우선 공개 키로 암호화하는 코드를 살펴보겠습니다. 60행 코드에서는 암호 알고리즘을 ENCRYPT_MODE로 지정하고, 앞에서 생성한 공개 키 변수 publicKey를 지정하여 암호화 객체를 초기화합니다.

```
56   // 암호화 객체 생성
57   Cipher cipher = Cipher.getInstance("RSA");
58
59   // 암호화 모드, 공개 키를 입력하여 암호화 객체 초기화
60   cipher.init(Cipher.ENCRYPT_MODE, publicKey);
```

마지막으로 데이터 암호화를 위한 함수(doFinal)를 호출하면 암호화된 문장이 반환됩니다. 그리고 암호화된 데이터를 Base64 형식으로 인코딩하고 이를 반환하면 끝납니다.

```
62   // 데이터 암호화 수행
63   cipherText = cipher.doFinal(plainText.getBytes());
64
65   // Base64로 인코딩하여 암호문 반환
66   return Base64.getEncoder().encodeToString(cipherText);
```

암호화했으니 복호화를 위한 메서드 차례입니다. 다음 코드로 암호문을 평문으로 바꿉니다.

```
70      // 복호화 함수
71      public String decrypt(String cipherText) throws Exception {
72
73          byte[] plainText = null;
74
75          // 암호화 객체 생성
76          Cipher cipher = Cipher.getInstance("RSA");
77
78          // 복호화 모드, 비밀 키를 입력하여 암호화 객체 초기화
79          cipher.init(Cipher.DECRYPT_MODE, privateKey);
80
81          // 데이터 복호화 수행
82          plainText = cipher.doFinal(Base64.getDecoder().
83  decode(cipherText));
84
85          // 바이트 형식으로 복호화된 데이터를 문자열 형식으로 변환하여 반환
86          return new String(plainText);
87
88      }
89
90  }
```

암호화 메서드에서 사용한 코드와 매우 유사합니다. 다른 점으로, 79행 코드에서 복호화 모드(DECRYPT_MODE)로 설정하고, 복호화를 수행하기 위해 개인 키(privateKey)를 사용했습니다.

## 2.2 단방향 암호화를 위한 해시 함수

단방향 암호화는 한쪽으로만 암호화하는 방법입니다. 다양한 길이의 문장을 항상 고정된 길이의 암호문으로 변환하지만, 이를 원래 문장으로 복호화할 수 없는 특징이 있습니다.

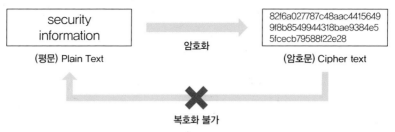

## 단방향 암호화의 특성

단방향 암호화는 비밀번호 암호화, 문서 진위 여부 검증 등 여러 목적으로 사용합니다. 비밀번호를 단방향 암호화하는 이유는 복호화가 불가능하기 때문입니다. 혹여 해커가 암호문으로 저장된 비밀번호를 훔쳐가더라도 복호화가 불가능하니 원래 비밀번호를 알아내지 못합니다.

'비밀번호를 안전하게 저장하려면 양방향 암호 알고리즘을 사용해야 하는 게 아닌가요?'라고 생각할 수도 있지만 전문가들은 이 방법을 추천하지 않습니다. 양방향 암호 알고리즘을 이용하면 비밀번호를 복호화해 유출할 가능성이 있기 때문이지요.

증명서와 같이 중요한 문서가 진짜인지 확인할 때도 단방향 암호화를 사용합니다. 누군가 어떤 증명서의 진위를 확인해달라고 요청하면 이 문서의 암호문(해시 값)을 생성해서 내가 가지고 있는 암호문과 비교합니다. 두 암호문이 동일하면 증명서가 진짜라고 판단하지요.

단방향 암호화를 위해 해시 함수hash function를 사용합니다. 해시 함수는 입력값 처리 후 출력값을 반환하는 여느 함수와 동일하지만, 이해하기 어려운 문자들로 나열된 문장으로 출력한다는 점이 다릅니다.

[그림 2-6]에서 'Hello'라는 입력값을 넣으면 185f8db3227...로 시작하는 복잡한 문장을 출력하는데, 이 문장을 '해시 값[1]'이라고 부릅니다.

그림 2-6 해시 함수와 해시 값

단방향 암호화에 해시 함수를 사용하는 이유는 무엇일까요? 이를 이해하려면 해시 함수의 특징을 살펴볼 필요가 있습니다.

첫째, 해시 함수는 항상 고정된 길이의 해시 값을 출력합니다. 해시 함수는 입력 값 길이에 상관없이 항상 고정된 길이의 해시 값을 만듭니다. 입력값이 Hello와 같은 짤막한 단어이든 수십만 줄의 소스 코드이든, 해시 값은 늘 고정된 길이로 만들어지지요.

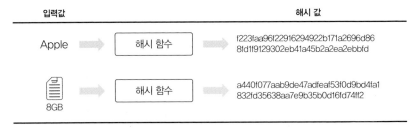

그림 2-7 해시 값 특성 ① – 항상 고정된 길이의 해시 값 출력

비밀번호가 길든 짧든 해시 값은 길이가 동일하기 때문에 해시 값으로는 비밀번호 길이를 유추하기 어렵답니다.

둘째, 해시 함수는 동일한 입력값에 대해 항상 동일한 해시 값을 출력합니다. 다음과 같이 해시 함수에 동일한 입력값을 반복해 넣어도 해시 함수의 결과는 변함없습니다.

---

1 일반적으로 해시 값은 64개의 16진수 문자열로 표현됩니다. 각 16진수 자리는 4비트로 표현되므로 16진수로 표현된 숫자의 개수(64개)를 4로 곱하면 256 비트의 해시 값을 얻을 수 있습니다.

**그림 2-8** 해시 값 특성 ② – 동일한 입력값에 항상 동일한 해시 값 출력

셋째, 입력값이 조금이라도 변경된다면 완전히 다른 해시 값을 출력합니다. 동일한 입력에 동일한 출력을 내지만, 입력값이 조금이라도 달라지면 출력값도 변화가 생깁니다. password와 password1은 겨우 한 글자가 다를 뿐이지만, 다음과 같이 전혀 다른 해시 값을 출력합니다. 입력의 작은 변화에 출력이 크게 변하기 때문에 '눈사태 효과'라고 표현하지요.

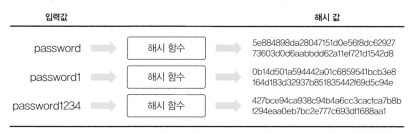

**그림 2-9** 해시 값 특성 ③ – 입력값이 한 비트라도 달라지면 전혀 다른 해시 값 출력

만약 해시 함수가 유사한 입력에 대해 유사한 해시 값을 만든다면 비밀번호 암호화에 해시 함수를 사용하지 않을지 모릅니다. 하지만 해시 함수의 눈사태 효과 덕분에 해시 함수를 비밀번호 암호화에 적극적으로 사용합니다. 입력값이 조금만 달라도 전혀 다른 해시 값을 출력하기 때문에 해시 값을 보고 비밀번호 패턴을 찾아낼 염려가 없거든요.

넷째, 해시 값으로 원래 입력값을 유추할 수 없습니다. 복잡하게 나열된 해시 값으로 원래 입력값을 찾기는 현실적으로 불가능합니다. 그 이유는 입력에서 출력으로 향하는 단방향 암호 알고리즘을 사용하기 때문입니다.

코딩을 할 때 비밀번호를 해시 값으로 변환하여 저장하는 이유도 비밀번호 유출의 영향을 최소화하기 위해서입니다. 카카오톡, 네이버, 국민은행 등 여러 곳에 회원가입을 하다 보면 유사한 비밀번호를 사용하는 경우가 많습니다. 만약 보안사고로 어느 한 곳에서 비밀번호가 유출된다면 다른 곳의 계정도 안전하지 못하게 되는데요. 해시 함수를 사용하면 원래 비밀번호를 알아낼 수 없기 때문에 해시 값이 유출되더라도 걱정을 한시름 덜게 됩니다.

## 안전한 해시 알고리즘

보통 해시 함수는 SHA<sup>secure hash standard</sup> 알고리즘을 사용합니다. SHA 알고리즘에는 SHA−1, SHA−256, SHA−512와 같이 숫자가 붙는데요. 이 숫자들은 해시 값의 길이를 나타냅니다. SHA−1은 길이가 160비트인 해시 값을 생성하고, SHA−256은 256비트, SHA−512는 512비트의 해시 값을 생성합니다.

SHA는 Secure Hash Standard의 약자로 안전한 해시 알고리즘을 의미하지만, 그렇다고 모든 SHA 알고리즘이 안전한 것은 아닙니다. SHA−1과 같은 알고리즘은 과거에는 안전했지만, 컴퓨팅 속도가 빨라지면서 현재는 안전하지 않은 알고리즘으로 분류되거든요. 그래서 전문가들은 숫자가 256 이상인 해시 알고리즘을 사용하도록 권고합니다.

해시 값의 길이가 짧으면 보안에 어떤 문제가 있을까요? 예를 들어 해시 함수가 4비트의 고정된 길이를 출력한다고 가정하겠습니다. 출력 길이가 4비트이니 해시 값의 가짓수는 $2^4$=16개입니다. 해시 함수를 16진수로 표현하므로 다음과 같이 총 16가지 종류의 해시 값이 출력됩니다.

**표 2-3** 16진수로 표현한 해시 값

| 0 | 1 | 2 | 3 | 4 | 5 | 6 | 7 |
|---|---|---|---|---|---|---|---|
| 8 | 9 | A | B | C | D | E | F |

해시 함수의 길이가 4비트라면 16가지 값만 출력되는데요. 수많은 입력을 16가지 해시 값으로만 표현한다는 것은 보안이 매우 취약하다는 것과 다름없습니다. 로그인 화면에서 비밀번호 입력란에 어떤 값을 넣어도 16분의 1 확률로 맞출 수 있으니, 그만큼 해킹이 쉬워지겠지요.

길이가 짧은 해시 값은 서로 다른 입력값에 대해 동일하게 만들어질 가능성이 매우 높습니다. 이것을 '해시 충돌'이라고 하는데요. 해시 충돌을 막기 위해서는 길이가 긴 해시 값을 생성하는 해시 함수를 사용해야 한답니다.

그럼 256비트 길이의 해시 값을 생성하는 해시 함수는 어떨까요? 256비트 해시 함수가 출력하는 가짓수는 무려 $2^{256}$개나 됩니다. $2^{256}$는 실제 상상할 수 없을 정도로 엄청나게 큰 숫자인데요. 예를 들어 $2^{256}$의 개수는 우주를 구성하고 있는 원자의 개수(약 $10^{82}$)만큼 많답니다.

$$2^{256} = 115,792,089,237,316,195,423,570,985,008,687,907,853,269,984,665,640,564,039,457,584,007,913,129,639,936$$

256비트 해시 함수를 사용하면 약 $2^{256}$개 값 중에서 1개 해시 값이 출력되기 때문에 동일한 해시 값이 나올 확률은 약 1.1579209e+77분의 1로 현저하게 낮지요. 이런 배경에서 SHA-256 또는 SHA-512 사용을 권장하지만, SHA-1 알고리즘은 해시 충돌의 위험이 있어 사용을 권장하지 않습니다.

표 2-4 단방향 암호 알고리즘의 종류와 비트 수

| 알고리즘 | 비트 수 |
|---------|--------|
| MD5 | 128 |
| SHA-1 | 160 |
| SHA-224 | 224 |
| SHA-256 | 256 |
| SHA-384 | 384 |
| SHA-512 | 512 |

[표 2-4]는 단방향 암호 알고리즘의 종류와 비트 수를 보여줍니다. MD5와 SHA-1은 안전하지 않아 국내외적으로 사용을 권장하지 않습니다. 그러므로 SHA-256 이상의 암호 알고리즘을 사용해야 한다는 사실을 꼭 기억하세요.

이제 해시 함수를 이용한 코드를 함께 살펴보려고 합니다. 다음 코드를 보니

MessageDigest가 사용되었는데요. '음식물을 소화하다'라는 의미의 digest가 입력 메시지를 소화해 암호문을 만드는 해시 함수의 특징을 표현하는 것만 같습니다.

```
1    import java.math.BigInteger;
2    import java.security.MessageDigest;
3
4    public class SHA {
5
6        public String hash(String plainText) throws Exception {
7
8            byte[] hashValue = null;
9
10           MessageDigest messageDigest =
11                               MessageDigest.getInstance("SHA-256");
12
13           hashValue = messageDigest.digest(plainText.getBytes());
14
15           return new BigInteger(1, hashValue).toString(16);
16
17       }
18   }
```

11행에서 getInstance 메서드를 통해 암호 알고리즘을 'SHA-256'으로 정했 군요. 이제 메서드의 매개변수만 보고도 안전한 알고리즘이 사용된 것을 알 수 있겠죠?

13행에서 digest 메서드는 입력 문자열을 해시 값으로 반환합니다. 입력값이 바이트 형식이어야 하기 때문에 getBytes 메서드를 사용하여 문자열을 변환합니다. 마지막으로 바이트 형식의 해시 값을 16진수로 변환하기 위해 15행에서 toString 메서드를 사용합니다.

## 해시 함수를 위한 소금, 솔트

해커들은 부지런하게도 다음과 같이 잘 알려진 비밀번호와 이에 대한 해시 값을 데이터베이스로 구축해놓습니다. 동일한 입력값에 대해 동일한 해시 값을 출력하는 해시 함수의 특징을 잘 활용하는 방법이지요.

표 2-5 레인보우 테이블

| 비밀번호 | 해시 값 |
| --- | --- |
| 1234567 | 7af135490e2a496576d38cc3e5928cdfa8ebb4ec09c2ef5760392457c312a09d |
| password | 5e884898da28047151d0e56f8dc6292773603d0d6aabbdd62a11ef721d1542d8 |
| qwerty | 65e84be33532fb784c48129675f9eff3a682b27168c0ea744b2cf58ee02337c5 |
| asdf1234! | cd06f8c2b0dd065faf6ef910c7f15934363df71c33740fd245590665286ed268 |

이렇게 입력값과 해시 값의 쌍이 저장된 데이터베이스를 '레인보우 테이블'이라고 부릅니다. 비밀번호를 안전하게 해시 값으로 저장했어도 위와 같은 테이블만 있다면 해커들에게는 비밀번호를 유추할 수 있는 매우 유용한 정보가 되지요. 예를 들어 cd06f8c2b0dd065 … 같은 해시 값을 레인보우 테이블에서 검색하면 역으로 asdf1234!의 비밀번호를 찾아낼 수 있습니다. 해시 함수 특성상 출력값을 입력값으로 변환할 수 없지만, 이렇게 레인보우 테이블을 만들어두면 입력값을 유추할 수 있습니다.

| 입력값 | 해시 값 |
| --- | --- |
| asdf1234! | cd06f8c2b0dd065faf6ef910c7f15934363df71c33740fd245590665286ed268 |

이런 해커들의 공격에 대응하기 위해 해시 함수에 솔트를 사용합니다. 솔트 값이란 임의 길이의 고정된 난수 값인데요. 다음과 같이 비밀번호에 솔트 값을 추

가해 해시 함수의 입력값으로 넣어주면 전혀 새로운 해시 값을 만들기 때문에 레인보우 테이블을 이용한 비밀번호 유추가 매우 어려워집니다.

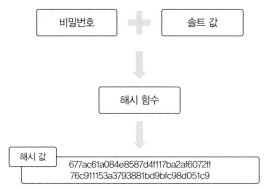

**그림 2-10** 솔트 값을 이용한 비밀번호 해시 값 생성

이제 코드를 통해 솔트의 존재감을 확인해볼까요? 솔트 값은 임의의 난수 값으로 정하면 되므로 16행에서 Random 함수를 사용했습니다. 그리고 23행에서 update 메서드를 호출하여 이 솔트 값을 해시 함수에 적용합니다.

```java
1    import java.math.BigInteger;
2    import java.security.MessageDigest;
3    import java.security.SecureRandom;
4
5    public class SHA {
6
7        public String hash(String plainText) throws Exception {
8
9            byte[] hashValue = null;
10
11           // SHA-256 해시 함수 사용을 위한 객체 생성
12           MessageDigest messageDigest =
13                           MessageDigest.getInstance("SHA-256");
14
15           // 안전한 솔트(난수) 값 생성을 위한 랜덤 함수(SecureRandom) 객체 생성
16           SecureRandom secureRandom = new SecureRandom();
```

```
17            byte[] salt = new byte[32];
18
19            // 32바이트 길이의 솔트(난수)값 생성
20            secureRandom.nextBytes(salt);
21
22            // 해시 대상 입력 문자열에 솔트값 추가
23            messageDigest.update(salt);
24
25            // 입력 문자열(plainText + salt)를 해시 값으로 반환
26            hashValue = messageDigest.digest(plainText.getBytes());
27
28            return new BigInteger(1, hashValue).toString(16);
29
30        }
31    }
```

이때 주의할 점은 솔트 값 생성을 위해 Math.random() 함수를 사용하면 안 된다
는 사실입니다. 이 함수는 보안에 취약하기 때문에 SecureRandom() 함수로 난수
를 생성하도록 권고합니다.

마지막으로 17행을 보겠습니다. 여기에서 솔트 값은 32바이트인데요. 이렇게
32바이트 이상의 솔트 값을 사용하면 해시 값을 이용한 비밀번호 유추가 현실적
으로 불가능하겠지요?


## 2.3 개인정보를 지킬 수 있는 암호화

### 보호해야 할 중요한 정보

'대한민국은 IT 강국'이라는 타이틀이 부끄럽게도 개인정보가 제대로 관리되지
않아 사회적 이슈가 된 적이 몇 번 있었습니다. 공공 기관이나 기업 등에서 휴대
폰 번호, 이메일 등의 관리를 소홀히 해서 정보가 인터넷상에 떠돌거나 포털 사
이트, 금융 기관, 이동 통신사 등에서 보관 중이던 개인정보가 유출되기도 했는

데요. 사태가 심각해지자 정부는 팔을 걷어붙이고 2011년 '개인정보 보호법'을 시행했습니다.

이 법은 우리 사회에 많은 영향을 끼쳤습니다. 병원, 은행 등에서 고유 식별 정보 사용에 동의한다는 서명을 받고, 건물마다 CCTV 카메라 작동을 알리는 안내문이 걸리기 시작했습니다. 또 사용하지 않는 개인정보를 파기하겠다는 이메일이 전송되는 등 크고 작은 변화가 생겼습니다.

**▶ 개인정보 수집·이용 동의**

OOO는 OOOO 서비스 회원가입, 고객상담 및 AS, 고지사항 전달 등을 위해 아래와 같이 개인정보를 수집·이용합니다.

| 수집 목적 | 수집 항목 | 수집 근거 |
|---|---|---|
| 회원 식별 및 회원제 서비스 제공 | 아이디, 비밀번호 | |
| 고객 상담 및 AS관리 | 전화번호 | 개인정보 보호법 제15조 제1항 |
| 서비스 변경사항 및 고지사항 전달 | 이메일 | |

• 귀하는 OOO의 서비스 이용에 필요한 최소한의 개인정보 수집·이용에 동의하지 않을 수 있으나, 동의를 거부 할 경우 회원제 서비스 이용이 불가합니다.

위 개인정보 수집·이용에 동의합니다.(필수)　　동의함　□

**▶ 홍보 및 마케팅에 관한 동의**

OOO는 "개인정보 보호법"에 따라 동의를 얻어 아래와 같이 OOO 서비스의 홍보 및 마케팅을 위한 개인정보를 수집·이용합니다.

| 수집 목적 | 수집 항목 | 보유기간 | 동의 여부(선택) |
|---|---|---|---|
| 웹 매거진 발송(월1회) | 이 메일 | 수집일로부터 1년 | □ |
| SMS를 통한 이벤트 참여 기회 제공 | 휴대전화번호 | 수집일로부터 6개월 | □ |
| 관심 상품 관련 쿠폰 배송 | 주소 | '00년 00월 00일까지 | □ |
| 사용자 행태 분석을 통한 맞춤형 광고 제공 | 사용자 접속기록, 열어본 페이지 목록 | 수집일로부터 3개월 | □ |

• 귀하는 개인정보 수집·이용에 동의하지 않을 권리가 있으며, 동의를 거부할 경우에는 거부한 내용 관련 서비스를 받을 수 없습니다.

그림 2-11 개인정보 수집 및 이용 동의 문서

개인정보 보호법에서 말하는 개인정보는 무엇을 의미할까요? '개인정보'란 살아 있는 개인에 관한 정보로 성명, 이메일, 전화번호, 주소, 주민등록번호, 영상 등을 통해 개인을 알아볼 수 있는 정보입니다. 그중 주민등록번호는 소위 '만능' 정보입니다. 병원, 학교, 경찰서 등에서 주민등록번호 하나만 알면 당사자의 개인정보를 조회할 수 있을 정도인데요. 그래서 개인정보 보호법에서는 '특수한' 상황이 아니면 주민등록번호를 사용하지 못하도록 규정합니다. 여기서 특수한 상황이란 법에서 요구하거나 생명, 신체, 재산상의 이익을 위해 명백히 필요한 경우 등을 가리킵니다. 그러므로 특수한 상황이 아니라면 여러분이 만드는 소프트웨어에 주민등록번호가 포함되어서는 안 되겠지요.

한편 개인을 고유하게 식별할 수 있는 정보를 고유 식별 정보라고 합니다. 주민등록번호는 물론이고 운전면허번호, 여권번호, 외국인등록번호 등이 해당합니다. 소프트웨어를 만들 때 고유 식별 정보를 포함하려면 사용자의 동의를 얻고, 이 정보를 암호화된 형태로 '저장' 및 '전송'해야 한답니다. 왜일까요? 법에 그렇게 하라고 명시되었기 때문이지요.

## 알고리즘을 이용해 개인정보 암호화하기

고유 식별 정보를 암호화된 형태로 저장하려면 앞에서 설명한 대칭 키나 비대칭 키 암호 알고리즘을 사용해 코드를 작성하면 됩니다. 여러 번 강조했듯이 권고되는 안전한 암호 알고리즘(AES, ARIA, SEED 등)을 사용해야 합니다.

암호화하는 방법에는 앞에서 살펴본 암호 알고리즘 외에 DBMS에서 제공하는 암호화 기능을 사용하는 방법도 있습니다. 예를 들어 MariaDB의 경우 다음과 같이 설정하여 특정 열을 암호화합니다.

```
MariaDB> INSERT INTO 사용자(휴대폰 번호) VALUES (
AES_ENCRYPT('010-0000-0000','1064B941E02743C89D3675FC80C611AB83A38AFB'));
Query OK, 1 row affected (0.003 sec)
```

이 쿼리문을 보면 AES_ENCRYPT() 함수명이 있습니다. 함수의 첫 번째 매개변수에 암호화할 열 이름을 입력하고, 두 번째 매개변수에 암호화 키를 입력하면 AES 알고리즘(128비트)으로 원하는 열의 데이터를 암호화할 수 있습니다.

암호문을 복호화할 때도 AES_DECRYPT() 함수를 사용합니다. 다음과 같이 첫 번째 매개변수에 복호화할 열 이름을 작성하고, 암호화할 때 사용한 암호화 키를 두 번째 매개변수에 작성하면 지정한 열의 데이터가 복호화됩니다.

```
MariaDB> SELECT AES_DECRYPT(
휴대폰 번호,'1064B941E02743C89D3675FC80C611AB83A38AFB') AS 휴대폰 FROM 사용자;
+-------------------+
| 휴대폰             |
+-------------------+
| 010-0000-0000     |
+-------------------+
1 row in set (0.000 sec)
```

우리가 로그인할 때 사용하는 비밀번호도 개인정보입니다. 다른 사람에게는 '비밀'로 해야 하는 개인정보이기 때문에 더더욱 안전하게 관리해야 하지요. 비밀번호는 웹 사이트의 문을 여는 열쇠와도 같으므로 복호화가 불가능하도록 단방향 암호 알고리즘(SHA-256/512)으로 만듭니다.

요즘은 지하철, 버스 같은 다중 이용 시설뿐만 아니라 동네의 작은 골목에서도 CCTV 카메라가 우리의 일상을 지켜보고 있는데요. 카메라 영상에 포착된 사람들의 얼굴도 안전하게 관리해야 하는 개인정보이기 때문에 개인정보 보호법에서는 개인정보 '비식별화'를 요구합니다. 그래서 영상에서 얼굴을 모자이크로 처리하거나 흐릿하게 만들어 개인의 얼굴을 알아보지 못하게 한답니다.

### HTTPS를 이용해 통신 구간 암호화하기

개인정보는 저장할 때만이 아니라 '전송'할 때도 암호화해야 합니다. 왜 전송할 때도 암호화해야 할까요? 인터넷은 남들이 볼 수 있는 공용 망이어서 통신 과정에서 누군가가 내 데이터를 훔쳐볼 수 있기 때문이지요.

전송할 때 중요한 데이터만 암호화하는 방법도 있지만 서버와 클라이언트 사이에 주고받는 데이터를 전부 암호화하는 방법도 있습니다. 이를 위해 HTTPS를 사용하는데요. HTTPS는 HTTP over SSL의 약자로 보안이 강화된 HTTP 프로토콜을 말합니다.

HTTP와 HTTPS의 통신 계층을 [그림 2-12]에 비교했습니다. 오른쪽 그림을 보면 HTTPS에는 응용 계층과 전송 계층 사이에 보안 계층이 추가되었는데요. HTTPS에서는 TLS<sup>transport layer security</sup>나 SSL<sup>secure sockets layer</sup>을 사용해 클라이언 트와 서버 간에 안전한 통신 채널을 제공합니다.

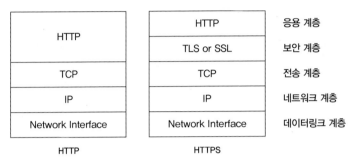

그림 2-12 HTTP/HTTPS의 OSI 7계층

---

**NOTE**

**OSI 7계층이란**

OSI 7계층은 컴퓨터들이 서로 통신할 수 있도록 네트워크 통신 기능을 7개의 계층으로 나눈 '개념적' 프레임워크입니다. 많은 계층으로 구성되어 있어 상대적으로 복잡합니다. 그래서 실제로는 4개의 계층으로 구성된, 간결하면서도 실용적인 TCP/IP 모델이 더 많이 사용되고 있답니다. 현재 대부분의 네트워크는 OSI 모델보다는 TCP/IP 모델을 기반으로 하고 있습니다. OSI 모델은 이론적인 차원에서 설명하곤 합니다.

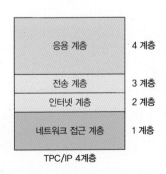

네트워크 패킷 분석 도구인 와이어샤크Wireshark를 이용하면 클라이언트와 서버가 주고받는 네트워크 패킷을 볼 수 있습니다. 다음은 TLS를 사용한 상태에서 로그인 과정을 와이어샤크를 통해 캡처한 결과입니다. [그림 2-13] 화면의 하단에 있는 Encrypted Application Data 부분을 보면 데이터가 암호화되었습니다. 이렇게 TLS를 사용하면 통신 과정의 모든 데이터가 암호화되어 데이터를 안전하게 송수신할 수 있지요.

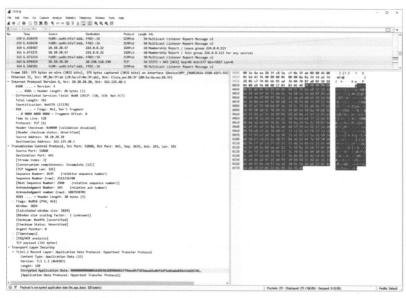

그림 2-13 와이어샤크를 이용한 네트워크 패킷 조회

HTTPS에서는 왜 인증서를 사용할까요? 클라이언트와 서버 간에 송수신되는 데이터는 대칭 키 암호 알고리즘을 사용해 암호화합니다. 이 알고리즘에서 사용하는 키는 공개해서는 안 되는 비밀 키이기에 앞의 설명처럼 비대칭 키 암호 알고리즘으로 비밀 키를 암호화해 전송합니다.

이를 위해서는 클라이언트가 서버로부터 공개 키를 받아야 합니다. 그런데 이 과정에서 걱정되는 일이 있습니다. 만약 클라이언트가 서버로부터 받은 공개 키가 진짜가 아니면 어떻게 하죠? 전송 과정에서 해커가 공개 키를 바꿔치기해 클라이언트에 보내도 클라이언트는 이 사실을 알아차리지 못하고 이 키를 사용할 테니 말이죠.

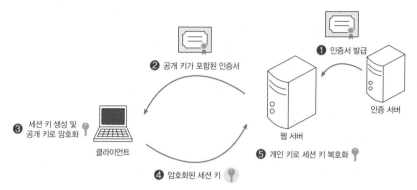

그림 2-14 공개 키 기반 암호화를 위한 인증서 발급 과정

그래서 '인증서'라는 개념이 등장했답니다. 인증서는 '이 공개 키는 내가 인증하니까 믿고 사용하면 돼'라는 의미로 신뢰할 수 있는 인증 기관이 발급합니다([그림 2-14]의 ❶). 웹 서버는 인증 서버에서 발급받은 인증서를 클라이언트에 보내고(❷), 클라이언트는 이 인증서가 진짜인지 검증합니다. 인증서가 진짜이면 인증 기관에서 발급받은 공개 키로 세션 키(비밀 키)를 암호화해 서버에 보내는데요(❸과 ❹). 이렇게 안전하게 세션 키를 교환하면 이제부터 대칭 키 알고리즘을 이용해 서버와 클라이언트 사이의 모든 데이터를 암호화할 수 있습니다.

이처럼 HTTPS 환경을 구축하기 위해서는 신뢰할 수 있는 인증 기관에서 인증서를 발급받아야 합니다. 그래서 웹 서비스를 공식적으로 운영할 때는 비용을 지불하고 인증서를 발급받아야 한답니다. 그럼 개발할 때도 돈을 들여 인증서를 발급받아야 할까요? 꼭 그렇지는 않습니다. 개발 단계에서는 오픈소스인 OpenSSL[2]을 사용해 인증서를 생성해도 되거든요.

다음 코드는 OpenSSL을 사용하여 HTTPS 환경을 구축하는 방법을 안내합니

---

2  OpenSSL은 TLS와 SSL 프로토콜이 오픈소스로 구현된 라이브러리입니다.

다. Tomcat 디렉터리에 있는 server.xml에 발급받은 인증서의 위치와 비밀번호를 넣기만 하면 되니 방법이 어렵진 않습니다.

```
<Connector
    protocol="org.apache.coyote.http11.Http11NioProtocol"
    port="443"
    maxThreads="150"
    SSLEnabled="true">
  <SSLHostConfig>
    <Certificate
      certificateKeystoreFile="C:\OpenSSL\key\.keystore"    ← 인증서 위치 추가
      certificateKeystorePassword="password"                ← 비밀번호 추가
      type="RSA"
      />
  </SSLHostConfig>
</Connector>
```

설정이 완료되었다면 웹 브라우저에서 https://localhost:443으로 접속해보겠습니다. HTTPS가 주소창에 표시된다면 서버와 클라이언트 간의 통신이 안전하다는 의미입니다.

그런데 [그림 1-15]와 같이 경고 메시지가 표시되는 이유는 뭘까요? 그 이유는 인증 기관이 아닌 OpenSSL을 통해 인증서를 발급받았기 때문입니다. 웹 브라우저는 신뢰받지 않은 인증서에는 다음과 같은 경고 메시지를 표시합니다. 그러므로 실제 서비스를 운영할 때는 digicert, verisign 등 인증 기관에서 인증서를 발급받아야 한다는 점을 잊지 마세요!

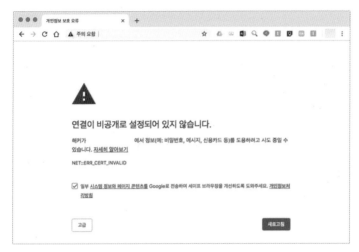

**그림 2-15** 안전하지 않은 인증서를 사용한 웹 사이트 화면

---

> **NOTE**
>
> **SSL을 사용하면 안 되는 이유**
>
> HTTPS는 HTTP over SSL의 약자이지만, 이제는 SSL을 사용해선 안 됩니다. SSL은 1995년부터 사용된 프로토콜이지만, 취약점이 다수 발견되어 1999년부터 SSL의 새로운 브랜드인 TLS가 사용되기 시작했거든요. 그러므로 보안을 좀 아는 개발자라면 TLS를 사용해야 한답니다.
>
> 보안 프로토콜의 상세한 내용을 공부할 필요는 없지만 어떤 TLS 버전을 사용해야 하는지 정도는 알아야 합니다. 현 시점에서 안전하다고 알려진 TLS 버전은 1.2 이상이며, 전문가들은 보안이 강화된 TLS 1.3(2018년 릴리스)의 사용을 권장합니다. '현 시점'이라고 부연한 까닭은 이 버전에도 언젠가 취약점이 발견될 테니 TLS를 사용하는 바로 그 시점에 어떤 버전을 사용할지 다시 한번 확인해야 하기 때문입니다.

---

## 2.4 안전하게 코드를 작성하는 법, 시큐어 코딩

시큐어 코딩secure coding이라는 말을 들어본 적 있나요? 시큐어 코딩이란 해커의 공격도 철통같이 방어하는 안전한 소프트웨어를 개발하기 위해 코드에 보안 약점이 없도록 소프트웨어를 안전하게 설계하고 구현하는 작업입니다.

'지피지기면 백전불태'라는 고사성어가 있습니다. 해커의 공격을 방어하는 안전한 소프트웨어를 만들려면 무엇보다 해커들의 공격 패턴을 아는 것이 중요한데요. 그런 의미에서 OWASP Top 10쯤은 상식으로 알아둬야 합니다.

OWASP는 The Open Web Application Security Project의 약자로 소프트웨어 보안을 강화하기 위해 웹 애플리케이션에서 보안이 뚫릴 만한 취약점을 연구하는 비영리 재단입니다. 이 재단에서는 발생 빈도가 높고 파급 영향이 큰 보안 취약점을 10개 선정해 3~4년마다 발표하는데요. 상위 10개 취약점을 'OWASP Top 10'이라고 합니다. 그런데 왜 보안 취약점을 '웹 애플리케이션'을 대상으로 연구하냐고요? 그 이유는 웹 서비스용 80 포트가 항상 열려 있어 해커의 공격이 웹 애플리케이션에 집중되기 때문입니다.

다음은 2021년에 발표된 OWASP Top 10입니다. 빈도가 높고 영향이 큰 보안 취약점이기 때문에 최소한 이 정도는 알고 있어야 합니다.

1  인젝션
2  취약한 인증
3  민감한 데이터 노출
4  XML 외부 개체XML External Entity(XXE)
5  취약한 접근 통제
6  잘못된 보안 구성
7  크로스 사이트 스크립팅Cross-site scripting(XSS)
8  안전하지 않은 역직렬화
9  알려진 취약점이 있는 구성 요소 사용
10  불충분한 로깅과 모니터링

시큐어 코딩은 두꺼운 책 한 권으로 다뤄야 하는 매우 방대한 주제입니다. OWASP Top 10 역시 한 챕터 정도로 설명하기가 어렵습니다. 그럼에도 OWASP Top 10을 소개하는 까닭은 개발자로 첫걸음을 내딛는 여러분이 그 존재를 아는 것만으로도 실무에 큰 도움이 되기 때문입니다. 이번에는 OWASP Top 10의 상위에 랭킹한 SQL 인젝션, OS 명령어 인젝션과 크로스 사이트 스크립팅을 소개하겠습니다.

## SQL 인젝션

인젝션<sup>injection</sup>은 우리말로 '삽입'이란 뜻입니다. 컴퓨터 용어로는 클라이언트가 웹 서버로 사용자 요청을 전달하는 과정에서 공격 문자열이 추가되는 것을 말합니다. 이 공격 문자열을 웹 애플리케이션이 제대로 걸러내지 못하면 웹 서버의 중요한 정보가 노출되고야 마는 무시무시한 공격이지요. 공격에 이용되는 대표적인 인젝션은 SQL 인젝션입니다. 이름에서 알 수 있듯이 DB 데이터를 조회할 때 사용하는 SQL 문장에 공격 문자열을 추가하는 방법입니다.

이 취약점을 이해하기 위해 SQL 문장 실행 과정을 알아보겠습니다. 다음과 같이 입력 필드에 원하는 단어를 입력하고 '검색' 버튼을 클릭하면 이 요청이 웹 서버로 전달되는데요.

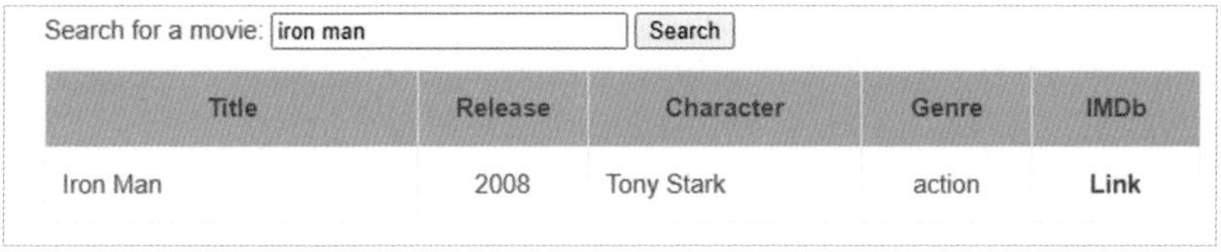

| Title | Release | Character | Genre | IMDb |
|---|---|---|---|---|
| Iron Man | 2008 | Tony Stark | action | Link |

Search for a movie: iron man [Search]

그림 2-16 영화 정보 조회 화면

그러면 웹 서버는 이 요청을 처리하기 위해 다음과 같은 SQL 문장을 실행합니다.

```
SELECT * FROM movies WHERE title = 'iron man';
```

주목할 점은 사용자가 입력한 단어가 SQL 문장에 포함된다는 사실입니다. 웹 사이트는 이 단어를 입력한 사람이 선량한 사용자인지, 아니면 악의적인 의도가 있는 해커인지 구분하지 못하기 때문에 공격 문자열이 서버로 전달되도록 내버

려둡니다. 이렇게 되면 공격 문자열은 여과 없이 SQL 문장에 삽입되어 실행되지요.

웹 사이트의 로그인 화면은 허락받은 사용자만 웹 사이트 안으로 들어오게 하는 중요한 관문입니다. 현관문의 잠금장치가 허술하면 쉽게 열리듯, 로그인 과정이 허술하면 해커의 공격에 쉽게 뚫리겠지요. 그렇기 때문에 로그인 과정을 보안이 잘 되도록 안전하게 설계하는 시큐어 코딩이 중요합니다.

**그림 2-17** 로그인 화면

도둑은 남의 집에 몰래 들어가기 위해 여러 방법을 사용할 텐데요. 이처럼 악의적인 목적을 가진 해커도 웹 사이트에 몰래 침입하기 위해 여러 공격 기법을 동원합니다. DBMS 사용이 필수인 시대에 로그인 과정에서 SQL 문장의 실행은 당연한 절차입니다. 그래서 해커들은 로그인 화면에서 SQL 인젝션 공격 기법을 활용하지요.

로그인 과정에서 사용되는 SQL 문장은 다음과 같이 매우 간단한데요. 이 문장은 members라는 테이블에서 user_id와 user_pw 변수 값과 일치하는 데이터가 있는 모든 행을 조회합니다.

```
SELECT * FROM members WHERE id=user_id AND password = user_pw;
```

이런 단순한 문장에 공격 문자열이 삽입될 만한 곳이 어디 있냐고요? user_id와 user_pw 같은 변수가 바로 그 지점입니다. 이 변수는 사용자가 입력한 값을 담는 공간이기 때문이죠.

이제부터 로그인 과정을 통해 어떻게 공격 문자열이 추가되는지 설명하겠습니다. 사용자가 '로그인' 버튼을 클릭하면 [그림 2-18]과 같이 사용자가 입력한 아이디와 비밀번호가 서버로 전송됩니다. 예를 들어 아이디를 'jin'으로, 비밀번호를 '12345'로 입력하면 이 내용이 서버로 전송되어 다음의 SQL 문장이 실행됩니다.

```
SELECT * FROM members WHERE id='jin' AND password = '12345';
```

members 테이블에 WHERE 절을 만족하는 데이터가 한 건 이상 있다면, 서버는 그 결과를 보고 사용자의 로그인을 허락합니다.

이 문장 중 해커가 이용하는 지점은 WHERE 절에 사용된 변수입니다. 이 변수에 공격 문자열을 삽입해 WHERE 절이 참이 되게 만들 수 있기 때문입니다. 바로 다음과 같이 말이죠.

```
SELECT * FROM members WHERE id='user' AND password = 'or 1=1--';
```

or 1=1-- 같은 문자열이 바로 공격 문자열입니다. 비밀번호 입력 필드에 or 1=1--를 입력하면, or 1=1 때문에 password의 조건식이 항상 참이 됩니다. 그리고 --는 뒷문장을 주석으로 처리해 SQL 문장의 구조를 변경하게 되는데요. 만약 아이디로 입력한 값(user)이 테이블에 존재한다면, WHERE 절의 전체 조건식이 모두 참이 되기 때문에 해커는 로그인에 성공하게 됩니다.

홈페이지에서 이런 공격 문자열을 필터링하지 못한다면 여러분이 만든 웹 사이트는 해커의 손에 넘어가고 말 겁니다. 그래서 시큐어 코딩이 필요한 것이죠.

그럼 지금까지 설명한 과정을 그림으로 정리하겠습니다. 공격자가 로그인 화면에서 아이디에 user, 비밀번호에 or 1=1--를 입력하면([그림 2-18]의 ❶), 이 정보가 요청 메시지로 서버에 전송됩니다(❷). 애초에 사용자가 입력한 값이 SQL 문장에 포함되어 데이터베이스 조회에 사용됩니다(❸). 앞의 설명처럼

WHERE 절이 참이기 때문에 '1개의 행이 선택되었습니다'라는 결과가 나오고(❹),
그러면 웹 서버는 공격자의 로그인을 허락합니다.

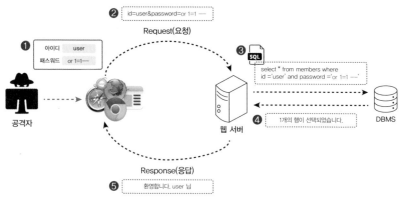

**그림 2-18** SQL 인젝션 공격 과정

SQL 인젝션은 SQL 문장과 관련된 기능 모두에서 일어날 수 있습니다. 즉, 사용
자가 입력한 값이 데이터베이스 쿼리문에 포함된다면 바로 그 쿼리문이 SQL 인
젝션 공격을 받을 수 있는 지점이 됩니다. 그러므로 사용자가 입력한 값이 공격
문자열인지 검증하는 시큐어 코딩이 꼭 필요하다는 사실을 기억하세요!

그런데 어떤 코드가 SQL 인젝션 공격에 취약할까요? 다음과 같이 사용자가 입
력한 값이 필터링 과정 없이 그대로 SQL 쿼리문에 사용되는 코드가 취약합니다.
공격 문자열이 SQL 문장에 삽입되어 문장 구조를 변경해버리기 때문이지요.

공격 문자열에 취약한 코드

```
1   ...
2
3   String user = request.getParameter("user");
4   String password = request.getParameter("password");
5
6   ...
7
8   Statement stmt = conn.createStatement();
```

```
 9
10    ResultSet result = stmt.executeQuery("select count(*) from members where
11    user='"+user+"' and password='"+password+"'");
12
13    ...
```

그럼 어떤 코드가 보안에 안전할까요? 바로 Prepared Statement를 사용한 코드입니다. Prepared Statement를 사용하면, 쿼리문을 미리 컴파일해 실행 계획을 캐시에 적재해놓기 때문에 공격 문자열이 쿼리문의 구조를 바꿀 수 없습니다. 다시 말해, 동일한 구조의 쿼리문이 호출되었을 때 다시 컴파일하지 않고 캐시에 저장된 실행 계획을 사용하기 때문에 SQL 문장이 변경될 일이 없는 것이죠.

시큐어 코딩한 안전한 코드

```
 1    ...
 2
 3    String user = request.getParameter("user");
 4    String password = request.getParameter("password");
 5
 6
 7    PreparedStatement stmt = conn.prepareStatement("select count(*) from
 8    members where user = ? and password = ?");
 9
10    stmt.setString(1, user);
11    stmt.setString(2, password);
12
13    ResultSet rs = stmt.executeQuery();
14
15    ...
16
```

그러므로 7행과 같이 **prepareStatement**를 사용해 SQL 인젝션 공격에 안전한 코드를 작성해야 합니다.

## OS 명령어 인젝션

OS 명령어는 리눅스의 터미널이나 윈도우의 명령 프롬프트를 이용해 실행하는 운영체제 명령어입니다. 보통은 여러 개의 명령어를 한 행에 하나씩 실행하는데요. 다음과 같이 3개의 명령어 data, hostname, pwd를 실행하면 각각 실행됩니다.

```
$ date
Thu Aug 26 03:50:42 PDT 2021

$ hostname
localhost.localdomain

$ pwd
/home
```

세미콜론(;)을 사용하면 여러 개의 명령어를 한 행에 모두 작성해 실행합니다. 다음과 같이 3개의 명령어를 세미콜론으로 연결하면 명령어가 차례대로 실행됩니다.

```
$ date ; hostname ; pwd
Thu Aug 26 03:50:42 PDT 2021
localhost.localdomain
/home
```

이렇게 세미콜론을 사용하면 이미 있는 명령어에 새 명령어를 추가할 수도 있습니다. 이 점을 활용한 공격이 바로 OS 명령어 인젝션입니다. 새로운 명령어가 추가되는 지점은 웹 페이지의 입력 필드입니다. 운영체제 애플리케이션은 사용자가 웹 페이지에 작성한 값을 인자로 받아 실행합니다. 그래서 별도의 검증 없이 외부 입력값이 OS 명령어에 포함되는 경우, 보안의 취약점이 발생할 수 있습니다.

예를 들어보겠습니다. 리눅스 터미널 프로그램에서 다음과 같이 nslookup google.com이란 명령어를 실행하면 google.com의 IP 주소를 확인할 수 있습니다.

```
$ nslookup google.com
Server:  192.168.160.2
Address: 192.168.160.2#53

Non-authoritative answer:
Name: google.com
Address: 172.217.27.78
Name: google.com
Address: 2404:6800:4004:80c::200e
```

만약 명령어 뒤에 세미콜론과 cat /etc/passwd를 추가하면 어떻게 될까요? 2개의 명령어가 차례대로 실행되니 google.com의 IP 주소 조회 결과를 출력하겠지요. 그다음, passwd 파일에 있는 비밀번호를 출력할 겁니다.

```
$ nslookup google.com ; cat /etc/passwd
Server:  192.168.160.2
Address: 192.168.160.2#53

Non-authoritative answer:
Name: google.com
Address: 172.217.27.78
Name: google.com
Address: 2404:6800:4004:80c::200e

root:x:0:0:root:/root:/bin/bash
bin:x:1:1:bin:/bin:/sbin/nologin
daemon:x:2:2:daemon:/sbin:/sbin/nologin
adm:x:3:4:adm:/var/adm:/sbin/nologin
```

이 같은 방법으로 공격자도 명령어를 추가할 수 있기 때문에 이를 방어할 코드가 필요합니다.

OS 명령어 인젝션 공격에 취약한 코드는 어떤 모습일까요? 다음 코드를 보면 웹 페이지 등 외부에서 입력한 값을 검증하지 않고 바로 domain 변수에 할당하고(2행), Runtime.getRuntime().exec("cmd.exe /c nslookup " + domain)에서 domain을 nslookup의 입력값으로 사용하는데요(4행). domain 변수에 도메인 주소만이 아니라 명령어도 포함될 수 있기 때문에 OS 명령어 인젝션 공격에 취약합니다.

OS 명령어 인젝션 공격에 취약한 코드

```
1    ...
2    String domain = getParameter("domain");
3
4    Process process = Runtime.getRuntime().exec("cmd.exe /c nslookup " + domain);
5    ...
6
```

이 공격에 대비하기 위해서는 명령어 추가를 막으면 되는데요. 다음과 같이 외부에서 입력한 문자열 중 여러 명령어를 이어주는 특수문자(예를 들면 ;)를 제거하면 간단하게 해결됩니다.

OS 명령어 인젝션 공격에 안전한 코드

```
1    ...
2    String domain = getParameter("domain");
3
4    domain = date.replaceAll("¦","");
5    domain = date.replaceAll(";","");
6    domain = date.replaceAll("&","");
7    domain = date.replaceAll(":","");
8    domain = date.replaceAll(">","");
```

```
9    Process process = Runtime.getRuntime().exec("cmd.exe /c nslookup " +
10   domain);
11   ...
12
```

## 크로스 사이트 스크립팅(XSS)

HTML, CSS, 자바스크립트는 웹 개발자라면 기본적으로 알아야 하는 코딩 언어입니다. HTML은 웹 페이지의 내용을 작성할 때 사용하고, CSS는 웹 페이지를 디자인할 때, 자바스크립트는 정적인 형태의 웹 페이지를 동적으로 만들 때 사용하지요.

다음과 같이 HTML 문서에 <script>와 </script> 사이에 작성되는 코드가 바로 자바스크립트입니다. 이 코드는 웹 페이지에 알림창을 나타나게 하고 새 문장을 동적으로 추가하기도 하죠.

```
<!DOCTYPE html>
<html lang="ko">
    <head>
        <meta charset="UTF-8">
        <script>
            document.write("<h2>Hello, World!</h2>")
        </script>
    </head>

    <body>
        <p>안녕하세요. 저는 HTML로 작성된 웹 페이지입니다.</p>
    </body>
</html>
```

이런 좋은 목적으로 만든 자바스크립트가 사이버 공격에 이용된다는 사실을 아시나요? 이를 바로 크로스 사이트 스크립팅cross-site scripting(XSS)이라고 합니다. XSS는 웹 페이지에 스크립트를 삽입하여 사용자 웹 브라우저에서 악성 코드가 실행되게 하는 공격입니다.

예를 들어 게시글에 [표 2-6]의 왼쪽과 같이 스크립트를 삽입해놓으면 오른쪽과 같이 보이는데요. 사용자가 링크를 클릭하면 스크립트가 실행되어 개인정보 유출 등 피해가 생길 수 있지요.

표 2-6 스크립트로 만든 링크

| 스크립트 | 보이는 화면 |
| --- | --- |
| 아래 링크를 누르세요.<br>〈a href="board.jsp?board=free&num=(SCRIPT SRC=http://hack/hack.js")〈//SCRIPT)링크〈/a) 바로가기 | 아래 링크를 누르세요.<br>링크 바로가기 |

보통 공격은 [그림 2-19]의 순서로 진행됩니다. 우선 해커는 스크립트 삽입 공격에 취약한 웹 사이트를 찾아냅니다([그림 2-19]의 ❶). 그리고 선량한 사용자의 세션 정보를 훔칠 수 있는 스크립트를 게시글로 등록합니다(❷). 해커는 분명 사용자의 관심을 끌기 위해 멋진 제목을 달았을 겁니다. 그러면 사용자는 호기심이 생겨 게시물을 클릭하게 됩니다(❸). 그 순간 악성 스크립트가 실행되어 사용자의 세션 정보가 해커에게 전달됩니다(❹).

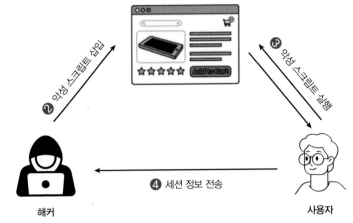

② 악성 스크립트 삽입

③ 악성 스크립트 실행

④ 세션 정보 전송

해커

사용자

❶ 취약한 웹 사이트 타깃

그림 2-19 크로스 사이트 스크립트 공격 과정

크로스 사이트 스크립팅은 공격 방법에 따라 반사 크로스 사이트 스크립팅reflect-ed XSS과 저장 크로스 사이트 스크립팅stored XSS으로 구분합니다. 반사 크로스 사이트 스크립팅은 URL 매개변수에 악성 스크립트를 삽입하는 방법입니다. 사용자가 악성 스크립트가 포함된 URL을 실행할 경우 이 스크립트가 사용자의 웹 브라우저에서 실행됩니다. 저장 크로스 사이트 스크립팅은 게시글에 악성 스크립트를 삽입하는 방법입니다. 악성 스크립트가 데이터베이스에 저장되기 때문에 '저장'이라는 용어가 붙습니다. 만약 악성 스크립트가 포함된 게시글을 다수의 사용자가 클릭할 경우 많은 희생자가 생기는 공격 방법이지요.

그럼 XSS에 취약한 코드는 어떤 모습일까요? 먼저 반사 크로스 사이트 스크립팅을 살펴보겠습니다. 다음 코드를 보면 사용자가 입력한 URL 매개변수가 page라는 변수에 있는데, 이것을 검증 없이 출력에 사용합니다. 이렇게 외부에서 입력한 URL 매개변수가 스크립트에 삽입될 경우 XSS 공격에 취약할 수 있습니다.

반사 크로스 사이트 스크립팅 공격에 취약한 코드

```
1   <%
2   ...
3   String page = request.getParameter("page");
4   ...
5   %>
6
7   ...
8   <%=page%>번 페이지를 찾을 수 없습니다.
9
```

취약점을 제거하기 위해서는 사용자가 입력한 모든 값을 검증해야 합니다. 다음과 같이 스크립트가 실행되지 않도록 특수문자를 제거하여 XSS 공격에 대응합니다.

반사 크로스 사이트 스크립팅 공격에 안전한 코드

```
1   <%
2   ...
3   String page = request.getParameter("page");
4
5   // 스크립트에 사용되는 특수문자를 HTML로 인코딩하여 사용
6   page = page.replaceAll("&", "&amp;");
7   page = page.replaceAll("<", "&lt;");
8   page = page.replaceAll(">", "&gt;");
9   page = page.replaceAll("\"", "&quot;");
10  page = page.replaceAll("'", "&#x27;");
11  page = page.replaceAll("/", "&#x2F;");
12  page = page.replaceAll("(", "&#x28;");
13  page = page.replaceAll(")", "&#x29;");
14
15  %>
16  ...
17  <%=page%>번 페이지를 찾을 수 없습니다.
```

이번에는 저장 크로스 사이트 스크립팅을 살펴보겠습니다. 다음 코드는 게시글 조회를 위해 DBMS에 저장된 데이터를 조회한 후 그 결과를 사용자에게 전달합니다. 악성 스크립트가 포함된 게시글을 조회할 경우, 이 스크립트가 사용자의 웹 브라우저에서 실행되는 문제가 생깁니다. 즉 XSS에 취약한 코드인 셈이지요.

저장 크로스 사이트 스크립팅 공격에 취약한 코드

```
1   <%
2   ...
3   PreparedStatement stmt = conn.prepareStatement("select * from board where
4   id = ?");
5
6   stmt.setString(1, id);
7
8   ResultSet rs = stmt.executeQuery();
9
10  if (rs != null) {
11      rs.next();
12      String content = rs.getString("content");
13  }
14  %>
15
16  내용: <%=content%>
```

이 취약점을 제거하기 위해서는 DBMS를 통해 조회한 데이터를 사용자에게 보여주기 전에 스크립트 실행과 관련된 특수문자를 HTML로 인코딩해야 합니다. HTML로 인코딩한 특수문자는 스크립트의 역할을 하지 못하고 단순 문자열로 처리됩니다. 따라서 사용자에게 스크립트가 실행되지 않고 문자열이 그대로 출력되지요.

```
1   <%
2   ...
3   PreparedStatement stmt = conn.prepareStatement("select * from board where
4   id = ?");
5
6   stmt.setString(1, id);
7
8   ResultSet rs = stmt.executeQuery();
9
10  if (rs != null) {
11      rs.next();
12      String content = rs.getString("content");
13  }
14
15  // 스크립트에 사용되는 특수문자를 제거한 후 사용
16  content = content.replaceAll("&", "&amp;");
17  content = content.replaceAll("<", "&lt;");
18  content = content.replaceAll(">", "&gt;");
19  content = content.replaceAll("\"", "&quot;");
20  content = content.replaceAll("'", "&#x27;");
21  content = content.replaceAll("/", "&#x2F;");
22  content = content.replaceAll("(", "&#x28;");
23  content = content.replaceAll(")", "&#x29;");
24
25  %>
26
27  내용: <%=content%>
```

이렇게 스크립트가 실행되지 않도록 검증 코드를 추가하여 XSS 취약점을 제거
합니다. 또한 위의 방법 외에 JSTL의 c:out 태그나 잘 알려진 필터 라이브러리
(lucy-xss-servlet-filter, OWASP ESAPI 등)를 사용해 XSS 취약점을 해결하
는 방법도 있습니다.

## 2.5 보안도 이제 클라우드 서비스 시대

웹 서비스를 구축하려면 준비할 게 많습니다. 우선 서버와 네트워크 등 하드웨
어 장비를 마련하고, 리눅스나 윈도우 같은 운영체제를 설치해야 합니다. 그런
후 웹 서버, WAS^web application server, DBMS 등의 플랫폼을 이것저것 설치해야
하지요. 이렇게 온프레미스^on-premise[3] 환경에서 내가 만든 웹 애플리케이션이
동작하게 하려면 상대적으로 긴 여정을 거쳐야 합니다. 여기서 '상대적'이라는
수식어를 붙인 이유가 있는데요. 클라우드 서비스를 이용하면, 이 긴 과정이 단
몇 번의 버튼 클릭으로 완료되기 때문입니다.

클라우드 컴퓨팅은 서버, 스토리지, 네트워크 등 다양한 자원을 풀^pool 형태로
인터넷을 통해 제공하는 기술입니다. 그리고 이 기술을 이용해 자원을 서비스
형태로 제공하는 것을 클라우드 서비스라고 합니다. 클라우드 서비스를 이용하
면 우리가 신청한 자원을 자동으로 관리하기 때문에 별도의 유지보수 인력이 필
요하지 않습니다. 또 자원을 사용한 만큼만 비용을 지불하니 회사 경비가 절약
되는 장점이 있지요.

클라우드 서비스는 컴퓨팅 자원을 사용자에게 빌려주는 일종의 렌털 서비스입
니다. 빌려주는 자원이 무엇이냐에 따라 서비스 유형이 달라지는데요. 애플리케
이션을 빌려주면 SaaS^software as a service가 되고, 플랫폼을 빌려주면 PaaS^platform

---

3   회사 내부에 서버를 구축하여 서비스하는 종래의 방식을 온프레미스라고 합니다.

as a service가 됩니다. 그리고 서버, 스토리지 등의 인프라를 빌려주면 IaaS$^{infra-}$structure as a service라고 합니다.

클라우드 서비스를 제공하는 사업자로는 아마존의 AWS$^{Amazon\ Web\ Services}$, 마이크로소프트의 애저$^{Azure}$, 네이버 클라우드, KT 클라우드 등이 있습니다. 클라우드 서비스를 이용하면 이 사업자들이 다 알아서 할 것 같지만, 꼭 그렇지만은 않습니다. 사업자가 책임지는 영역과 고객이 책임지는 영역을 분리하기 때문입니다.

사업자는 클라우드 서비스를 위한 '공유 책임 모델'을 정의합니다. 이 모델은 말 그대로 클라우드 서비스를 제공하는 사업자와 이를 사용하는 고객이 자원에 대한 책임을 공유한다는 내용을 골자로 합니다. [그림 2-20]의 공유 책임 모델처럼 클라우드 서비스의 책임 영역이 사업자와 고객으로 명확히 구분됩니다.

| 1 클라우드에서 고객이 책임져야 할 보안 | 고객 데이터 | 플랫폼, 애플리케이션 | 신원 및 접근 관리 |
|---|---|---|---|
| | 운영체제, 네트워크 및 방화벽 설정 | | |
| | 클라이언트 사이드 데이터 암호화 / 데이터 무결성 인증 | | |
| | 서버 사이드 데이터(또는 파일) 암호화 | | |
| | 네트워크 트래픽 보호(암호화, 무결성, 신원) | | |

| 2 클라우드에서 AWS가 책임져야 할 보안 | 소프트웨어 | | | |
|---|---|---|---|---|
| | 연산 (compute) | 스토리지 (storage) | 데이터베이스 (database) | 네트워킹 (networking) |
| | 하드웨어 / AWS 글로벌 인프라 구조 | | | |
| | 리전 (Regions) | 가용 영역 (Availability Zones) | 에지 로케이션 (Edge Locations) | |

그림 2-20 AWS의 공유 책임 모델 (출처: AWS)

[그림 2-20]의 ①번은 클라우드 서비스를 사용하는 고객이 책임지는 영역이고, ②번은 서비스를 제공하는 사업자가 책임지는 영역입니다. 즉, 기반 소프트웨어(가상화, 스토리지, 데이터베이스 등)나 하드웨어에 문제가 생기면 클라우드 서

비스 제공자가 책임지지만, 고객이 만든 애플리케이션, 데이터, 네트워크 트래픽 등에 문제가 생기면 고객이 책임져야 합니다.

공유 책임 모델에 따라 고객이 책임지는 보안 영역도 달라집니다. 가령 AWS의 EC2 서비스를 사용하면 고객은 인프라를 이용하게 되므로 인프라 영역의 보안은 AWS에서 관리합니다. 하지만 플랫폼과 애플리케이션 영역의 보안은 고객인 여러분이 직접 관리해야 합니다.

그렇다면 여러분은 자신이 만든 애플리케이션의 보안을 위해 무엇을 해야 할까요? 그리고 어떤 서비스를 이용하면 될까요? 보안은 소프트웨어를 설계할 때부터 시작됩니다. 그 시점부터 보안을 고려하여 시큐어 코딩을 해야 한다는 말입니다. 보안 취약점이 있는 애플리케이션을 사용하면 아무리 훌륭한 보안 서비스를 이용하더라도 해커의 공격에 약점을 드러낼 수밖에 없습니다. 이런 점에서 시큐어 코딩은 아무리 강조해도 부족할 정도로 중요합니다.

시큐어 코딩을 통해 소프트웨어를 안전하게 만들었다면 그다음으로 해야 할 일은 클라우드 서비스에서 제공하는 다양한 보안 서비스를 속속들이 이해하여 적극 활용하는 것입니다. 이를 위해 클라우드 서비스를 개발할 때 고려해야 할 세 가지를 설명하고자 합니다.

## 다양한 보안 서비스의 세계

클라우드 서비스를 이용하면 방화벽, 웹 방화벽, 침입 방지 시스템intrusion prevention system(IPS) 등 다양한 보안 서비스를 이용하게 됩니다. 이 서비스들을 이해하고 활용하는 것도 능력이기 때문에 간단히 소개하겠습니다.

여러분이 AWS의 EC2 서비스를 이용한다면, 기본적으로 방화벽 서비스인 Security group이 서비스됩니다. 방화벽 서비스는 IP 주소와 포트를 확인해 트래픽을 차단하거나 허용하는 보안 서비스입니다. 기본적으로 모든 트래픽이 막혀 있기 때문에 다음과 같이 접근을 허용할 IP 주소와 포트를 설정해야 합니다.

| Inbound | | | | |
| --- | --- | --- | --- | --- |
| Source | | Protocol | Port range | Description |
| 0.0.0.0/0 | | TCP | 80 | Allow inbound HTTP access from anywhere. |
| 0.0.0.0/0 | | TCP | 443 | Allow inbound HTTPS access from anywhere. |
| Outbound | | | | |
| Destination | | Protocol | Port range | Description |
| 0.0.0.0/0 | | TCP | 80 | Allow outbound HTTP access to the internet. |
| 0.0.0.0/0 | | TCP | 443 | Allow outbound HTTPS access to the internet. |
| The ID of the security group for your MariaDB database servers | | TCP | 3306 | Allow outbound MariaDB access to instances in the specified security group. |

그림 2-21 AWS Security group 설정 예

외부에서 내부로 들어오도록 서버 접근을 허용하려면 Inbound를 설정합니다. [그림 2-21]처럼 Inbound의 Source를 0.0.0.0/0으로 설정하고, Protocol 과 Port range를 TCP, 80으로 각각 설정하면, 내부로 들어오는 모든 IP 주소의 80번 포트 접근을 허용하게 됩니다. 반대로 외부로 나가도록 허용하려면 Outbound를 설정합니다. 이런 식으로 방화벽 기능을 사용하면 서비스 제공에 필요한 포트와 프로토콜만 허용할 수 있습니다.

보안을 강화하기 위해 보안 시스템을 이중, 삼중으로 겹겹이 쌓는 것이 일반적인데요. 이를 위해 다양한 보안 서비스가 사용되지만, 그중 사이버 공격의 타깃이 되는 웹 서비스의 안전을 지키는 데는 웹 방화벽web application firewall이 필수입니다. 웹 방화벽은 애플리케이션의 주요 취약점을 공격하려는 시도를 탐지해 차단합니다. SQL 인젝션, 크로스 사이트 스크립트 등 주요 취약점을 탐지해 차단하고, 직접 필터를 설정해 특정 공격 패킷을 차단하기 때문에 웹 개발자라면 상식적으로 알아야 하는 보안 서비스입니다.

웹 방화벽이 애플리케이션 수준의 보안 기능이라면, 침입 방지 시스템은 네트워크 수준의 보안 기능입니다. 이 시스템을 이용하면 분산 서비스 거부DDoS[4], SYN 플러딩Flooding[5] 등 네트워크 수준의 공격을 탐지하고 차단할 수 있습니다.

이 외에 통합 위협 관리unified threat management, 엔드포인트 보안endpoint detection and response 등을 위한 다양한 보안 서비스가 존재합니다. 보안 서비스에 대한 식

---

4  불특정 다수가 서버에 대량의 패킷을 전송해 감당할 수 없는 부하를 줌으로써 서버가 서비스하지 못하게 만드는 공격
5  SYN 패킷을 서버에 과도하게 전송함으로써 서버의 네트워크 자원을 고갈시켜 정상적인 접속을 할 수 없게 하는 공격

견을 넓히기 위해서라도 클라우드 서비스 사업자가 제공하는 마켓 플레이스에 자주 들러 시장 구경을 하는 게 좋습니다.

그림 2-22 AWS 보안 소프트웨어 마켓 플레이스 화면

## 데이터를 암호화하는 서비스

애플리케이션에서 비밀번호, 개인정보 같은 중요 정보를 사용한다면 당연히 데이터 암호화는 선택이 아니라 필수입니다. 암호화하려면 별도의 암호화 모듈을 설치해야 하지만, 클라우드 서비스를 이용하면 이조차도 서비스로 암호화할 수 있습니다.

가령 AWS에는 AWS Encryption SDK가 있습니다. 이를 이용하면 클라우드 스토리지와 데이터베이스에 저장된 데이터를 암복호화할 수 있습니다. C, 자바, 파이썬Python, 자바스크립트 등 다양한 언어를 지원하기 때문에 암호화 모듈을 다운로드해 설치하기보다 이런 서비스를 이용하는 편이 더 편리합니다.

앞에서 설명한 것처럼 데이터를 전송하는 구간도 암호화해야 합니다. 이를 위해 웹 서버나 WAS를 통해 HTTPS를 직접 설정하고 인증서도 구입해야 합니다. 또 주기적으로 인증서를 갱신하는 등 작업이 번거롭습니다. 하지만 클라우드 서비스를 이용하면 이런 과정을 건너뜁니다. 클라우드 서비스에서 제공하는 HTTPS 서비스로 HTTPS가 간편하게 설정되고 인증서도 자동으로 갱신되거든요.

## 외부 접근을 최소화하기 위한 인트라넷 서비스

외부 공격으로부터 웹 서버를 보호하기 위해서는 외부 네트워크에 연결되는 서버를 최소화해야 합니다. 그래서 외부와 직접 통신이 필요하지 않은 서버는 일반적으로 인트라넷으로 구성합니다. 한 예로 다음과 같이 웹 서버를 구축한다면, 메일 서버, 웹 서버 등은 외부 네트워크와 연결되도록 구성하지만 DB 서버는 별도의 인트라넷으로 구성합니다.

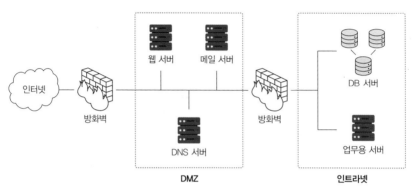

그림 2-23 온프레미스의 네트워크 구성

클라우드 서비스에서는 이를 위한 보안 서비스가 있는데요. 가령 AWS의 VPC-virtual private cloud를 사용하면 특정 서버를 VPC 안에 위치하도록 구성할 수 있어 외부 접근이 불가능해집니다.

# 체계적인
# 자원 관리

우리는 동시에 두세 가지 일을 할 수 있습니다. 커피를 마시며 통화를 하고, 책을 읽으며 음악을 듣습니다. 무엇인가를 동시에 하는 것을 일컬어 '동시성'이라고 하는데요. 이런 동시성 개념을 넓혀 프로그래밍에 적용할 수 있습니다.

컴퓨팅 성능 고도화가 갈수록 빨라지는 오늘날, 자원을 충분히 활용할 수 있도록 프로그래밍하는 일은 꼭 필요한 미덕이자 중요한 과제가 되었습니다. 속도가 중차대한 시대에 여러 작업을 동시에 빠르게 처리해내는 프로그램의 개발은 어찌 보면 숙명입니다. 우리는 수많은 요청을 빠르게 처리해야 한다는 성능 목표를 현장 어디서나 쉽게 보게 됩니다. 이러한 목적하에 구현된 동시성을 1초에 수많은 명령어를 처리하는 컴퓨터가 지원하는 것은 당연합니다. 그런 의미에서 이 장에서는 동시성이 무엇인지, 동시성 프로그래밍 기법에 어떤 것이 있는지 알아보려고 합니다.

## 3.1 여러 가지 일을 동시에 처리하는 동시성 프로그래밍

동시성 프로그래밍이란 하나의 프로세서가 여러 작업을 '동시에' 실행하도록 프로그래밍하는 기법입니다. 이를 위해 일꾼 역할을 하는 '스레드[1]'를 생성하여 이 스레드들이 동시에 여러 작업을 처리하도록 프로그래밍합니다.

동시에 여러 개의 작업을 처리하기 위해 여러 개의 스레드가 생성되기 때문에 '멀티스레드'라는 이름이 붙습니다. 멀티스레드는 하나의 프로세스 내에서 실행되기 때문에 스레드 간 자원 공유가 쉬운 장점이 있습니다. 한 프로세스에서 태어난 자식들이니 자원을 공유하는 것이 자연스럽습니다.

동시성 프로그래밍과 관련해 학교에서 배운 '생산자와 소비자 문제'를 기억하나요? 이 문제에는 생산자 스레드 1개와 소비자 스레드 2개가 등장합니다. 생산자 스레드는 무엇인가를 만드는 스레드이고, 소비자 스레드는 생산자가 만든 스레드를 소비하는 스레드인데요. 생산자 스레드가 공유 변수에 값을 추가해 데이터를 생산하면, 소비자 스레드가 공유 변수에서 값을 꺼내 데이터를 소비합니다.

[그림 3-1]을 보면 조금 더 이해하기 쉬운데요. 한 생산자 스레드가 데이터를 생산해 1, 2, 3, 4, 5 등을 큐에 쌓아놓으면, 두 소비자 스레드가 이 데이터를 소비합니다.

**그림 3-1** 생산자와 소비자

다음은 생산자와 소비자 문제를 코드로 작성한 결과입니다. Consumer와 Producer 클래스를 선언하고 스레드로 사용하기 위해 Runnable이라는 키워드를 붙였습니다. 그리고 데이터를 공유하기 위해 리스트 자료형인 data 변수를 사용합니다.

---

1  프로세스에는 여러 개의 스레드가 실행되는데요. 여기서 스레드는 프로세스 내에서 실행되는 흐름의 단위를 말합니다.

```java
1    import java.util.ArrayList;
2    import java.util.List;
3
4    class Consumer implements Runnable {
5
6        private List<String> data;
7        private int threadID = 0;
8
9        public Consumer(int threadID, List<String> data) {
10           this.data = data;
11           this.threadID = threadID;
12       }
13
14       @Override
15       public void run() {
16
17           String myData;
18
19           while (true) {
20               try {
21
22                   // 0.1초 쉬기
23                   Thread.sleep(100);
24
25                   // 데이터가 비어있지 않을 경우에만 데이터 가져오기
26                   if (!data.isEmpty()) {
27
28                       // 첫 번째 배열의 값 가져오기
29                       myData = data.get(0);
30
31                       // 공유 자원에서 가져온 데이터 출력
32                       System.out.println("[Thread " + threadID + "] : " + myData +
33                                           "번 데이터를 가져옵니다.");
34
35                       // 첫 번째 배열 삭제
36                       data.remove(0);
37
38                   }
```

```java
39
40              } catch (InterruptedException e) {
41                  e.printStackTrace();
42              }
43          }
44      }
45
46  }
47
48  class Producer implements Runnable {
49
50      private List<String> data;
51
52      public Producer(List<String> data) {
53          this.data = data;
54      }
55
56      @Override
57      public void run() {
58
59          // 1부터 10까지 10개 데이터를 순차적으로 삽입
60          for (int i = 1; i <= 10; i++) {
61              data.add(String.valueOf(i));
62          }
63
64      }
65
66  }
67
68  public class ThreadTest {
69
70      public static void main(String[] args) {
71
72          // 공유 자원 생성
73          List<String> data = new ArrayList<>();
74
75          // 스레드 생성
76          Thread producerThread = new Thread(new Producer(data));
```

```
77        Thread consumerThread1 = new Thread(new Consumer(1, data));
78        Thread consumerThread2 = new Thread(new Consumer(2, data));
79
80        // 스레드 실행
81        producerThread.start();
82        consumerThread1.start();
83        consumerThread2.start();
84
85    }
86
87 }
```

코드를 자세히 들여다볼까요? 4행부터 45행은 소비자 클래스로, 데이터를 가져와 소비하는 일을 합니다. 10행을 보면 생산자 스레드가 생성한 데이터를 소비하기 위해 공유 변수 data를 입력으로 받아 지역 변수에 할당합니다.

```
4  class Consumer implements Runnable {
5
6      private List<String> data;
7      private int threadID = 0;
8
9      public Consumer(int threadID, List<String> data) {
10         this.data = data;
11         this.threadID = threadID;
12     }
```

19행부터 43행에서는 공유 변수 data에 저장된 데이터를 가져옵니다. 29행에서 공유 변수의 첫 번째 데이터를 myData 변수에 저장합니다. 그리고 32행에서는 이렇게 가져온 데이터를 확인하기 위해 이 값을 출력합니다. 마지막으로 36행에서는 소비한 데이터를 삭제하기 위해 remove() 메서드를 사용합니다.

```
19    while (true) {
20        try {
21
22            // 0.1초 쉬기
23            Thread.sleep(100);
24
25            // 데이터가 비어있지 않을 경우에만 데이터 가져오기
26            if (!data.isEmpty()) {
27
28                // 첫 번째 배열의 값 가져오기
29                myData = data.get(0);
30
31                // 공유 자원에서 가져온 데이터 출력
32                System.out.println("[Thread " + threadID + "] : " + myData + "번
33    데이터를 가져옵니다.");
34
35                // 첫 번째 배열 삭제
36                data.remove(0);
37
38            }
39
40        } catch (InterruptedException e) {
41            e.printStackTrace();
42        }
43    }
```

48행부터 66행은 생산자 클래스로 데이터를 생산하는 일을 합니다. 53행을 보면 생산자 스레드가 생산한 데이터를 저장하기 위해 공유 변수 **data**를 입력으로받아 Producer 클래스의 맴버 변수에 할당합니다. 60행부터 62행에서는 for 문을 통해 1부터 10까지 숫자를 순차적으로 해당 변수에 추가합니다.

```
48    class Producer implements Runnable {
49
50        private List<String> data;
```

```
51
52      public Producer(List<String> data) {
53          this.data = data;
54      }
55
56      @Override
57      public void run() {
58
59          // 1부터 10까지 10개 데이터를 순차적으로 삽입
60          for (int i = 1; i <= 10; i++) {
61              data.add(String.valueOf(i));
62          }
63
64      }
65
66  }
```

마지막으로 68행부터 87행에서는 공유 자원과 생산자, 소비자 스레드 객체를 생성합니다. 73행에서는 공유 자원을 생성하기 위해 **ArrayList** 객체를 생성합니다. 76행부터 78행에서는 생산자 스레드 1개와 소비자 스레드 객체 2개를 생성합니다. 마지막으로 생성한 스레드를 81행부터 83행에서 실행하면 프로그램 작성이 마무리됩니다.

```
68  public class ThreadTest {
69
70      public static void main(String[] args) {
71
72          // 공유 자원 생성
73          List<String> data = new ArrayList<>();
74
75          // 스레드 생성
76          Thread producerThread = new Thread(new Producer(data));
77          Thread consumerThread1 = new Thread(new Consumer(1, data));
```

```
78          Thread consumerThread2 = new Thread(new Consumer(2, data));
79
80          // 스레드 실행
81          producerThread.start();
82          consumerThread1.start();
83          consumerThread2.start();
84
85      }
86
87  }
```

이 코드를 실행하면 어떤 결과가 나올까요? 생산자 스레드가 1부터 10까지 데이터를 생산하고, 소비자 스레드가 1부터 순서대로 데이터를 읽도록 프로그래밍했습니다. 그러므로 코드를 실행하면 다음과 같이 1부터 10까지 순서대로 데이터를 가져와야 합니다.

예상 실행 결과

```
[Thread 1] : 1번 데이터를 가져옵니다.
[Thread 2] : 2번 데이터를 가져옵니다.
[Thread 1] : 3번 데이터를 가져옵니다.
[Thread 2] : 4번 데이터를 가져옵니다.
[Thread 1] : 5번 데이터를 가져옵니다.
[Thread 2] : 6번 데이터를 가져옵니다.
[Thread 1] : 7번 데이터를 가져옵니다.
[Thread 2] : 8번 데이터를 가져옵니다.
[Thread 1] : 9번 데이터를 가져옵니다.
[Thread 2] : 10번 데이터를 가져옵니다.
```

그런데 프로그램이 우리 예상과 다르게 동작합니다. 다음과 같이 1, 3, 5, 7, 9 데이터는 가져오지만 2, 4, 6, 8, 10 데이터를 가져오지 않습니다. 어디에 문제가 있었던 걸까요? 그 이유가 뭘까요?

```
[Thread 1] : 1번 데이터를 가져옵니다.
[Thread 2] : 1번 데이터를 가져옵니다.
[Thread 2] : 3번 데이터를 가져옵니다.
[Thread 1] : 3번 데이터를 가져옵니다.
[Thread 2] : 5번 데이터를 가져옵니다.
[Thread 1] : 5번 데이터를 가져옵니다.
[Thread 1] : 7번 데이터를 가져옵니다.
[Thread 2] : 7번 데이터를 가져옵니다.
[Thread 1] : 9번 데이터를 가져옵니다.
[Thread 2] : 9번 데이터를 가져옵니다.
```

출력 결과를 보면 첫 번째 스레드(Thread 1)와 두 번째 스레드(Thread 2)가 동시에 동일한 데이터를 가져오게끔 코드가 작성되었습니다. 다음 코드에서 생산자 스레드가 만든 데이터에서 myData = data.get(0);(29행)를 통해 소비자 스레드 2개를 가져옵니다.

```
28   // 첫 번째 배열의 값 가져오기
29   myData = data.get(0);
30
31   // 공유 자원에서 가져온 데이터 출력
32   System.out.println("[Thread " + threadID + "] : " + myData + "번 데이터를
33   가져옵니다.");
34
35   // 첫 번째 배열 삭제
36   data.remove(0);
```

코드를 보니 아무런 문제가 없어 보인다고요? 만약 스레드가 1개만 사용된다면 그럴 수 있습니다. 하지만 스레드가 2개 이상 사용되면 데이터를 뒤죽박죽으로 가져오는 문제가 생기는데요. 이렇게 프로세스나 스레드가 동시에 공유 자원에 접근하면서 경쟁하는 상태를 '경쟁 상태data race'라고 합니다.

**데이터가 뒤죽박죽으로 나오는 이유**

앞 쪽의 생산자와 소비자 코드에서 왜 2, 4, 6, 8, 10 데이터는 가져오지 못한 걸까요? 36행에 그 답이 있습니다. 2개의 스레드가 동일한 데이터를 동시에 가져온 후에 36행에서 데이터를 삭제하는 코드(data.remove(0);)를 두 번 실행했기 때문인데요. 예를 들어 2개의 스레드가 동시에 1번 데이터를 가져온 후 공유 변수에서 데이터를 삭제하게 되는데 2개의 스레드가 공유 변수에서 연달아 데이터를 삭제하는 바람에 1번 데이터뿐만 아니라 2번 데이터도 삭제가 됩니다. 이렇게 반복하여 데이터를 소비하게 되면 2, 4, 6, 8, 10 데이터는 삭제되어 가져오지 못하게 됩니다.

왜 두 스레드가 동시에 같은 데이터를 삭제하지 않았냐고요? 이 메서드의 특성상 여러 개의 스레드가 remove를 동시에 호출해도 실제로는 순차적으로 요청을 처리하기 때문에 데이터가 동시에 삭제되지 않은 겁니다.

교차로에서 두 대의 차가 진입하려고 서로 앞다투다 보면 사고가 나듯, 두 스레드가 공유 자원을 사용하려고 경쟁하다 보니 충돌할 위험에 처합니다. 그럼 이 문제는 어떻게 해결할 수 있을까요? 바로 교차로의 신호등에 힌트가 있습니다. 여러 대의 차가 오가는 교차로에서는 초록색 신호등을 밝혀 차의 진입을 허락하고, 붉은색 신호등을 밝혀 진입을 금지합니다. 이와 같이 공유 자원에 접근할 때도 한 번에 스레드 하나만 가능하도록 특별한 구역을 지정하는데요. 바로 '임계 구역critical section'입니다. 즉 여러 스레드가 진입하지 못하는 특정 구역을 지정해 여러 스레드가 동시에 특정 코드를 실행하지 못하게 하는 방법입니다.

임계 구역은 '락lock'이라는 메커니즘을 사용해 지정합니다. 임계 구역으로 지정된 코드를 실행하기 전에 락을 걸어서 다른 스레드가 실행할 수 없게 코드를 잠그는 것이죠. 물론 임계 구역의 코드 실행이 끝나면 락을 풀어서 다른 스레드가 임계 구역에 들어가게 합니다.

그럼 임계 구역을 어떻게 지정하는지 알기 위해 코드를 살펴보겠습니다. 자바에서는 동기화 블록synchronized block을 사용해 임계 영역을 구현하는데, 그 방법이 매우 간단합니다. 임계 영역을 아래와 같이 Synchronized 블록으로 감싸면 되거든요. 그러면 한 스레드가 임계 구역으로 진입하자마자 락이 걸려 다른 스레드가 진입하지 못합니다. 그리고 그 스레드가 임계 구역을 빠져나오면 자동으로 락이 풀려 다른 스레드의 접근이 허용됩니다.

```
synchronized (동시 접근을 제한할 객체) {

/* 임계 구역 실행 코드 */

}
```

이번에는 스레드가 경쟁적으로 사용하려고 하는 코드를 추가해볼까요? 앞에서 에러가 발생한 코드가 Consumer 클래스였으니 이 코드를 Synchronized 블록 안에 넣어줍니다(31~36행).

```
1    import java.util.ArrayList;
2    import java.util.List;
3
4    class Consumer implements Runnable {
5
6        private List<String> data;
7        private int threadID = 0;
8
9        public Consumer(int threadID, List<String> data) {
10
11           this.data = data;
12           this.threadID = threadID;
13       }
14
15       @Override
16       public void run() {
17
18           String myData;
19
20           while (true) {
21
```

```
22          try {
23
24              // 0.1초 쉬기
25              Thread.sleep(100);
26
27              // 데이터가 비어있지 않을 경우에만 데이터 가져오기
28              if (!data.isEmpty()) {
29
30                  // 임계 영역 설정(synchronized 블록)
31                  synchronized (data) {
32                      // 첫 번째 배열의 값 가져오기
33                      myData = data.get(0);
34                      // 공유 자원에서 가져온 데이터 출력
35                      System.out.println("[Thread " + threadID + "] : " +
36                      myData + "번 데이터를 가져옵니다.");
37                      // 첫 번째 배열 삭제
38                      data.remove(0);
39                  }
40              }
41
42          } catch (InterruptedException e) {
43              e.printStackTrace();
44          }
45      }
46   }
47 }
```

임계 구역을 지정했으니 다시 코드를 실행하겠습니다. 다음 결과를 보니 스레드 2개가 데이터를 순차적으로 잘 가져오고 있네요.

```
[Thread 1] : 1번 데이터를 가져옵니다.
[Thread 2] : 2번 데이터를 가져옵니다.
[Thread 1] : 3번 데이터를 가져옵니다.
[Thread 2] : 4번 데이터를 가져옵니다.
[Thread 1] : 5번 데이터를 가져옵니다.
```

```
[Thread 2] : 6번 데이터를 가져옵니다.
[Thread 1] : 7번 데이터를 가져옵니다.
[Thread 2] : 8번 데이터를 가져옵니다.
[Thread 1] : 9번 데이터를 가져옵니다.
[Thread 2] : 10번 데이터를 가져옵니다.
```

이렇게 동시성을 지원하려면, 교차로의 신호등처럼 순차적으로 임계 구역에 접근하도록 통제해야 한다는 점을 꼭 기억하세요!

## 3.2 소중한 자원의 소실, 메모리 누수

### C를 위한 메모리 관리

운영체제를 비롯해 우리가 실행하는 프로그램은 모두 메모리에서 실행됩니다. 프로그램은 프로세스 형태로 메모리에 자신만의 생활 터전을 일구는데요. 예를 들어 int a = 10으로 변수를 정의하면 '스택'이라는 공간 한 켠에 자리를 잡고, malloc() 함수를 사용하면 '힙'이라는 메모리 영역을 사용합니다.

운영체제가 CPU, 메모리 등의 컴퓨터 자원을 잘 관리해주니 우리가 코드를 작성하면서 컴퓨터 자원을 다룰 일도 없지만, 자원을 제어할 권한도 주어지지 않습니다. 그럼에도 개발자들이 재량껏 주무르는 자원이 있는데요. 바로 메모리입니다.

C 언어로 메모리를 할당할 때 malloc() 함수를 사용합니다. 이 함수는 메모리를 동적으로 할당하기 위해 사용하는데요. 보통 '동적'이라는 말은 프로그램이 메모리에 적재되어 실행되는 상태를 표현합니다. 즉, 메모리에서 프로그램이 실행되는 상태에서 메모리가 할당되는 것을 '동적 메모리 할당'이라고 합니다. 이 함수를 제공하는 이유는 프로그램이 사용하는 메모리의 양이 고정되지 않고 상황에 따라 달라지기 때문이지요.

개발자에게 메모리를 할당할 권리가 주어진 만큼 메모리 사용이 끝나면 제대로 반환할 책임도 있습니다. 즉 도서관에서 대여한 책을 반납하듯 할당한 메모리를 해제해야 합니다. 사실 이 점은 모든 코딩 책에서 강조하는 중요한 사항이지만, 시행착오를 겪은 후에야 비로소 인식하게 됩니다.

이쯤에서 '메모리 할당을 해제하지 않으면 어떤 문제가 생기나요?'라는 질문이 퍼뜩 떠올랐다면 여러분은 중급 개발자로 발돋움한 것입니다. 질문의 답을 찾기 위해 이번에는 초보 개발자가 많이 실수하는 메모리 관리에 대해 알아보겠습니다.

C 언어는 malloc(), calloc(), free() 등의 함수로 메모리를 관리합니다. 이 함수들을 이용하면 직접 메모리를 제어하는 장점이 있지만, 잘못 사용할 경우 프로그램이 비정상 종료하거나 불필요한 메모리를 점유하는 등의 문제가 생깁니다. 그러니 이 함수들을 사용하려면 제대로 이해해야겠지요!

우선 malloc() 함수를 이해해봅시다. malloc은 memory allocation의 줄임말로, 원하는 크기의 동적 메모리를 할당해달라고 운영체제에 요청하는 함수입니다. malloc() 함수를 호출하면 운영체제는 요청한 크기만큼 메모리를 할당하고, 해당 메모리 주소를 반환 값으로 돌려줍니다.

예를 들어 다음과 같이 코드를 작성하면, 10바이트 크기로 동적 메모리 할당을 하고 메모리 주소가 반환되면 myMemory에 넣어둡니다. 이후로는 myMemory 변수를 이용해 메모리에 접근합니다.

```
myMemory = (int*)malloc(sizeof(int) * 10);
```

이때 주의할 점이 있습니다. 반환 값이 NULL인지 확인하는 것인데요. 다음 코드의 1행처럼 동적 메모리 할당을 요청해도 메모리가 부족하면 운영체제가 메모리를 할당하지 못합니다. 그러므로 반환 값이 NULL인지 확인하는 습관을 들여야 합니다.

```
1    myMemory = (int*)malloc(sizeof(int) * 10);
2
3    if(myMemory == NULL){
4        printf("Memory allocation failed\n");
5        return -1;
6    }
```

또 주의해야 할 점은 메모리 사용이 끝나면 반드시 할당을 해제하는 것입니다. 메모리를 할당해놓고 해제하지 않으면 메모리를 불필요하게 계속 점유하기 때문에 메모리 부족 현상이 나타날 수 있습니다. 가용한 메모리가 부족하면 컴퓨터가 전반적으로 느려지고 추가적인 메모리 할당도 불가해집니다. 메모리 해제에도 습관적으로 신경을 써야겠지요. 그러므로 메모리를 할당한 후에는 반드시 free() 함수를 통해 메모리 할당을 해제해야 한다는 점을 잊지 마세요.

**NOTE**

### NULL로 초기화하는 습관을 갖자

free() 함수를 통해 메모리 할당을 해제하더라도 변수에 저장된 메모리 주소는 삭제되지 않습니다. 이미 해제한 메모리 주소에 데이터를 읽거나 쓸 경우, 프로그램 비정상 종료 등 심각한 오류가 발생할 수 있습니다. 하지만 free() 함수 실행 후에 NULL로 초기화하면 오류가 나더라도 비정상 종료 같은 심각한 오류가 발생하지 않으므로 free() 함수 실행 후 NULL로 초기화하는 습관을 들이도록 합시다.

다음 코드는 메모리 할당과 해제 과정을 보여줍니다. 11행에서 malloc() 함수를 사용해 메모리를 할당하고, 13~17행에서 할당한 메모리가 NULL인지 확인합니다. 19~23행에서 메모리를 사용한 후 26~27행에서 free() 함수를 사용해 메모리 할당을 해제하는군요.

```
1    #include <stdio.h>
2    #include <stdlib.h>
```

```
3
4    int myFunc()
5    {
6
7        int* myMemory = NULL;
8
9        // 10개의 int 배열을 가지는 동적 메모리 할당
10       // myMemory 변수에 할당된 메모리 주소가 저장됨
11       myMemory = (int*)malloc(sizeof(int) * 10);
12
13       // 메모리 할당에 실패할 경우 에러 리턴
14       if(myMemory == NULL){
15           printf("Memory allocation failed\n");
16           return -1;
17       }
18
19       for(int i = 0; i < 10; i++)
20       {
21           myMemory[i] = i;
22           printf("Number: %d \n", myMemory[i]);
23       }
24
25       // 반드시 free() 함수를 호출해야 메모리가 반환됨
26       free(myMemory);
27       myMemory = NULL;
28
29       return 0;
30
31   }
```

코딩을 하다 보면, 실수로 할당된 메모리 주소를 잃어버리기도 합니다. 다음 코드 예시를 보면 malloc() 함수를 실행해 반환 값을 myMemory 변수에 담았지만, 이 변수에 실수로 NULL을 넣으면(11행) 할당받은 메모리 주소를 영영 잃게 됩니다. 그러면 메모리 해제도 할 수 없는 막다른 길목에 다다르지요.

```
1    #include <stdio.h>
2    #include <stdlib.h>
3
4    int myFunc()
5    {
6
7        int* myMemory = NULL;
8
9        myMemory = (int*)malloc(sizeof(int) * 10);
10
11       myMemory = NULL;
12
13       return 0;
14
15   }
```

프로그램에 의해 동적 메모리가 할당되었지만, 프로그램의 논리적 오류나 결함 등으로 할당받은 메모리 주소를 잃어버리는 경우가 생길 수 있습니다. 이렇게 되면 프로세스가 종료될 때까지 메모리를 해제하지 못하는 안타까운 상태에 이르는데요. 사용하지도 않는 메모리를 점유하여 다른 프로세스가 사용하지 못하게 되니, 여러분이 만든 프로그램은 민폐를 끼치는 장본인이 됩니다. 이런 현상을 '메모리 누수memory leak'라고 하는데요. 아무도 없는 방의 불을 켜놓아 에너지를 허비하듯, 사용하지 않는 메모리를 해제하지 않으면 메모리를 낭비하게 됩니다. 그렇다면 메모리 누수 현상이 나타나기 전에 그 낌새를 미리 알아차릴 방법은 없을까요? 당연히 있습니다. 가령 윈도우 운영체제에서는 '성능 모니터'로 메모리 누수 현상을 판단합니다.

[그림 3-2]는 윈도우의 성능 모니터를 캡처한 화면입니다. 성능 모니터는 하드웨어 자원을 얼마나 사용하는지 모니터링하는 프로그램인데요. 여기서 컴퓨터 자원은 보통 CPU, 메모리, 네트워크, 디스크 등을 가리킵니다.

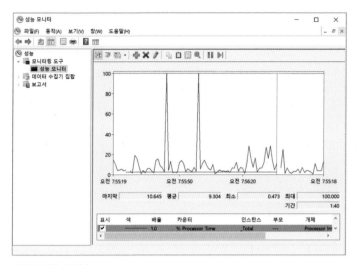

그림 3-2 성능 모니터

[그림 3-3]은 성능 모니터에서 메모리 사용량을 모니터링하는 모습을 보여줍니다. 그래프가 사선으로 그려지는 이유는 메모리 사용량이 계속 증가하기 때문인데요. 이 형태는 할당된 메모리가 해제되지 않아 메모리가 누수되고 있다는 신호입니다.

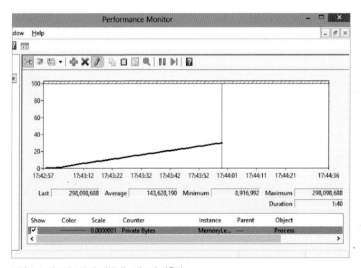

그림 3-3 메모리 누수가 의심되는 메모리 사용량

그럼 그래프가 어떤 형태가 되어야 메모리 누수가 없다고 할 수 있을까요? 다음과 같이 메모리 사용량이 평평하게 유지되거나, 메모리 사용량이 올라가더라도 특정 시점에 내려간다면 메모리가 잘 관리되고 있다고 할 수 있습니다.

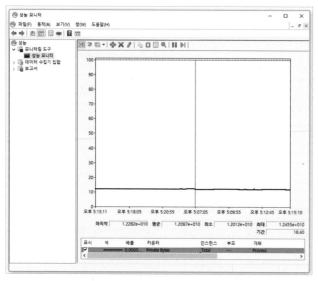

그림 3-4 정상적인 패턴의 메모리 사용량

문제를 찾았다면 원인이 무엇인지 캐내야 합니다. 이를 위해 C로 작성된 코드에서는 메모리 에러 검출 도구인 Valgrind를 사용합니다. 이 도구는 프로그램이 사용하는 메모리를 추적하고, 메모리를 잘못 사용하거나 더 이상 사용하지 않을 경우 다음과 같이 로그를 출력합니다.

```
1   ==4599== Memcheck, a memory error detector
2   ==4599== Copyright (C) 2002-2015, and GNU GPL'd, by Julian Seward et al.
3   ==4599== Using Valgrind-3.11.0 and LibVEX; rerun with -h for copyright info
4   ==4599== Command: ./memoryLeak
5   ==4599==
6   intArray[2]: 2
7   ==4599==
```

```
8   ==4599== HEAP SUMMARY:
9   ==4599==     in use at exit: 4,000 bytes in 1 blocks
10  ==4599==   total heap usage: 2 allocs, 1 frees, 5,024 bytes allocated
11  ==4599==
12  ==4599== 4,000 bytes in 1 blocks are definitely lost in loss record 1 of 1
13  ==4599==    at 0x4C2DB8F: malloc (in /usr/lib/valgrind/vgpreload_memcheck-
14           amd64-linux.so)
15  ==4599==    by 0x4005A3: main (memoryLeak.c:9)
16  ==4599==
17  ==4599== LEAK SUMMARY:
18  ==4599==    definitely lost: 4,000 bytes in 1 blocks
19  ==4599==    indirectly lost: 0 bytes in 0 blocks
20  ==4599==      possibly lost: 0 bytes in 0 blocks
21  ==4599==    still reachable: 0 bytes in 0 blocks
22  ==4599==         suppressed: 0 bytes in 0 blocks
23  ==4599==
24  ==4599== For counts of detected and suppressed errors, rerun with: -v
25  ==4599== ERROR SUMMARY: 1 errors from 1 contexts (suppressed: 0 from 0)
```

로그가 복잡해 보이지만 중요한 에러 내용은 12~15행에 있습니다. 다음 코드는
memoryleak.c의 9행에서 4바이트 크기의 동적 메모리를 malloc() 함수를 통
해 할당했지만, 메모리가 반환되지 않아 15행에서 메모리가 누수되었다고 알려
줍니다.

```
12  ==4599== 4,000 bytes in 1 blocks are definitely lost in loss record 1 of 1
13  ==4599==    at 0x4C2DB8F: malloc (in /usr/lib/valgrind/vgpreload_memcheck-
14           amd64-linux.so)
15  ==4599==    by 0x4005A3: main (memoryLeak.c:9)
```

이렇게 로그가 에러의 종류와 발생 위치까지 알려주기 때문에 메모리 에러를 쉽
게 찾아냅니다.

## 자바를 위한 메모리 관리

C 언어로 코드를 작성할 때는 할당한 메모리를 직접 해제해야 합니다. 하지만 자바로 작성할 때는 그렇게 하지 않아도 되지요. 자바에는 메모리 해제 함수가 없어서 개발자가 직접 메모리를 해제하지 못합니다. 그럼 누가 메모리를 해제하냐고요? 바로 JVM<sup>java virtual machine</sup>이라는 가상 머신입니다.

JVM은 자바 애플리케이션이 사용하지 않는 메모리를 찾아내 주기적으로 정리합니다. 이 과정을 '가비지 컬렉션<sup>garbage collection</sup>'이라고 하는데요. JVM은 어떻게 알고 사용하지 않는 메모리를 찾아내는 걸까요? 방법은 간단합니다. 프로세스가 참조하지 않는 메모리 영역이 있다면 바로 그 공간이 사용하지 않는 영역이라고 간주합니다. 어떤 프로세스도 사용하지 않는 영역을 '참조하지 않는 메모리'로 보지요. 조금 더 기술적으로 설명하면, 계속 접근하는 프로세스가 있는 메모리는 사용 중이지만 접근하는 프로세스가 없는 메모리는 사용하지 않는다고 간주합니다.

자바 코드로 가비지 컬렉션이 어느 시점에 발생하는지 알아보겠습니다. 다음 코드의 1행을 보면 new라는 키워드로 문자열 객체를 생성합니다. 이렇게 문자열 객체를 생성하면 '힙<sup>heap</sup>'이라는 영역에 메모리를 할당하고, 이 위치의 주소를 반환합니다. 그러면 반환된 값을 data 변수에 할당합니다. 이제 data 변수를 통해 메모리에 접근하게 되면, 이 메모리는 사용 중 메모리이기 때문에 가비지 컬렉션의 대상이 되지 않습니다.

```
1    String data = new String("MY DATA");
2
3    System.out.println(data);
```

만약 5행과 같이 data 변수에 null을 넣으면 메모리를 참조할 수 없게 됩니다. 즉, 메모리 주소를 참조하는 변수가 존재하지 않기 때문에 이 메모리는 가비지 컬렉션의 대상이 되지요.

```
1    String data = new String("MY DATA");
2
3    System.out.println(data);
4
5    data = null;
```

'아하! 앞으로 변수에 null을 넣으면 메모리 할당을 해제할 수 있겠군!'이라고 생
각했다면 여러분의 논리적 사고가 진일보한 것입니다. 하지만 단순히 그렇게만
생각하면 안 됩니다. 변수에 null을 할당한다고 무조건 가비지 컬렉션의 대상이
되는 게 아니거든요.

다음 코드를 함께 보겠습니다. 11행을 보면 data 변수에 null을 할당하지요? 왠
지 메모리 할당이 해제될 것 같지만, 이 경우에는 그렇지 않습니다.

```
1    ...
2    String data = new String("MY DATA");
3    String data2 = null;
4
5    // 2행에서 할당한 메모리의 참조 카운터: 2
6    // 참조하고 있는 변수: data, data2
7    data2 = data;
8
9    // 2행에서 할당한 메모리의 참조 카운터: 1
10   // 참조 카운터가 0이 아니므로 메모리가 해제되지 않음
11   data = null;
12   ...
```

왜일까요? data 변수에 저장된 주소 값을 data2 변수에 복사해서 여전히 메모
리를 참조하기 때문이지요. 그래서 11행에서 data 변수에 null을 할당했더라도
가비지 컬렉션의 대상이 되지 않습니다.

메모리 할당을 해제하기 위해서는 다음 코드와 같이 **data**와 **data2**의 변수에 명시적으로 null을 할당해야 합니다. 그러면 메모리를 참조하는 변수가 없어지니 JVM은 이 메모리를 쓰레기로 생각하고 청소하기 시작하겠지요.

```
1    String data = new String("MY DATA");
2    String data2 = null;
3
4    // 2행에서 할당한 메모리의 참조 카운터: 2
5    // 참조하고 있는 변수: data, data2
6    data2 = data;
7
8    // 2행에서 할당한 메모리의 참조 카운터: 1
9    // 참조하고 있는 변수: data2
10   data = null;
11
12   // 2행에서 할당한 메모리의 참조 카운터: 0
13   // 참조하고 있는 변수: 없음
14   // 참조 카운터가 0으로 GC에 의해 메모리가 해제됨
15   data2 = null;
```

그럼 자바 애플리케이션의 메모리 누수 낌새를 어떻게 알아챌까요? 한 예를 들면 비주얼VM<sup>Visual VM</sup>같은 자원 모니터링 도구로 힙 메모리 크기를 관찰해 누수 여부를 확인할 수 있습니다.

[그림 3-5]의 그래프가 바로 힙 메모리 크기를 보여줍니다. 그래프를 보니 힙 메모리의 사용량이 증가하다가 주기적으로 감소하는데요. 프로그램에서 메모리를 할당하므로 힙 메모리 사용량이 증가하다가 주기적으로 가비지 컬렉션이 일어나 일정 간격으로 뚝 떨어지기 때문입니다. 자바 애플리케이션에서는 흔하게 볼 수 있는 그래프죠.

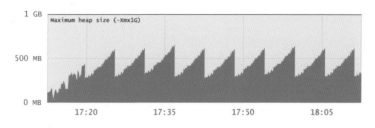

그림 3-5 힙 메모리 사용량 추이 그래프

[그림 3-6]은 메모리 누수 현상이 있는 그래프입니다. 그래프를 보니 힙 메모리 양이 시간이 지나면서 전반적으로 증가합니다. 특정 메모리 영역이 계속 참조되어 메모리 할당이 해제되지 못하고 있으니 메모리가 누수되는 것이죠.

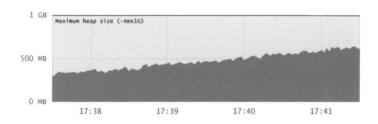

그림 3-6 메모리 누수가 의심되는 그래프

[그림 3-7]의 그래프에서도 메모리 누수가 의심됩니다. 메모리 사용량이 일정 간격으로 감소하기도 하지만 전반적으로 증가하기 때문입니다.

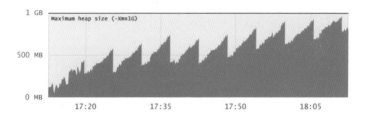

그림 3-7 메모리 누수가 의심되는 그래프

그럼 메모리가 누수된 코드의 위치를 찾기 위해 어떤 도구를 사용하면 좋을까요? 대표적인 메모리 분석 도구는 이클립스Eclipse 메모리 분석 도구Memory Analyzer Tool(MAT)입니다. MAT는 메모리 누수 현상이 있는 객체의 메모리 사용량, 콜 스택, 참조 객체 등의 정보를 상세하게 조회해 누수 원인이 되는 코드를 쉽게 찾아냅니다.

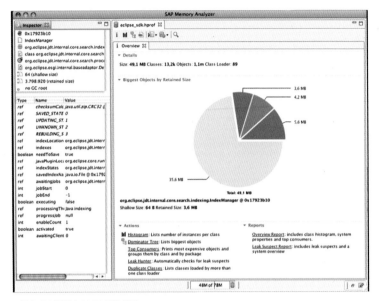

그림 3-8 이클립스 MAT 실행 화면

## 파이썬을 위한 메모리 관리

파이썬은 '레퍼런스 카운팅reference counting' 방법을 이용하여 메모리를 관리합니다. 레퍼런스 카운팅은 메모리가 참조되어 사용되면 레퍼런스 카운팅을 1 증가시키고, 그렇지 않으면 1 감소시키는 방법입니다. 만약 특정 메모리의 레퍼런스 카운팅이 0이면 더 이상 참조되지 않는 메모리로 판단하고 해당 메모리 할당을 해제합니다.

또 파이썬은 메모리 디버깅 도구인 tracemalloc 모듈을 이용하여 메모리 사용을 관찰합니다. 다음과 같이 코드를 작성해 프로그램의 메모리 사용 정보를 출력할 수 있습니다. 3행에서 tracemalloc 모듈을 실행하고 6행에 관찰하고자 하는 프로그램 코드를 넣으면, 이 프로그램에서 사용하는 메모리를 추적합니다.

```
1    import tracemalloc
2
3    tracemalloc.start()
4
5    # 검증 대상 프로그램 코드
6    my_program.run()
7
8    snapshot = tracemalloc.take_snapshot()
9    top_stats = snapshot.statistics('lineno')
10
11   print("[ Top 10 ]")
12   for stat in top_stats[:10]:
13       print(stat)
```

코드를 자세히 볼까요? 8행에서 현재 상태의 메모리 분석 로그(스냅숏)를 저장하고, 9~13행은 메모리 스냅숏 통계 정보를 출력합니다. 통계 정보는 메모리 사용량이 많은 순으로 정렬되므로 12~13행과 같이 가장 많이 사용한 메모리 객체 정보를 10개 조회합니다.

이 코드를 실행한 결과는 다음과 같습니다. 메모리가 할당된 소스 코드의 위치와 메모리 크기, 레퍼런스 카운팅 등의 정보를 출력하므로 메모리를 가장 많이 사용한 객체가 무엇인지 알게 됩니다.

```
[ Top 10 ]
<frozen importlib._bootstrap>:716: size=4855 KiB, count=39328, average=126 B
<frozen importlib._bootstrap>:284: size=521 KiB, count=3199, average=167 B
/usr/lib/python3.4/collections/__init__.py:368: size=244 KiB, count=2315,
average=108 B
/usr/lib/python3.4/unittest/case.py:381: size=185 KiB, count=779, average=243 B
```

```
/usr/lib/python3.4/unittest/case.py:402: size=154 KiB, count=378, average=416 B
/usr/lib/python3.4/abc.py:133: size=88.7 KiB, count=347, average=262 B
<frozen importlib._bootstrap>:1446: size=70.4 KiB, count=911, average=79 B
<frozen importlib._bootstrap>:1454: size=52.0 KiB, count=25, average=2131 B
<string>:5: size=49.7 KiB, count=148, average=344 B
/usr/lib/python3.4/sysconfig.py:411: size=48.0 KiB, count=1, average=48.0 KiB
```

tracemalloc 모듈의 좋은 점은 2개의 메모리 분석 로그(스냅숏)를 비교하는 함수가 있다는 것인데요. 다음과 같이 메모리 스냅숏을 두 번 실행(7행, 12행)합니다. 그 이유는 프로그램을 실행할 때 시간대별로 메모리 사용량을 비교하기 위해 2개의 메모리 로그가 필요하기 때문입니다. compare_to() 메서드(14행)를 이용하면 2개의 메모리 로그를 비교할 수 있습니다.

```
1    import tracemalloc
2    tracemalloc.start()
3
4    # 검증 대상 프로그램 실행
5    my_program.run()
6
7    snapshot1 = tracemalloc.take_snapshot()
8
9    # 검증 대상 프로그램 실행
10   my_program.run()
11
12   snapshot2 = tracemalloc.take_snapshot()
13
14   top_stats = snapshot2.compare_to(snapshot1, 'lineno')
15
16   print("[ Top 10 differences ]")
17   for stat in top_stats[:10]:
18       print(stat)
```

코드를 실행하면 다음 결과가 출력됩니다. 메모리 사용이 가장 많이 증가한 파이썬 코드 10개를 출력하는군요. 이렇게 2개의 메모리 추적 로그를 비교 분석하면 메모리 사용이 증가한 객체를 찾을 수 있답니다.

```
[ Top 10 differences ]
<frozen importlib._bootstrap>:716: size=8173 KiB (+4428 KiB), count=71332
(+39369), average=117 B
/usr/lib/python3.4/linecache.py:127: size=940 KiB (+940 KiB), count=8106 (+8106),
average=119 B
/usr/lib/python3.4/unittest/case.py:571: size=298 KiB (+298 KiB), count=589
(+589), average=519 B
<frozen importlib._bootstrap>:284: size=1005 KiB (+166 KiB), count=7423 (+1526),
average=139 B
/usr/lib/python3.4/mimetypes.py:217: size=112 KiB (+112 KiB), count=1334 (+1334),
average=86 B
/usr/lib/python3.4/http/server.py:848: size=96.0 KiB (+96.0 KiB), count=1 (+1),
average=96.0 KiB
/usr/lib/python3.4/inspect.py:1465: size=83.5 KiB (+83.5 KiB), count=109 (+109),
average=784 B
/usr/lib/python3.4/unittest/mock.py:491: size=77.7 KiB (+77.7 KiB), count=143
(+143), average=557 B
/usr/lib/python3.4/urllib/parse.py:476: size=71.8 KiB (+71.8 KiB), count=969
(+969), average=76 B
/usr/lib/python3.4/contextlib.py:38: size=67.2 KiB (+67.2 KiB), count=126 (+126),
average=546 B
```

지금까지 메모리 누수라는 중요한 개념을 배웠으니 개발할 때 적용해보기 바랍니다. 사용하지 않는 메모리가 쌓이면 메모리 누수로 프로그램 성능이 떨어질 수 있으니 이제부터는 메모리 사용에 관심을 가집시다!

## 3.3 스레드의 수영장, 스레드 풀링

프로세스와 스레드는 매우 중요한 개념이지만, 이를 충분히 이해하지 못하고 코딩 작업을 하는 사례가 적지 않습니다. 대학교를 막 졸업한 신입 사원들에게 이 개념에 대해 물으면 이들의 지식이 교과서 수준에 불과함을 금세 알게 됩니다. 그래서 이 내용을 준비했습니다. 프로세스와 스레드가 무엇인지, 코딩 책에 자주 등장하는 스레드 풀링을 어떻게 구현하는지 함께 알아보겠습니다.

흔히 하드디스크에 저장된 바이너리 코드를 '프로그램'이라고 합니다. 프로그램을 실행하려면 프로그램이 메모리에 적재되어야 하는데요. 메모리에 적재된 프로그램을 바로 '프로세스'라고 합니다. 이런 맥락에서 프로세스를 'CPU에 의해 실행 중이거나 주기억장치에 적재된 프로그램과 데이터'로 정의한답니다. 스레드thread는 프로세스 내부에서 실행되는 흐름의 단위입니다. thread란 낱말의 원래 뜻은 바느질할 때 사용하는 '실'인데요. 스웨터에서 실을 한 올씩 풀어내면 구불구불한 선 모양으로 뜨개질한 흔적이 고스란히 남지요. 이런 모습을 묘사하기 위해서일까요? [그림 3-9]에서 스레드가 구불구불한 선으로 표현되었습니다.

일반적으로 프로그램에는 스레드가 하나 있지만, 프로그램 환경에 따라 둘 이상의 스레드를 동시에 실행하기도 합니다. 이러한 실행 방식을 멀티스레드multithread라고 합니다. 그리고 멀티스레드를 이용해 CPU가 하나 이상의 작업을 동시에 처리하는 것을 멀티스레딩multithreading이라고 합니다.

애플리케이션은 동시에 여러 작업을 처리하기 위해 여러 스레드를 생성해야 하는데요. 작업이 새로 생길 때마다 스레드를 생성하려면 시간이 꽤 걸립니다. 게다가 작업량에 따라 스레드를 계속 생성하자니

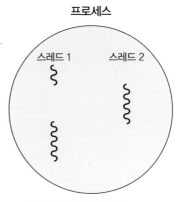

그림 3-9 멀티스레딩 실행 흐름

자원이 부족해질 수 있어 무한정 스레드를 생성하지도 못합니다. 이런 이유로 작업량에 따라 그때그때 스레드를 생성하지 않고 '스레드 풀thread pool'을 미리 만들어놓습니다.

스레드 풀을 스레드 수영장에 비유할 수 있는데요. 스레드가 수영장에서 놀고 있으면 필요할 때 가져다 사용하는 식입니다. 즉, 프로그램을 시작할 때 고정된 개수의 스레드를 미리 생성해놓고 풀 형태로 제공합니다. 스레드 풀을 사용하면 스레드가 이미 생성되었으니 작업을 빨리 할당하고, 컴퓨터 자원의 양을 고려하여 스레드 생성 개수를 제한할 수 있습니다.

스레드 풀이 사용되는 대표적인 예는 WAS web application server인데요. [그림 3-10]과 같이 WAS는 클라이언트로부터 요청이 들어오면 이를 접수하고 대기 큐에 넣습니다. 그러면 스레드 풀의 요청 처리 스레드가 대기 큐에서 요청을 가져와 처리하는 방식으로 동작합니다.

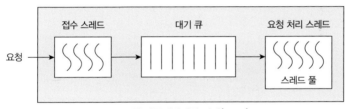

**웹 애플리케이션 서버(WAS)**

그림 3-10 WAS의 스레드 풀 사용 구조

WAS가 시작될 때 일정 개수만큼 스레드 풀이 만들어집니다. WAS에 들어오는 요청이 많아지면 더 많은 스레드를 생성해 동시에 요청을 처리하는데요. 스레드는 서버의 자원을 고려해 생성하지 않기 때문에 어느 시점이 되면, 즉 서버의 자원이 고갈되면 요청을 처리할 스레드가 부족해집니다. 그러면 웹 서버에서는 일부 작업이 처리되지 못해 대기 큐에서 기다리게 되고, 클라이언트 입장에서는 웹 서버의 응답 시간이 길어진다고 느끼게 됩니다. 그러므로 스레드 풀 설정 방법을 알아야 합니다.

스레드 풀은 어떻게 설정할까요? 톰캣[2] 같은 WAS의 설정 파일을 변경하면 됩니다. 예를 들어 다음과 같이 스레드의 최대 개수(maxThreads)와 최소 개수(min-SpareThreads)를 설정합니다.

```
<Executor name="tomcatThreadPool" namePrefix="catalina-exec-" maxThreads="150"
minSpareThreads="4"/>
```

비즈니스 로직[3]으로도 스레드 풀을 구현할 수 있습니다. 자바에서는 Thread-PoolExecutor를 이용해 다음과 같이 스레드 풀을 구현하는데요. 한 예로 다음처럼 스레드 풀의 최소 개수를 '2'로 정하고, 최대 개수를 '5'로 정합니다. 최대 스레드 풀 개수가 5이므로, 작업이 5개를 초과하면 초과된 작업은 대기 큐에서 기다렸다가 순차적으로 처리됩니다.

```
1   import java.util.concurrent.LinkedBlockingQueue;
2   import java.util.concurrent.ThreadPoolExecutor;
3   import java.util.concurrent.TimeUnit;
4
5   public class ThreadPool {
6
7       public static void main(String[] args) throws Exception {
8
9           // 최소 스레드 풀의 개수
10          int CORE_POOL_SIZE = 2;
11          // 최대 스레드 풀의 개수
12          int MAX_POOL_SIZE = 5;
13          // 최소 스레드 풀의 개수로 돌아가기 위해 대기하는 시간
14          int KEEP_ALIVE_TIME = 10;
15
16          // 대기 큐 생성
```

2  톰캣에 대한 설명은 4.2절의 〈웹 서버와 웹 애플리케이션 서버〉 글상자를 참고하세요.
3  프로그램의 주요 기능을 구현하기 위한 핵심적인 규칙 또는 절차를 표현하는 소스 코드

```
17        LinkedBlockingQueue<Runnable> queue = new
18 LinkedBlockingQueue<>(10);
19
20        // 스레드 풀 객체 생성
21        ThreadPoolExecutor threadPool = new ThreadPoolExecutor(CORE_POOL_
22 SIZE, MAX_POOL_SIZE, KEEP_ALIVE_TIME, TimeUnit.SECONDS, queue);
23        // 스레드 풀에 10개 작업 할당
24        for (int i = 0; i < 10; i++) {
25            threadPool.execute(new Task());
26        }
27
28        // 스레드 풀에 작업을 할당하지 않고, 이미 할당된 스레드는 작업이
29           완료될 때까지 기다린 후 스레드 풀 종료
30        threadPool.shutdown();
31
32    }
33
34    // 작업 실행 클래스
35    static class Task implements Runnable {
36
37        @Override
38        public void run() {
39
40            System.out.println(Thread.currentThread().getName() + "번 스레
41                      드 작업 수행 완료");
42        }
43    }
44 }
```

코드를 자세히 보겠습니다. 많은 사람들이 이용하는 서비스에 대기 줄이 있듯,
이 코드에도 대기 큐가 있습니다. 다음과 같이 10개 크기로 대기 큐를 생성하는
데요. 대기 큐의 크기가 '10'이기 때문에, 클라이언트 요청을 최대 10개까지 대
기 큐에서 기다리게 할 수 있습니다.

```
17   LinkedBlockingQueue<Runnable> queue = new LinkedBlockingQueue<>(10);
```

그럼 이 내용의 주인공인 스레드 풀을 생성하겠습니다. 다음과 같이 세 옵션을 지정하여 스레드 풀 객체를 생성합니다.

```
21   ThreadPoolExecutor threadPool = new ThreadPoolExecutor(CORE_POOL_SIZE,
22   MAX_POOL_SIZE, KEEP_ALIVE_TIME, TimeUnit.SECONDS, queue);
```

**NOTE**

**스레드 풀 관리를 위한 옵션들**

스레드 풀 관리를 위해 다양한 옵션을 제공하는데요, 대표적인 관리 옵션인 CORE_POOL_ SIZE, MAX_POOL_SIZE, KEEP_ALIVE_TIME을 소개합니다.

**CORE_POOL_SIZE**

스레드 풀이 유지할 최소 스레드의 개수입니다. 코드에서 '2'를 설정했으므로, 작업이 없어도 최소 2개의 스레드가 작업을 수행하기 위해 대기합니다.

**MAX_POOL_SIZE**

최대 스레드 풀의 개수를 설정합니다. 코드에서 '5'를 설정했으므로, 최대 5개의 스레드가 작업을 수행하는 데 사용됩니다.

**KEEP_ALIVE_TIME**

초기에는 스레드가 CORE_POOL_SIZE만큼 생성됩니다. 만약 할당해야 할 작업이 많으면 스레드 수가 MAX_POOL_SIZE까지 증가하고, 스레드가 처리할 작업이 줄면 스레스 수가 감소합니다. 이때 기준 시간이 있는데요, KEEP_ALIVE_TIME 시간만큼 지켜보다가 작업 수가 감소하면 스레드 수를 줄인답니다.

이제 스레드 풀이 사용되는 코드를 살펴보겠습니다. 작업을 스레드 풀에 할당하는 코드는 다음과 같이 간단한데요. 코드를 보니 최대 스레드 풀의 개수가 5인데, for 문의 실행 작업에는 '10'을 할당합니다. 그러면 작업은 10개가 되지만, 이를 처리할 스레드는 최대 5개가 생성됩니다.

```
24    for (int i = 0; i < 10; i++) {
25        threadPool.execute(new Task());
26    }
```

다음은 스레드 풀 객체를 종료하는 코드입니다. 이 코드를 실행하면, 더 이상 새로운 작업이 실행되지 않고, 이미 실행 중인 작업이 완료할 때까지 기다린 후 스레드를 종료합니다.

```
30    threadPool.shutdown();
```

다음은 스레드가 수행해야 할 작업을 정의한 클래스입니다. 간단한 예제 코드이므로 작업 스레드가 수행되었는지 확인하기 위해 40행에서 "작업 수행 완료"만 출력하도록 코드를 작성했습니다.

```
35    static class Task implements Runnable {
36
37        @Override
38        public void run() {
39
40            System.out.println(Thread.currentThread().getName() + "번 스레드
41                        작업 수행 완료");
42        }
43    }
```

이제 코드를 실행하겠습니다. 10개 작업을 처리하기 위해 1, 2번 스레드가 사용된 것을 확인할 수 있는데요. 스레드를 최대 5개까지 만들 수 있게 설정했지만, 작업이 많지 않아 2개로도 충분합니다.

```
pool-1-thread-1번 스레드 작업 수행 완료
pool-1-thread-2번 스레드 작업 수행 완료
pool-1-thread-1번 스레드 작업 수행 완료
pool-1-thread-2번 스레드 작업 수행 완료
pool-1-thread-1번 스레드 작업 수행 완료
pool-1-thread-2번 스레드 작업 수행 완료
pool-1-thread-1번 스레드 작업 수행 완료
pool-1-thread-2번 스레드 작업 수행 완료
pool-1-thread-1번 스레드 작업 수행 완료
pool-1-thread-2번 스레드 작업 수행 완료
```

작업량을 늘리기 위해 for 문이 15번 실행되도록 코드를 바꾸겠습니다.

```
24   for (int i = 0; i < 15; i++) {
25       threadPool.execute(new Task());
26   }
```

코드를 실행하니 이제는 5개의 스레드가 실행됩니다.

```
pool-1-thread-2번 스레드 작업 수행 완료
pool-1-thread-3번 스레드 작업 수행 완료
pool-1-thread-1번 스레드 작업 수행 완료
pool-1-thread-3번 스레드 작업 수행 완료
pool-1-thread-4번 스레드 작업 수행 완료
pool-1-thread-2번 스레드 작업 수행 완료
pool-1-thread-4번 스레드 작업 수행 완료
pool-1-thread-3번 스레드 작업 수행 완료
pool-1-thread-1번 스레드 작업 수행 완료
pool-1-thread-5번 스레드 작업 수행 완료
pool-1-thread-1번 스레드 작업 수행 완료
pool-1-thread-3번 스레드 작업 수행 완료
pool-1-thread-4번 스레드 작업 수행 완료
pool-1-thread-2번 스레드 작업 수행 완료
pool-1-thread-5번 스레드 작업 수행 완료
```

사용하는 스레드 풀의 개수가 이처럼 증가한 이유는 대기 큐가 꽉 찼기 때문입니다. 처리하는 작업량보다 요청하는 작업량이 더 많다고 판단하여 2개였던 작업 스레드를 총 5개로 늘린 것입니다.

만약 작업이 더욱 많아지면 어떻게 될까요? 다음과 같이 작업(즉 for 문의 실행)을 '50'으로 늘려보겠습니다.

```
24   for (int i = 0; i < 50; i++) {
25       threadPool.execute(new Task());
26   }
```

코드를 실행하니 동시에 많은 요청을 처리하지 못하고 RejectedExecutionException 예외가 발생합니다.

```
pool-1-thread-1번 스레드 작업 수행 완료
pool-1-thread-4번 스레드 작업 수행 완료
pool-1-thread-3번 스레드 작업 수행 완료
pool-1-thread-2번 스레드 작업 수행 완료
pool-1-thread-3번 스레드 작업 수행 완료
pool-1-thread-4번 스레드 작업 수행 완료
pool-1-thread-1번 스레드 작업 수행 완료
pool-1-thread-5번 스레드 작업 수행 완료
pool-1-thread-1번 스레드 작업 수행 완료
pool-1-thread-4번 스레드 작업 수행 완료
pool-1-thread-3번 스레드 작업 수행 완료
pool-1-thread-2번 스레드 작업 수행 완료
pool-1-thread-4번 스레드 작업 수행 완료
pool-1-thread-1번 스레드 작업 수행 완료
pool-1-thread-5번 스레드 작업 수행 완료
Exception in thread "main"
java.util.concurrent.RejectedExecutionException: Task ThreadPool$Task@3f99bd52
rejected from java.util.concurrent.ThreadPoolExecutor@4f023edb[Running, pool
size = 5, active threads = 5, queued tasks = 7, completed tasks = 2]
```

```
        at java.base/java.util.concurrent.ThreadPoolExecutor$AbortPolicy.rejected
Execution(ThreadPoolExecutor.java:2065)
        at java.base/java.util.concurrent.ThreadPoolExecutor.
reject(ThreadPoolExecutor.java:833)
        at java.base/java.util.concurrent.ThreadPoolExecutor.
execute(ThreadPoolExecutor.java:1365)
        at ThreadPool.main(ThreadPool.java:25)
```

이렇게 에러가 나타난 이유는 대기 큐의 대기 열이 꽉 차서 작업 스레드 개수를
MAX_POOL_SIZE만큼 추가했음에도 요청을 처리하지 못하기 때문인데요. 이 문
제를 해결하려면 대기 큐의 크기나 MAX_POOL_SIZE를 증가시켜야 합니다.

이처럼 다수 요청을 처리하는 애플리케이션을 개발하기 위해서는 대기 큐의 크
기, 최소 작업 스레드 개수, 최대 작업 스레드 개수를 적절하게 설정해야 하는데
요. 만약 대기 큐의 크기를 늘리고 최소 작업 스레드 개수를 줄이면 대기 큐가 가
득 차지 않기 때문에 이를 처리할 스레드가 추가되지 않습니다. 그러면 클라이
언트 요청이 대기 큐에서 오랜 시간 머물게 되어 서버의 응답 시간이 길어지는
문제가 생깁니다. 그러므로 스레드 풀을 사용할 때는 실제 발생할 부하량을 예
측하고, 그 부하량에 적절한 설정 값을 찾는 것이 무엇보다 중요하답니다.

**DBMS의 스레드 풀**

DBMS도 스레드 풀을 사용합니다. 다수의 애플리케이션(또는 클라이언트)이 DBMS에 접속하여
데이터를 읽고 쓰는 등의 요청을 하게 되는데요. DBMS에 접속하는 애플리케이션이 많아질 경우
그만큼 접속을 유지하기 위한 스레드의 개수가 증가해 스레드 오버헤드로 인해 성능이 저하되기도
합니다. [그림 3-11]과 같이 애플리케이션의 요청을 스레드 풀[4]을 통해 처리하여 스레드 오버헤드
로 인한 성능 저하를 예방할 수 있습니다.

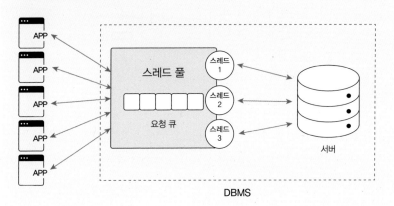

**그림 3-11** DBMS의 스레드 풀 구조

---

[4]  다수의 애플리케이션이 DBMS 연결을 위해 대기표를 받아 기다려야 하는데, 이때 사용하는 스레드 풀을 커넥션 풀
connection pool이라고 합니다.

# 성능을
# 향상하는 방법

'네카라쿠배 당토'라는 말, 들어본 적 있나요? 국내 유명 IT 기업들의 이름 첫 글자를 따서 만든 이 말은 많은 사람이 입사하길 꿈꾸는 IT 기업의 대명사가 되었습니다. 이 기업들을 염두에 둔 취업 준비생이라면 한 번쯤 시도해볼 만한 테스트가 있는데요. 바로 '코딩 테스트'입니다. 코딩 테스트를 준비할 때 알고리즘 공부는 필수인데요. 이를 위해 코딩 실력을 연마했다면 여러분의 코딩은 분명 시스템 기능에 초점을 맞추었을 겁니다. 사용자로부터 입력을 받고, 처리 결과를 DB에 저장하는 등 '기능' 중심의 코딩 방식이 익숙할 테니까요.

코딩을 막 시작했든 오랫동안 해왔든, 코딩을 하려면 기능이 전부가 아님을 인식해야 합니다. 완성도 높은 시스템을 개발하려면 기능 외에도 성능, 신뢰성, 보안 등 고려할 요소가 많기 때문입니다. 그런 의미에서 이 장에서는 성능에 대해 알아보려고 합니다.

## 4.1 시스템의 최대 출력, 성능

'성능'이란 어떤 물건이나 기계가 지닌 성질과 능력치를 말합니다. 성능의 주체가 시스템이기 때문에 '시스템 성능'이라는 표현을 자주 사용하는데요. 기능을 만드는 것이 'what'의 구현에 초점을 둔다면, 성능을 높이는 것은 'how well'의 구현에 초점을 둡니다. 자동차에 빗대어 설명하면, 자동차가 주행하는 능력은 기능이지만 최대 출력으로 주행하는 능력은 성능인 셈이죠.

모든 시스템에 높은 수준의 성능이 요구되는 것은 아닙니다. 사용자가 몇 안 되는 웹 애플리케이션을 개발한다면 성능이 그닥 중요하지는 않습니다. 하지만 많은 사용자가 접속하는 웹 애플리케이션을 개발한다면, 성능에 대한 고려는 필수입니다. 웹 사이트 이용자가 아무리 많아도 1~2초 내 응답을 당연시하는 속도전 시대에, 다수 사용자의 요청을 슈퍼맨처럼 빠르게 처리하는 시스템의 개발은 시대의 자연스러운 요구가 되었습니다.

시스템 성능에서 '시스템'은 하드웨어와 소프트웨어를 아우릅니다. 우리가 만든 소프트웨어가 높은 성능을 보여도 하드웨어가 뒷받침되지 않으면 전반적으로 우수한 성능을 기대하긴 어렵습니다. 반대로 하드웨어 사양이 좋아도 소프트웨어가 제 성능을 내도록 만들어지지 못했다면 이 역시 좋은 성능을 발휘하지 못합니다. 따라서 성능을 고려할 대상은 하드웨어와 소프트웨어가 결합된 '시스템'이라고 봐야 합니다. 다시 말해 하드웨어와 소프트웨어가 잘 어우러져 성능을 내는 시스템을 만들어야겠지요.

성능에 관한 고민은 주로 대량의 작업을 신속하게 처리하는 시스템을 개발해야 할 때 시작되는데요. 예를 들면 많은 사용자가 동시에 접속해 특정 서비스를 요청하는 경우입니다. 다수 사용자가 요청한 작업이 한꺼번에 몰리므로 서버가 이 작업을 빠르게 처리할 수 있도록 능력이 출중한 시스템을 개발해야 합니다.

사용자의 서비스를 처리할 당사자는 단연 '서버'라는 컴퓨터입니다. 서버 컴퓨터가 사용자 요청을 빠르게 처리하려면 하드웨어 장비 사양이 좋아야겠지만, 그렇다 해도 소프트웨어가 하드웨어 자원을 십분 활용하지 못하면 유능한 하드웨어도 무용지물이 됩니다. 그렇기 때문에 시스템 성능을 보장하려면 하드웨어만이 아니라 소프트웨어 관점에서도 어떻게 하면 성능을 높일지 고민해야 합니다.

시스템 성능은 시스템이 수행할 수 있는 작업의 양을 의미하기도 합니다. 시스템이 단위 시간 동안 목표한 작업량보다 더 많이 처리하면, '성능이 좋다'고 합니다. 모든 일이 그렇듯, 좋고 나쁨은 상대적이기 때문에 목표라는 기준점을 만족한다면 성능이 좋다고 할 수 있습니다.

## 동시 사용자의 중요성

시스템에 접속하는 사용자 수가 얼마나 될까요? 100명? 아니면 5,000명? 그 인원은 시스템이 사용되는 환경에 따라 달라집니다. 예를 들어 학교 규모가 크다면 학사관리 시스템 접속자가 5,000명을 넘기도 하지만, 규모가 작다면 10명 내외일 수 있거든요. 사용자가 적든 많든, 다수 사용자가 시스템에 접속해 서비스를 요청하기 때문에 서버 입장에서는 해야 할 작업이 그만큼 늘어납니다.

교내 학생이 5,000명이라고 해서 학생 전원이 동시에 시스템에 접속하지는 않습니다. 어떤 학생은 휴학 중이고 어떤 학생은 군 복무 중이라 시스템에 접속하지 못하죠. 그래서 성능을 고민할 때는 전체 사용자가 아니라 시스템에 실제 접속하는 동시 사용자를 고려해야 합니다.

'동시 사용자'란 동시에 시스템에 접속해 시스템을 사용하는 사람입니다. 이 사용자는 시스템에 로그인을 하거나 조회 버튼을 클릭해 서버에 요청을 보내는 사람이기도 하고, 웹 페이지 응답을 기다리는 사람이기도 합니다. 서버의 응답 결과를 읽는 사람도 물론 동시 사용자입니다.

그렇다면 어떻게 동시 사용자 수를 알아낼 수 있을까요? 시스템을 지켜보고 있다가 접속자를 한 명씩 세어야 할까요? 물론 그렇지 않습니다. 보통은 현재 운영 중인 시스템의 로그를 분석해 동시 사용자 수를 가늠합니다. 기존에 없던 새로운 시스템이라면 예상 사용자 수를 합리적인 방법으로 계산합니다. 예를 들어 유사한 시스템의 동시 사용자 수를 분석한다거나 서비스 가입자 수를 고려해 동시 사용자 수를 예측합니다.

만약 여러분이 이미 운영 중인 시스템의 동시 사용자를 분석해야 한다면, 구글 애널리틱스라는 훌륭한 분석 서비스를 추천합니다. 이 서비스는 구글에서 제공하며, 웹 사이트의 트래픽 분석에 유용합니다.

다음은 구글 애널리틱스Google Analytics를 통해 동시 사용자 수를 보여주는데요. [그림 4–1]에서 보듯, 웹 사이트의 동시 사용자 수가 항상 일정하지는 않습니다. 특정 이벤트가 있으면 트래픽이 가파르게 증가하다가 이벤트가 끝나면 트래픽이 뚝 떨어지는 패턴이 일반적이지요.

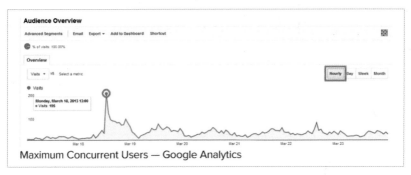

그림 4-1 구글 애널리틱스 – 동시 사용자 모니터링

또 구글 애널리틱스로 웹 사이트 속도도 확인할 수 있습니다. [그림 4–2]와 같이 페이지 로딩 시간, 서버 응답 시간, 페이지 다운로드 시간 등 여러 지표로 웹 사이트 속도를 보여주기 때문에 웹 사이트 성능을 손쉽게 파악합니다.

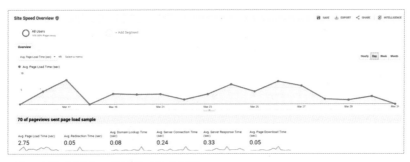

그림 4-2 구글 애널리틱스 – 웹 사이트 속도 모니터링

시스템 성능을 평할 때 '응답 시간'은 매우 중요한 요소로 작용합니다. 응답 시간 이란 사용자가 서비스를 요청한 시점부터 서버가 이 요청을 처리해 사용자에게 그 결과를 주기까지의 시간을 의미합니다. 한마디로 사용자의 서비스 요청에 서 버가 응답하는 데 소요된 시간입니다.

서비스 응답 시간은 몇 초가 적당할까요? '빠름'이 미덕인 사회의 분위기상 응답 시간이 1초 이내여야 할 것 같지만, 구글에서는 응답 시간을 2초 이내로 유지하 길 권고합니다. 시스템의 응답 시간이란 한 사람에 대한 시간을 말하는 게 아닙 니다. 1명의 사용자가 서비스를 요청하든 1,000명의 사용자가 서비스를 요청하 든, 이들의 응답 시간은 평균 2초 이내여야 합니다.

서버가 사용자 요청을 1초 이내에 휘리릭 처리한다고 해서 그 처리 과정이 간단 한 건 아닙니다. 처리 과정을 머릿속에 떠올려볼까요? 서버 입장에서 사용자 요 청이 들어오면 이를 대기 큐에 쌓아놓고, 데이터베이스에서 관련 정보를 질의합 니다. 그런 후 데이터베이스에 처리 결과를 저장하고, 사용자에게 응답을 보내 는데요. 이 과정에서 시스템을 구성하는 서버들끼리 서로 손발이 맞지 않거나 시스템 자원이 부족하게 되면 전체 성능이 떨어집니다.

## 4.2 시스템이 느려지는 지점, 병목 지점

앞에서 설명한 것처럼 시스템은 보통 하드웨어와 소프트웨어를 아울러 가리키 는 말입니다. 우리가 기대하는 성능을 얻으려면 좋은 사양의 컴퓨팅 장비를 사 용해야 함은 물론이고, 이 장비에 설치된 소프트웨어도 히어로 같은 초능력을 발휘해야 합니다. 그렇기 때문에 아무리 사양이 좋은 장비를 사용해도 소프트웨 어가 잘못 만들어지면 원하는 성능을 얻기 어렵습니다.

## 서버의 동작이 중요한 이유

웹 서비스를 제공하는 시스템은 보통 웹 서버, 웹 애플리케이션 서버(WAS), DB 서버 등 다양한 서버로 구성됩니다. 이 서버들은 대개 다음과 같이 구성되어 유기적으로 동작합니다.

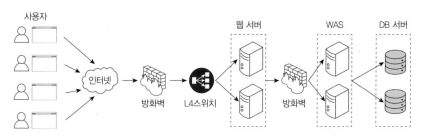

**그림 4-3** 웹 시스템 구성도 예

사용자가 웹 페이지 링크를 클릭하면 이 요청이 웹 서버에 도착합니다. 보통 웹 서버는 웹 서비스의 사용자를 접하는 일종의 접수 창구 역할을 하는데요. 사용자에게 보이는 부분을 담당하기 때문에 실질적인 비즈니스 로직은 웹 애플리케이션 서버가 처리합니다.

시스템을 구성하는 서버들이 유기적으로 동작해야 사용자 요청을 신속하게 처리할 수 있습니다. 어느 하나라도 느리게 동작한다면 전체적인 웹 서비스 속도에 지장을 줍니다. 만약 웹 서버가 사용자 요청을 동시에 수신할 능력이 부족하거나 웹 애플리케이션 서버가 많은 작업을 동시에 처리할 능력이 딸린다면 전체적인 일 처리가 더디게 진행되지요.

---

**NOTE**

**웹 서버와 웹 애플리케이션 서버**

웹 서버는 정적 페이지를 처리합니다. 정적 페이지는 HTML로 작성되어 말 그대로 움직임이 없는 정적인 화면만 보여줍니다. 반면에 웹 애플리케이션 서버는 동적 페이지를 처리합니다. 대표적인 동적 페이지는 JSP, PHP, ASP로 작성된 페이지입니다. 정적 페이지와 달리 웹 페이지의 내용이 변하기 때문에 동적이라는 이름이 붙습니다.

대표적인 웹 애플리케이션 서버로 아파치 톰캣Apache Tomcat이 있습니다. 톰캣은 웹 서버 모듈이 포함되어 웹 서버 없이도 사용자 요청을 받아 처리한다는 장점이 있는데요. 그럼에도 요청이 매우 많은 시스템을 만들어야 한다면 웹 서버를 별도로 두어 요청을 분산 처리하기도 합니다.

## 시스템 성능 측정하기

시스템 성능에 지장을 초래하는 것은 단지 소프트웨어만이 아닙니다. 하드웨어의 자원(CPU, 메모리 등)이 부족해서 처리 속도가 더딜 수도 있거든요. 그래서 그 원인을 알기 위해 각 서버의 CPU, 메모리 등 자원 사용률을 측정하는 것은 성능 분석의 첫 단추를 꿰는 것과도 같습니다.

웹 시스템이 빠른 속도를 확보하려면 시스템을 구성하는 대부분의 서버들이 어벤저스급이 되어야 합니다. 하지만 하나라도 제 성능을 내지 못하면 시스템 성능에 병목 지점이 생깁니다. 물병 주입구가 잘록해 물이 쫄쫄 새어나오는 '병목'처럼, 시스템 병목도 전체 시스템 성능에 악영향을 미칩니다.

만약 시스템 성능이 떨어진다면 작업 처리가 지연되는 병목 지점부터 찾아내야 합니다. 이를 위해 전문가들은 '성능 시험'을 수행해 각 서버의 성능을 진단하는데요. 성능 시험이란 특정 부하에서 시스템이 어떤 성능을 보이는지 확인하는 테스트입니다. 말 그대로 시스템 성능을 측정하는 시험인데요. 성능 시험은 목적에 따라 부하 시험, 스트레스 시험, 스파이크 시험 등으로 분류합니다. 이 장에서는 성능 측정을 위해 일반적으로 수행하는 부하 시험을 간단히 알아보겠습니다.

부하 시험에서 '부하'는 영어로 workload, 즉 시스템에 부과된 작업량을 뜻합니다. 말하자면 부하 시험은 시스템에 일을 많이 던져주어 부하를 가한 후 이를 시스템이 잘 감당하는지 확인하는 시험인데요. 부하 시험에서 작업량은 시스템이 사용되는 환경에 따라 달라집니다. 또 사용자 인원에 따라, 작업 종류에 따라서도 바뀝니다.

일상의 예를 들어 설명하겠습니다. 아침에 출근하면 대부분의 사람들이 이메일을 확인합니다. 이메일 시스템에 가해지는 부하는 아침 9시쯤에 절정에 이르고 이 부하는 동시 사용자 수에 영향을 미칩니다. 동시 사용자가 많다면 무엇인가를 서버에 요청하는 건수가 많아지므로 당연히 서버 입장에서는 작업량이 늘어나겠죠.

회사 직원 수가 500명이라 해도 실제 시스템의 동시 사용자는 500명이 되지 않습니다. 누군가는 휴가나 출장을 갔고, 누군가는 다른 업무를 하느라 이메일을 늦게 확인할 테니까요. 그래서 실직적인 동시 사용자 수는 전체 사용자 수와 동일하지 않습니다.

성능 시험에는 수많은 사용자가 필요합니다. 사용자를 모집하기 위해 아르바이트를 고용하는 방법은 비용과 시간 면에서 효율적이지 않습니다. 그 대신 특별한 도구를 사용하여 가상의 사용자를 만듭니다. 가상 사용자는 실제 사용자처럼 웹 페이지에서 입력 필드에 값을 넣거나 링크를 클릭해 서버에 부하를 가합니다. 참고로, 대표적인 성능 시험 도구는 Jmeter와 LoadRunner이며 이에 대해서는 6장에서 살펴보겠습니다.

## 성능 측정을 위한 지표

서버의 성능을 측정하기 위해 주목해야 할 지표가 있습니다. 대표적인 지표는 응답 시간, 처리량, CPU, 메모리 사용량인데요. 여기서 '처리량'은 시스템이 단위 시간 동안 처리하는 작업이 얼마나 되는지를 측정하는 중요한 지표입니다. 처리량의 단위는 TPS인데요. TPS는 Transaction Per Second의 약자로 초당 처리되는 트랜잭션의 수를 나타냅니다. 1장에서 설명한 것처럼 트랜잭션의 단위는 어떻게 정의하느냐에 따라 달라집니다. 시스템이 초당 트랜잭션을 얼마나 많이 처리하는지 확인하고, 목표 성능을 충족하는지 확인하는 것이 성능 시험의 일반적인 흐름이죠.

[그림 4-4] 그래프는 응답 시간과 처리량의 관계를 보여줍니다. 가상 사용자 수가 늘면 응답 시간과 TPS가 증가하다가 350명쯤에서 TPS가 더 이상 증가하지 않고 유지되는 모습이 보입니다. 이것은 일정 시점에 이르면 시스템 성능이 오히려 떨어진다는 의미입니다. 즉, 시스템 성능에 빨간불이 켜진 셈이죠.

TPS가 증가하지 않고 정체되거나 감소하는 상태가 되면 그 원인이 어디에 있는지 파악해야 합니다. CPU, 메모리 등의 하드웨어 자원이 부족해도 성능이 떨어지므로 자원을 얼마나 사용하고 있는지 관찰하는 것이 우선입니다. 만약 자원 부족 현상이 나타나면, 장비를 추가하거나 부품을 증설해 문제를 해결합니다.

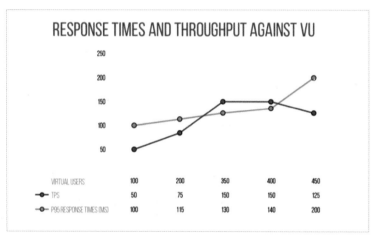

**그림 4-4** 응답 시간과 처리량의 상관관계 그래프

자원 사용량은 모니터링 도구를 사용해 관찰합니다. 윈도우 기반 운영체제라면 리소스 모니터를 사용하고, 리눅스라면 vmstat 같은 도구를 사용하는데요. 이 도구는 자원 사용량 측정 결과를 텍스트 파일로 저장하기 때문에 엑셀 프로그램을 이용해 성능 추이를 그래프로 나타낼 수 있습니다.

[그림 4-5]를 보면 CPU의 경우 그래프가 잠깐 올라갔다가 다시 내려와 평평하게 유지됩니다. CPU 사용률이 30% 수준까지만 올라가는 것을 보니 자원 사용에 여유가 있습니다. 메모리도 총 16GB 중 2GB 정도만 사용한다니 여유 있는

상태입니다.

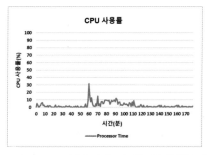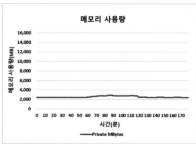

**그림 4-5** CPU 사용률 및 메모리 자원 사용량(자원이 여유 있는 사례)

그런데 자원이 부족한 경우에는 그래프가 어떻게 그려질까요? [그림 4-6]과 같이 CPU 사용률이 100%대에 계속 머물며 떨어지지 않거나, 메모리 사용량이 매우 높게 유지되는 모양으로 그려집니다. 이런 상태가 지속되면 우리가 만든 웹 애플리케이션이 제 성능을 발휘하지 못하게 되지요.

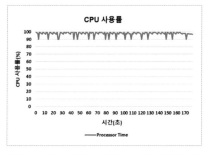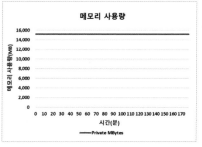

**그림 4-6** CPU 사용률 및 메모리 사용량(자원의 과도한 사용 사례)

이렇게 웹 시스템을 구성하는 각 서버의 TPS, 응답 시간, 자원 사용률을 측정해 시스템의 병목 지점을 찾아냅니다. 그다음엔 무엇을 해야 하냐고요? 당연히 시스템을 느리게 만든 주범을 찾아야 합니다. 문제의 원인을 찾기 위한 다양한 방법이 있겠지만, 앞에서 설명한 메모리 검출 도구를 활용하는 방법은 매우 유용한 방법이니 꼭 한번 시도해보세요!

## 4.3 클라우드 서비스의 오토 스케일링

그동안 웹 서버를 구축하려면 서버 장비를 구입하고 관련 소프트웨어를 이것저 것 설치해야 했습니다. 하지만 정수기와 생활공구, 심지어 애견까지 대여하는 렌털 시대가 되면서 상황이 많이 변했습니다. 이제는 버튼 클릭만으로 서버 자원을 대여하고 사용한 만큼 요금을 지불하는 클라우드 시대거든요. 클라우드 컴퓨팅을 모르고서는 개발을 논하기가 어렵다는 생각이 들 정도입니다. 그래서 이번에는 클라우드 컴퓨팅의 오토 스케일링auto-scaling을 소개하고자 합니다.

### 클라우드 서비스의 개념

클라우드 컴퓨팅이란 무엇일까요? 그 정의부터 알아보겠습니다. 국제 표준 ISO/IEC22123-1에서는 클라우드 컴퓨팅을 이렇게 정의합니다.

> paradigm for enabling network access to a scalable and elastic pool of shareable physical or virtual resources with self-service provisioning and administration on-demand
>
> 주문형 셀프 서비스 프로비저닝 및 관리를 통해 공유 가능한 물리적 또는 가상 리소스의 확장 가능하고 탄력적인 풀에 대한 네트워크 액세스를 가능하게 하는 패러다임

역시 용어 정의는 어렵습니다. 하지만 키워드를 이해하면 클라우드 컴퓨팅이 무엇인지 감이 잡힐 겁니다.

첫째로 주목할 키워드는 'shareable physical or virtual resources'인데요. 이것은 클라우드 컴퓨팅 기술이 가상화한 컴퓨팅 자원을 공유 풀pool 형태로 사용자에게 제공한다는 특징을 표현합니다.

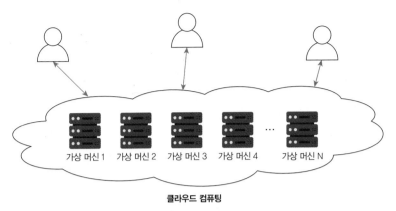

**그림 4-7** 클라우드 컴퓨팅의 공유 풀

그다음으로 중요한 키워드가 바로 'self-service'입니다. 클라우드 컴퓨팅으로 제공되는 서비스는 관리를 최소화하기 위해 많은 부분을 자동화합니다. 그래서 버튼 클릭만으로 서버, 네트워크, 스토리지 등을 구축하는 매우 편리한 장점이 있지요.

마지막은 'scalable and elastic'이라는 키워드입니다. 클라우드 컴퓨팅 환경에서는 탄력적이고 빠른 자원 확장이 가능하기 때문에 필요한 자원만 필요한 양만큼 탄력적으로 골라 사용할 수 있습니다.

클라우드 컴퓨팅 기술을 이용한 서비스를 '클라우드 서비스'라고 하는데요. 클라우드 서비스는 이미 구축되어 있는 클라우드 컴퓨팅 환경을 빌려 사용하므로 시스템 구축에 드는 초기 비용이 매우 적은 장점이 있습니다. 또 CPU, 메모리, 디스크 등 컴퓨팅 자원을 사용한 만큼만 요금을 지불하므로 비용 절감 효과도 있지요.

## 클라우드 컴퓨팅의 특징

이외에도 클라우드 컴퓨팅은 주문형 셀프 서비스, 리소스 풀링, 서비스 측정, 확장성과 탄력성 등 다양한 특징이 있습니다. 그중 클라우드 컴퓨팅의 탄력성을 성능의 관점에서 살펴보고자 합니다.

탄력성을 설명하려면, 그 전에 확장성의 개념을 이해해야 합니다. 확장성이란 시스템이 성능 요구사항에 맞게 능력을 확장할 수 있는 정도입니다. 한 예로, 웹 서비스를 오픈할 때 서비스 사용자를 500명 정도로 예상해 시스템을 구축한다고 가정하겠습니다. 이 시스템의 성능 요구사항은 "500명의 요청을 1초 내에 처리해야 해"가 될 겁니다. 그리고 이 요구사항에 맞춰 서버 장비의 사양을 결정하고, 소프트웨어 아키텍처도 설계합니다. 웹 서비스 인기가 많아져 사용자가 늘면 성능 요구사항도 달라지겠지요. 그러면 성능 요구사항에 따라 서버 장비에 메모리를 추가하거나, 새 장비를 보충하는 식으로 시스템을 확장해야 합니다.

시스템 확장의 개념을 스케일 업과 스케일 아웃이라는 용어로도 설명합니다. 스케일 업은 수직 확장으로 단일 하드웨어에 시스템 자원(프로세서, 메모리, 디스크, 네트워크 어댑터 등)을 추가하거나 하드웨어를 사양이 좋은 장비로 교체하는 방법입니다. 반면, 스케일 아웃은 수평 확장으로 서버를 여러 대 추가하여 시스템 처리 능력을 향상시키는 방법입니다.

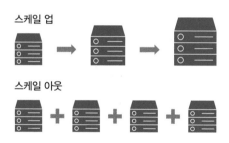

**스케일 업**

**스케일 아웃**

그림 4-8 스케일 업과 스케일 아웃

성능 요구사항에 맞게 하드웨어 부품을 추가하거나 장비를 교체하는 일은 생각보다 간단하지 않습니다. 메모리를 구입해 서버에 장착하고, 장비를 도입해 구축하는 등 시간과 노력을 요합니다. 한마디로 확장성은 성능 요구사항의 변화에 따라 시스템의 사양과 규모를 탄력적이기보다 '단계적으로' 변경하는 작업이지요.

클라우드 컴퓨팅은 확장성을 '빠르게' 지원하는 특징이 있습니다. 앞서 살펴본 정의에서 'elastic'이라는 대목인데요. 버튼 클릭만으로 자원을 추가하는 클라우드 컴퓨팅 환경에서는 부하량에 따라 시스템 자원을 동적으로 할당합니다. 사용자 수가 증가하면 자원을 빠르게 추가하고, 감소하면 자원을 빠르게 해제하기까지 합니다. '탄력적'이게 말이죠.

클라우드 컴퓨팅의 이런 특성 덕분에, 시스템을 부하에 따라 탄력적으로 운영할 수 있습니다. 게다가 자원을 필요한 만큼만 빌려 쓰고 사용한 만큼만 요금을 지불하는 클라우드 서비스의 탄력성 덕에 비용도 절감합니다.

**트래픽을 자동 분산하는 오토 스케일링**

'오토 스케일링'이란 자원 사용량에 따라 여러 대의 서버를 자동으로 확장하거나 축소하는 기술입니다. 이 기술은 동시 사용자가 많아져 시스템에 부하가 증가할 경우, 가상 서버를 추가로 생성해 트래픽을 분산합니다. 반대로 부하가 감소할 경우, 가상 서버 대수를 줄여 컴퓨팅 자원의 사용을 줄입니다.

AWS에서는 오토 스케일링 그룹Auto Scaling group을 통해 오토 스케일링을 설정합니다. 설정 방법은 생각보다 간단한데요. [그림 4-9]처럼 오토 스케일링 그룹에 다수의 인스턴스를 등록하고, 최소 인스턴스와 확장 가능한 인스턴스로 설정하면 됩니다. 여기서 인스턴스는 서버를 말합니다. 이렇게 인스턴스를 지정해놓으면 시스템이 최소 1개의 인스턴스를 사용하다가 부하가 증가하면 확장 가능한 인스턴스를 사용하도록 동작한답니다.

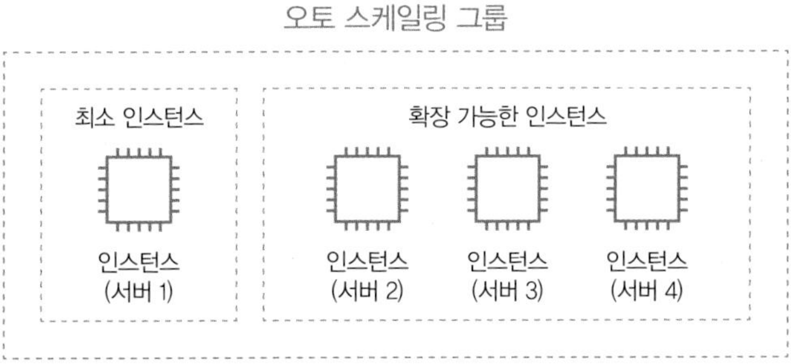

오토 스케일링 그룹

그림 4-9 오토 스케일링 그룹 설정 예시

단순히 그룹을 지정했을 뿐인데 시스템 부하에 따라 자동으로 인스턴스가 대기 중인 서버에서 사용 중인 서버로 바뀐다니, 참 편리한 도구입니다.

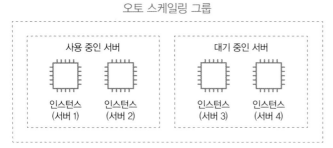

그림 4-10 일부 인스턴스만 사용 중인 상태

[그림 4-10]을 보면 사용 중인 인스턴스가 2개, 대기 중인 인스턴스가 2개 있습니다. 만약 사용 중인 인스턴스 2개로도 부하를 감당하기 어려우면 어떻게 될까요? 오토 스케일링 그룹에서 대기 중인 인스턴스가 2개 있으므로 [그림 4-11]과 같이 나머지 인스턴스를 모두 사용합니다. 따라서 총 4개의 인스턴스가 사용자 요청을 분산 처리하게 되어 성능 요구사항을 빠르게 충족합니다.

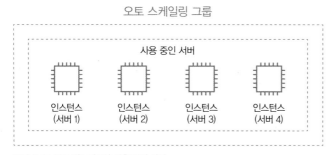

그림 4-11 모든 인스턴스가 사용 중인 상태

동적으로 인스턴스를 추가하거나 제외하는 조건도 설정할 수 있습니다. 예를 들어 CPU 사용률에 따라 인스턴스를 자동 추가하도록 설정하는 식인데요. CPU 사용률이 50~60%일 경우 인스턴스를 1개 추가하고, 80% 이상일 경우 8개를 추가하지요.

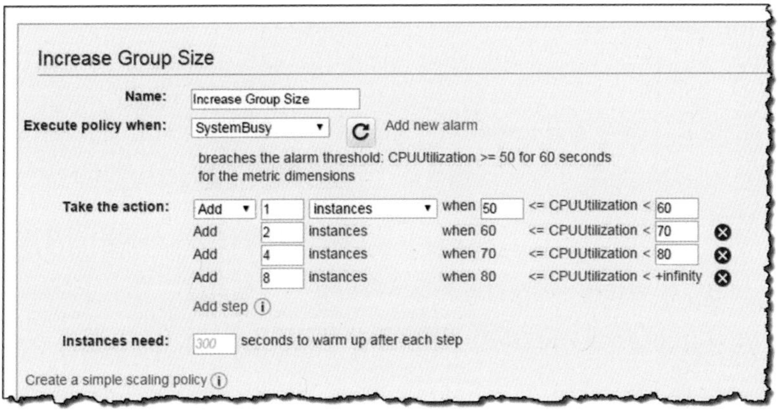

그림 4-12 인스턴스 설정 화면

여기서 궁금한 게 하나 생깁니다. 만약 인스턴스 8개로도 부하를 감당할 수 없으면 어떻게 될까요? 인스턴스를 더 추가해도 되나요? 결론부터 말하면 '안 됩니다'. 더 이상 추가할 인스턴스가 없으므로 이때부터는 추가적인 사용자 요청을 처리하지 못하게 되지요. 그러므로 발생 가능한 부하의 최대치를 예측하여 오토 스케일링 그룹의 인스턴스 개수를 적절하게 설정해야 합니다. 또 인스턴스 확장은 자동으로 진행되지만 확장 조건은 '직접' 설정하므로, 잘못된 부하 조건을 설정하지 않으려면 반드시 성능의 개념을 충분히 이해해야 합니다!

## 4.4 성능을 고려한 5가지 개발 팁

성능 문제가 있을 때 다양한 방법으로 그 원인을 알아내는 것은 중요합니다. 그런데 더 중요한 것은 애초에 개발에 착수할 때부터 성능을 고려해 코드를 작성하려는 노력입니다. 그래서 이번에는 성능을 고려한 개발 팁을 공유하고자 합니다.

### 과도한 로그 기록은 지양하자

시스템 에러 분석 등 디버깅을 목적으로 로그를 많이 남기는데요. 메모리 구조상 디스크 속도가 가장 느리다는 점을 고려한다면 로그 기록은 되도록 하지 말아야 할 작업 중 하나입니다. 시스템 사용자가 많지 않으면 로깅 자체가 성능에 미치는 영향이 거의 없지만, 사용자가 많아져 서버가 처리할 작업이 늘어나면 로깅도 성능에 영향을 주기 때문입니다.

디스크에 데이터를 쓰는 동안에는 CPU를 사용하지 못한다는 사실을 아시죠? 사용자 요청을 빠르게 처리하려면 가능한 CPU를 전부 활용해도 될까 말까인데, 디스크 쓰기 작업으로 CPU가 대기 상태가 되면 설상가상으로 작업 처리가 더욱 지연되는데요. 이런 맥락에서 개발하는 시스템이 빠른 성능을 보장해야 한다면 디스크 쓰기 작업을 가능한 한 줄이는 것은 성능의 관건이 된답니다.

### 불필요한 데이터까지 조회하지 말자

DBMS는 데이터를 전담하여 관리하는 소프트웨어입니다. 데이터는 디스크에 저장되기 때문에 데이터를 읽고 쓰기 위해서는 디스크 사용량이 많을 수밖에 없습니다. 이러한 이유로 시스템 병목은 디스크에 데이터를 읽고 쓰는 기능에서 야기될 가능성이 높습니다. 그래서 쿼리문 작성에도 지혜가 필요한데요. 만약 쿼리문을 잘못 작성하면 과도한 디스크 사용으로 성능이 저하될 수 있거든요.

예를 들어보겠습니다. 온라인 쇼핑몰에서 신발을 조회하려면 다음과 같이 쿼리문을 작성할 텐데요. 구조가 간단하지만, 성능을 고려한다면 그리 좋은 구문은 아닙니다.

```
SELECT * FROM ITEM WHERE ITEM='신발';
```

왜냐고요? 그 답은 웹 사이트 게시물을 조회하는 과정에 있습니다. 게시물은 페이지 단위로 보여주기 때문에 테이블에 있는 데이터를 전부 한꺼번에 가져올 필요가 없습니다. 물론 조회할 데이터가 많지 않으면 성능상 문제가 되지 않겠죠. 하지만 조회 결과가 많으면 화면에 보이지도 않을 데이터를 가져오기 위해 디스크의 입출력[1] 횟수를 증가시키게 됩니다. 안 그래도 바쁜 CPU에게 쓸데없는 일을 시키는 격이라고나 할까요?

그럼 어떻게 쿼리문을 작성해야 좋을까요? 바로 `limit`라는 키워드를 사용하는 겁니다. 그러면 사용자에게 보여줄 일부 데이터만 잘라서 조회하니 불필요한 조회가 줄거든요. 한 예로, 쿼리문을 다음과 같이 작성하면 20개 결과만 잘라서 데이터를 조회합니다. 여기서 `limit 0, 20`은 첫 번째(1행)부터 20개(20행)까지만 결과를 조회하라는 의미입니다. 게시판에서 일정 게시물을 한 페이지 단위로 보여주기 위해 이 쿼리문이 사용되는데요. 이렇게 한 페이지를 기준으로 나누어 표시하는 방법을 페이지네이션pagination이라고 부릅니다.

```
SELECT * FROM ITEM WHERE ITEM='신발' limit 0, 20;
```

만약 **20**행에서 **40**행 사이의 결과를 얻고자 한다면 쿼리문을 다음과 같이 작성하면 됩니다.

```
SELECT* FROM ITEM WHERE ITEM='신발' limit 20, 20;
```


## 고해상도 이미지 사용은 금물

웹 페이지에서는 이미지가 차지하는 비중이 매우 큽니다. 그래서 고해상도 이미지의 크기를 줄이지 않고 그대로 사용할 경우 이미지 크기가 성능 저하의 원인이 되기도 합니다. 4K 고해상도 이미지라면 파일 용량이 약 5MB 이상인데요. 웹 페이지에 이런 이미지가 10개만 삽입되어도 사용자 컴퓨터에 전송해야 하는 데이터는 최소 50MB가 됩니다. 만약 이 웹 페이지를 100명의 사용자가 동시에 조회한다면 서버 입장에서 5GB 이상의 데이터를 전송해야 하니 부하에 걸릴 수밖에 없지요.

---

[1] 디스크 읽고 쓰기를 '디스크 I/Oinput/output'라고 합니다.

일반적으로 우리가 보는 웹 페이지에는 고해상도 이미지가 필요하지 않습니다. 그렇기 때문에 이미지 해상도를 크기에 맞게 변경하는 것이 좋습니다. 4K 해상도 이미지를 800x600 크기 이미지로 변환할 경우 이미지 파일 용량이 5MB에서 200KB로 대폭 줄어 데이터 송수신량이 적어지므로 응답 시간이 감소된답니다. 또한 압축률이 좋은 이미지 포맷을 사용해야 이미지 파일 용량이 줄기 때문에 이미지 포맷도 최적화에 중요한 요소인데요. 이런 이유로 많이 사용하는 이미지 포맷이 바로 jpeg, png, Webp입니다.

## HTML, CSS, 자바스크립트 파일은 압축하자

시스템 성능을 높이는 가장 좋은 방법은 시스템에서 가장 느린 하드디스크가 할 일을 줄여주는 겁니다. 디스크는 다른 하드웨어(메모리, CPU 등) 장치에 비해 속도가 느리기 때문에 가급적 디스크에 읽고 쓰는 작업을 자제해야 합니다.

사용자가 특정 웹 페이지를 요청하면, 서버는 웹 페이지를 구성하는 HTML, CSS, 자바스크립트 등의 파일을 디스크에서 로드합니다. 만약 다수 사용자가 동시에 이 파일을 요청할 경우 디스크 I/O 횟수가 증가하므로 성능에 영향을 줄 수 있습니다. 시스템 성능을 고려한다면 디스크 I/O 횟수를 줄이는 방향으로 개발해야 합니다. 그러므로 HTML, CSS, 자바스크립트 파일을 압축해 사용해야 한답니다.

## 웹 캐시를 적극 활용하자

데이터를 임시로 저장하는 캐시는 속도를 개선하는 일반적인 방법입니다. 웹 서비스에서도 같은 목적으로 캐시를 사용하는데요. 웹 서비스에 필요한 데이터가 캐시에 저장되었다면 디스크에서 데이터를 가져오는 수고가 줄어 속도가 빨라지지요.

이미지 최적화, 파일 압축 등이 네트워크 트래픽 양을 줄여 성능을 개선한다면,

브라우저 캐시는 전송되는 트래픽 건수를 줄여 성능을 개선하는 방법입니다. 브라우저 캐시를 사용하기 위해서는 Cache-Control 헤더를 HTTP 응답 헤더에 추가해야 하는데요. Cache-Control은 옵션이 다양하지만, 그중 주요한 몇 가지만 소개하고자 합니다.

### 1) max-age

이 옵션은 캐시의 유효기간을 설정합니다. max-age의 입력값 단위는 초인데요. 다음과 같이 max-age=600을 설정한 경우 해당 파일의 캐시 유효기간은 600초가 됩니다.

```
max-age=600
```

600초가 경과한 경우, 해당 파일이 변경되었는지를 웹 서버에 묻습니다. 만약 파일이 변경되었다면 새 파일을 다운로드해 캐시로 저장하고 유효기간을 600초로 재설정합니다. 파일이 변경되지 않았다면 현재 파일에 유효기간을 600초로 재설정합니다.

그런데 max-age 값을 0으로 설정하면 어떻게 될까요? 이 경우에는 항상 새 파일이 있는지 확인해달라고 서버에 요청합니다.

```
max-age=0
```

max-age의 간격도 중요한데요. 이 간격만큼 캐시 파일이 사용되므로, 서버에 파일이 업데이트되었어도 사용자가 새 파일을 보지 못하고 이미 사용자 PC에 저장된 캐시 파일을 불러와 화면에 표시하는 문제가 생길 수 있습니다. 간혹 웹 사이트를 업데이트했는데도 사용자가 업데이트 이전의 화면을 보게 된다면 바로 이런 까닭이지요. 이런 사태를 방지하기 위해 [그림 4-13]과 같이 '캐시된 이미지 및 파일'을 삭제하는 기능이 존재한답니다.

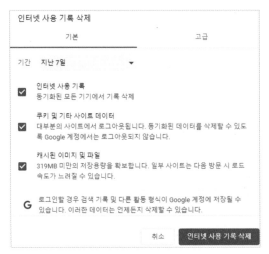

**그림 4-13** 웹 브라우저 캐시 삭제 화면

따라서 잦은 변경이 예상되는 파일에는 max-age를 0 또는 짧게 설정하고, 그렇지 않은 파일에는 길게 설정하는 것이 좋습니다.

### 2) no-cache

옵션 이름만 보면 자칫 '캐시를 하지 않음$^{no\ cache}$'으로 오해하기 쉬운데요. 이 옵션은 파일을 캐시하지만 항상 캐시 파일의 최신 여부를 확인해달라는 요청을 웹 서버에 보냅니다. 마치 max-age 값이 0인 것처럼 동작하지요.

### 3) no-store

파일을 캐시에 저장하지 않는 옵션입니다. 보안이 요구되는 중요한 파일의 경우 이 옵션을 사용하여 웹 브라우저에 파일을 캐시하지 않도록 설정합니다.

# 오픈소스
# 라이선스의 세계

'라이선스'란 면허, 허락 등을 뜻하는 말로 저작권 용어 사전에는 다음과 같이 정의되어 있습니다. 정의에서 알 수 있듯, 라이선스를 통해 저작권자와 저작물 사용자의 적절한 계약에 의해 '허락'의 범위를 결정합니다.

> 일반적으로 저작권 분야에서 저작자나 기타 저작권자와 저작물 사용자 사이의 적절한 계약에서 합의한 방법과 조건에 따라, 전자가 후자에게 부여하는 허락(허가)을 의미한다.

소프트웨어도 저작물이기 때문에 라이선스에 따라 소프트웨어의 허락 범위가 달라집니다. 즉 소프트웨어의 사용만으로 제한되기도 하고, 수정과 배포까지 허용되기도 합니다.

소프트웨어 라이선스는 [그림 5-1]처럼 크게 오픈소스 소프트웨어와 사유 소프트웨어로 구분합니다. 사유 소프트웨어에 속하는 상용 소프트웨어는 돈을 받고 판매하는 것이다 보니 사용만 하도록 라이선스가 정해집니다. 기업 입장에서는 지적 자산을 보호하기 위해 당연히 소프트웨어를 소스 코드 형태로 판매하지 않겠지요. 따라서 바이너리 코드 형태로 판매되는 상용 소프트웨어는 소스 코드의 변경과 배포가 허용되지 않습니다.

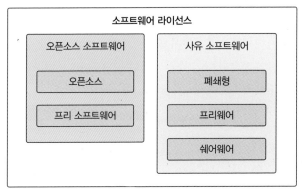

그림 5-1 소프트웨어 라이선스 유형

반면, 오픈소스 소프트웨어에 대한 라이선스는 소프트웨어의 사용, 변경, 배포 등 많은 것을 허용합니다. 그렇다고 오픈소스 라이선스가 무조건 모든 것을 허용하는 것은 아닙니다. 라이선스에 따라 특수한 요구사항이 뒤따르므로 라이선스의 허용 조건을 충분히 이해하고 오픈소스를 사용하는 것이 중요하지요. 오픈소스를 단순히 '무료'로 생각하고 라이선스에 대한 고민 없이 사용하면, 오픈소스가 되려 리스크로 작용할 수 있습니다. 이런 이유에서 개발을 시작하는 여러분에게 오픈소스의 세계를 소개하려고 합니다.

## 5.1 오픈소스 라이선스란

'오픈소스'는 다른 사람들에게 공개된 소스 코드입니다. 여기서 소스 코드란 컴파일되지 않은 원본의 코드를 의미하는데요. 소스 코드는 사람들을 위한 코드이기 때문에 이를 실행하려면 컴퓨터가 이해할 수 있는 기계어로 번역해줘야 합니다. 기계어는 0과 1로 이루어진 바이너리 코드입니다. 바이너리 코드는 보통 exe, dll 같은 확장자가 붙는데요. 이 코드는 컴퓨터가 이해하고 실행할 수 있기 때문에 '실행파일'이라고 부릅니다. 실행파일의 내용을 들여다보면, 0과 1로 작성되었기 때문에 바이너리 코드를 보고 소프트웨어가 어떻게 동작하는지 이해하기가 매우 어렵습니다. 그래서 상용 소프트웨어를 판매하는 기업은 기술 보호를 위해 바이너리 코드 형태로 소프트웨어를 배포합니다.

소스 코드는 기업의 기술과 노하우가 담긴 지적 자산이기 때문에 코드를 공개하지 않는 것이 어찌 보면 당연합니다. 그래서 기업에서 만든 소스 코드는 'open'이라는 단어보다는 'closed'라는 단어가 더 어울립니다.

'open'이 키워드인 오픈소스 커뮤니티에서는 소스 코드 공개를 매우 자연스럽게 생각합니다. 오픈소스는 리처드 스톨만의 자유 운동free movement으로 시작되었는데요. 사용자에게 소프트웨어를 사용하고 변경하는 등의 자유를 선사해야 한다는 그의 철학 덕분에 소프트웨어 산업은 폐쇄적이기보다는 개방적으로 성장해왔습니다.

---

**NOTE**

**오픈소스와 프리웨어의 차이**

오픈소스 소프트웨어와 프리웨어freeware를 혼동하는 경우가 있는데요. 프리웨어는 말 그대로 '공짜free'로 사용하는 소프트웨어입니다. 하지만 오픈소스와 달리 일반인에게 소스 코드를 공개하지 않는 경우도 있기 때문에, 프리웨어와 오픈소스를 혼용하면 안 됩니다.

---

이렇게 시작된 자유 운동은 이제 전 세계 소프트웨어 산업의 독특한 개발 문화로 자리 잡았습니다. 오픈소스 커뮤니티에서는 전 세계 개발자들이 자신들이 만든 소스 코드를 인터넷에 공유하고 상대방이 만든 코드를 개선하며 협력의 장이 펼쳐지고 있는데요. 우리가 익히 잘 알고 있는 아파치 톰캣이나 MariaDB가 바로 오픈소스 커뮤니티를 통해 탄생한 소프트웨어입니다.

오픈소스 라이선스를 통해 소스 코드 사용의 자유가 허락되었지만 무한하지는 않습니다. 오픈소스를 비영리적인 목적이 아니라 상업적인 목적으로 사용할 때는 특수한 조건이 붙기 때문입니다. 그래서 오픈소스에 대한 라이선스를 꼼꼼히 이해할 필요가 있다고 강조하는 것인데요.

대표적인 오픈소스 라이선스로는 BSD, Apache, GPL 등이 있습니다. 오픈소스 라이선스이기 때문에 모든 라이선스에 복제, 배포, 수정할 수 있는 권리가 부여됩니다. 라이선스별 의무사항을 [표 5-1]에 정리했습니다. 눈여겨봐야 할 항목은 바로 '배포 시 소스 코드 제공 의무'인데요.

표 5-1 주요 오픈소스 라이선스 비교

| 라이선스 의무사항 | BSD | Apache 2.0 | GPL2.0 | GPL3.0 | LGPL | MIT |
|---|---|---|---|---|---|---|
| 복제, 배포, 수정 가능 | O | O | O | O | O | O |
| 배포 시 소스 코드 제공 의무 | X | X | O | O | O | X |
| 배포 시 라이선스 사본 첨부 | X | O | O | O | O | O |
| 수정 사실 제공 의무 | X | O | O | O | O | O |
| 품질/성능 보증 | X | X | X | X | X | X |
| 손해에 따른 책임 | X | X | X | X | X | X |

'배포 시 소스 코드 제공 의무'란 오픈소스만이 아니라 오픈소스를 사용한 나머지 코드도 제공해야 하는 의무입니다. 오픈소스를 사용했다는 이유만으로 자신이 만든 소스 코드를 전부 공개해야 한다는 점은 상용 소프트웨어를 개발하는 입장에서 꽤 부담스러운 조건이지요.

또 관심 있게 봐야 할 점은 '품질/성능 보증'입니다. 오픈소스 사용에 따른 품질과 성능을 보증하지 않기 때문에 오픈소스에 결함이 생기면 오픈소스 사용자가 알아서 해결해야 합니다. 물론 오픈소스 커뮤니티를 통해 언젠가는 결함이 수정되어 배포되겠지요. 하지만 결함 수정과 배포 기간이 매우 긴 편이기 때문에 당장 해결해야 하는 결함은 오픈소스 사용자가 처리해야 합니다.

오픈소스 사용으로 손해가 생겨도 누구도 대신 책임져주지 않습니다. 결국 오픈소스를 사용하는 개발자에게 모든 책임이 돌아가는데요. 오픈소스를 사용하다가 문제가 생겨도 유지보수를 요청할 수 없기 때문에 무료라고 해서 오픈소스를 무조건 사용하는 것은 그리 좋은 선택이 아닙니다. 이런 배경에서 오픈소스 사용을 자제하고 회사 자체 기술로 모듈을 개발하는 경우도 있지요.

그런데 오픈소스를 사용하며 유지보수는 다른 누군가에게 맡기고 싶다면 방법이 하나 있는데요. 바로 오픈소스 유지보수를 전담으로 운영하는 기업과 계약을 맺는 것입니다. 오픈소스 장애 발생 시 유지보수 기업이 장애 해결 및 기술 지원 서비스를 제공하므로 중요한 시스템에 오픈소스를 사용해야 할 경우 유지보수 서비스를 활용하는 것도 방법입니다.

오픈소스 사용에 따른 리스크를 줄이기 위해 다중화를 택하는 경우도 있습니다. 오픈소스 DBMS를 사용할 때 다중화를 통해 DBMS의 장애 이슈를 완화하는 것이죠. DBMS 서버를 다중화하면 실제 서비스 장애 확률을 크게 낮추니 오픈소스의 품질과 성능의 한계를 보완할 수 있습니다.

## 5.2 오픈소스 커뮤니티에서 활동해볼까

개발자들이 경험하는 대표적인 오픈소스 커뮤니티로는 아파치 소프트웨어 재단Apache Software Foundation(ASF)이 있습니다. 아파치 재단은 1999년 아파치 웹 서버(Apache HTTP Server)를 시작으로 현재 350여 개의 오픈소스 소프트웨어를 관리하는데요. 이 커뮤니티의 오픈소스 소프트웨어로는 아파치 HTTP 서버, 아파치 톰캣, 아파치 하둡Hadoop, 아파치 카산드라Cassandra, 아파치 카프카Kafka, 아파치 Log4j 등이 있습니다.

오픈소스 커뮤니티에는 누구에게나 참여할 수 있는 권리가 주어집니다. 그렇기 때문에 여러분도 커뮤니티에 참여해 오픈소스 개발에 기여할 수 있지요. 다만, 악의적인 목적으로 오픈소스 커뮤니티에 참여하는 사람도 있기 때문에 오픈소스 커뮤니티에도 소스 코드 커밋을 통제하는 관리자가 존재합니다.

오픈소스 소프트웨어의 원본 저장소는 아무에게나 수정 권한이 주어지지 않습니다. 그래서 오픈소스를 수정하려면 복제 명령어(fork)로 오픈소스를 복제하는 과정을 거쳐야 합니다. 복제한 소스 코드의 수정이 완료되었다면 원본 저장소에 내가 수정한 코드를 반영하는 작업을 해야 하는데요. 이때 관리자가 개입합니다. 개발자가 관리자에게 Pull Request(PR)를 보내면 관리자가 이를 검토한 후 소스 코드에 반영하지요([그림 5-2] 참조).

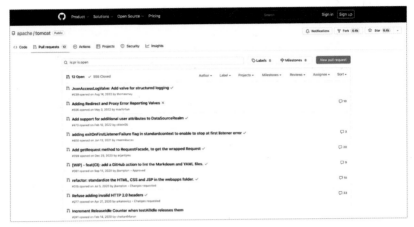

그림 5-2 아파치 톰캣의 Pull requests 화면

오픈소스 프로젝트에 참여하는 사람들을 '기여자contributor'라고 합니다. 금전적 대가를 기대하지 않고 자발적으로 프로젝트에 참여해서 그렇게 일컫는 것인데요. PR의 요청 권한은 모두에게 주어지지만, 승인받기가 쉽지는 않습니다. 오픈소스 커뮤니티에서는 신뢰가 생명이므로 그동안 많은 기여를 한 사람에게 우선권이 주어집니다. 그렇기 때문에 코드 중복, 코멘트 결함, 테스트 코드 결함 등 작은 것부터 기여하면서 신뢰를 쌓는 것이 중요하답니다.

NOTE

**오픈소스 소프트웨어 포털**
우리나라에서는 개발자를 위해 오픈소스 소프트웨어에 대한 정보를 공유하는 '오픈소스 소프트웨어 포털(https://www.oss.kr)'을 운영합니다. 이 웹 사이트를 통해 주요 오픈소스, 라이선스, 동향 등 다양한 오픈소스 소프트웨어 정보를 확인할 수 있습니다.

## 5.3 오픈소스도 라이선스를 따져가며 사용하자

오픈소스를 위한 라이선스도 여러 가지가 있습니다. 여러분이 오픈소스를 사용해 소프트웨어를 개발해야 한다면 이 라이선스들을 하나하나 따져봐야 합니다. 앞에서 설명한 것처럼 어떤 라이선스는 자신이 만든 소스 코드까지도 공개하도록 요구하므로 오픈소스를 사용하기 전에 어떤 라이선스를 사용하는지 확인하는 습관을 가져야 한답니다.

### GPL

GPL general public license은 자유 소프트웨어 재단Free Software Foundation(FSF)에서 만든 라이선스로, 오픈소스 라이선스여서 소스 코드를 자유롭게 사용할 수 있습니다. 하지만 여러분이 만드는 소프트웨어가 다음 경우에 해당한다면 오픈소스뿐만 아니라 나머지 소스 코드까지도 모두 공개하고, 라이선스도 GPL로 명시해야 합니다.

1 오픈소스를 수정하여 사용하는 경우[1]
2 오픈소스가 개발 중인 소프트웨어에 포함되어 사용되는 경우
3 오픈소스가 개발 중인 소프트웨어에 동적 또는 정적 링크되어 사용되는 경우

요즘은 다양한 오픈소스를 사용해 소프트웨어를 개발합니다. 오픈소스를 여러 개 엮어 만들기도 하고, 오픈소스에 GUI를 입혀 새로운 소프트웨어로 만들기도 합니다. 그래서 여러 종류의 오픈소스 라이선스가 적용되는데요. 이런 경우에 우선순위가 가장 높은 라이선스는 바로 GPL입니다.

GPL 오픈소스는 매우 광범위하게 사용됩니다. 이 라이선스를 가지는 오픈소스로는 MariaDB, 리눅스 커널 등이 있습니다. GPL은 다른 오픈소스 라이선스에 비해 제약 조건이 많은 편이라 사용 시 주의해야 합니다. 만약 여러분이 개발하는

---

1  소스 코드를 수정했지만 상업적으로 사용하지 않고 내부용(기업적, 개인적)으로만 사용하는 경우에는 소스 코드를 공개하지 않아도 됩니다.

소프트웨어에 GPL 라이선스가 적용되는 오픈소스가 포함된다면, 여러분이 작성한 소스 코드 전체를 공개해야 할 수 있기 때문에 주의가 필요한 것이지요.

만약 GPL 라이선스인 MariaDB를 사용한다면 자신이 만든 소프트웨어의 소스 코드를 공개해야 할까요? 정답은 '아니오'입니다. 우리가 만든 소프트웨어가 MariaDB를 JDBC로 연결해 사용했다면 여러분이 개발한 소스 코드를 공개할 의무가 없습니다.

그런데 소프트웨어의 성능 개선을 위해 MariaDB의 모듈을 일부 수정했다면 상황이 달라지는데요. MariaDB 소스 코드를 수정했기 때문에 GPL 라이선스에 따라 해당 소스 코드가 포함된 전체 소스 코드를 공개해야 한답니다.

---

**NOTE**

**MariaDB와 MySQL**

MariaDB와 MySQL의 관계를 아시나요? MariaDB는 MySQL 오픈소스에서 파생됐다고 볼 수 있는데요. 즉, 2009년에 MySQL 소스 코드를 복제(fork)해 만든 오픈소스가 바로 MariaDB 입니다.

이렇게 MySQL 오픈소스를 복사해 새로운 오픈소스를 만드는 것이 가능할까요? MySQL의 오픈소스 라이선스는 GPL인데요. GPL은 소스 코드의 복사와 재배포가 가능하기 때문에 지금의 MariaDB가 생겨난 것이지요. 다만, GPL은 복사한 소스 코드도 GPL 라이선스로 공개해야 하기 때문에 MariaDB의 오픈소스 라이선스 역시 GPL입니다.

---

## LGPL

LGPL$^{\text{lesser general public license}}$은 GPL의 까다로운 조건을 조금 완화한 라이선스입니다. LGPL은 오픈소스가 동적 또는 정적 링크되어 사용되는 경우에는 소프트웨어의 소스 코드를 공개하지 않아도 됩니다. 하지만 링크의 범위를 넘어 오픈소스를 수정한 경우에는 GPL과 마찬가지로 소스 코드를 공개해야 합니다.

## 아파치 라이선스

아파치 라이선스는 아파치 재단에서 만든 라이선스로, 상업적인 목적으로 소프트웨어를 수정, 배포하더라도 소스 코드의 공개 의무가 없습니다. 다만, 아파치 라이선스를 사용했다는 내용을 사용자에게 고지해야 한답니다. GPL 라이선스보다 훨씬 더 많은 자유를 허락하기 때문에 개발자들이 선호하는 라이선스이지요. 아파치 라이선스를 따르는 대표적인 오픈소스로는 Apache HTTP Server(웹 서버), 아파치 톰캣(WAS), 아파치 카산드라(NoSQL DBMS), 아파치 하둡(분산 처리) 등이 있습니다.

## BSD

BSD<sup>berkeley software distribution</sup> 역시 오픈소스를 수정하거나 상업적인 배포를 허용합니다. 오픈소스를 수정해 소프트웨어를 개발하더라도 소스 코드를 공개할 의무가 없는 관대한 라이선스인데요. 다만, BSD 라이선스를 사용했다는 안내 문구와 면책 조항 등을 사용자에게 제공해야 합니다.

대표적인 BSD 오픈소스 중 하나로 PostgreSQL(DBMS)이 있습니다. GPL 라이선스인 MariaDB(DBMS)와 달리 PostgreSQL은 BSD 라이선스라서 '소스 코드에 대한 공개 의무 없이' 소스 코드 수정과 재배포가 가능하답니다.

## MIT 라이선스

MIT 라이선스는 미국 매사추세츠 공과대학교에서 만든 라이선스입니다. BSD 라이선스와 유사하게 오픈소스의 자유로운 사용, 복제, 배포, 수정을 허용합니다. 이 라이선스도 소스 코드에 대한 공개 의무가 없는 포용적인 라이선스인데요. 다만, MIT 라이선스를 사용했다는 다음의 안내 문구를 사용자에게 제공해야 합니다.

---

### The MIT License

Copyright (c) ⟨year⟩ ⟨copyright holders⟩

Permission is hereby granted, free of charge, to any person obtaining a copy of this software and associated documentation files (the "Software"), to deal in the Software without restriction, including without limitation the rights to use, copy, modify, merge, publish, distribute, sublicense, and/or sell copies of the Software, and to permit persons to whom the Software is furnished to do so, subject to the following conditions:
The above copyright notice and this permission notice shall be included in all copies or substantial portions of the Software.

THE SOFTWARE IS PROVIDED "AS IS", WITHOUT WARRANTY OF ANY KIND, EXPRESS OR IMPLIED, INCLUDING BUT NOT LIMITED TO THE WARRANTIES OF MERCHANTABILITY,
FITNESS FOR A PARTICULAR PURPOSE AND NONINFRINGEMENT. IN NO EVENT SHALL THE AUTHORS OR COPYRIGHT HOLDERS BE LIABLE FOR ANY CLAIM, DAMAGES OR OTHER LIABILITY, WHETHER IN AN ACTION OF CONTRACT, TORT OR OTHERWISE, ARISING FROM,
OUT OF OR IN CONNECTION WITH THE SOFTWARE OR THE USE OR OTHER DEALINGS IN THE SOFTWARE.

---

**NOTE**

**오픈소스 라이선스 포털**

우리나라에서는 오픈소스 라이선스에 대한 정보를 종합적으로 제공하기 위해 종합정보시스템 (https://www.olis.or.kr)을 운영합니다. 이 웹 사이트에는 오픈소스 프로젝트 및 라이선스 소개, 라이선스 사용 가이드, 주요 오픈소스 동향, 분쟁 대응 가이드 등이 있습니다.

---

## 5.4 소프트웨어의 원산지 증명, SBOM

'int main(void)' 문장부터 시작해 코드를 한줄 한줄 작성해 프로그램을 완성하던 시절이 있었습니다. 당시에는 오픈소스가 많지도 않았을뿐더러 품질도 좋지 못해서 직접 코드를 작성해 프로그램을 만드는 것이 당연했지요. 요즘은 상황이 많이 달라졌는데요. 다양한 오픈소스가 공개되고 품질까지 좋아지면서 잘 만들어진 오픈소스를 찾아 빠르게 소프트웨어를 만드는 것이 개발 트렌드가 되었습니다.

우리가 웹 서버를 구축한다면 당연히 오픈소스를 사용할 겁니다. 프로그래밍 언어도 물론 오픈소스이고 개발 도구도 오픈소스입니다. 이렇게 오픈소스에 익숙해진 나머지, 우리는 아무런 거부감 없이 오픈소스를 사용합니다.

하지만 무한할 것만 같은 오픈소스의 신뢰에 금이 간 사건이 있습니다. 사건의 주인공은 바로 'Log4j'라고 불리는 로깅 라이브러리인데요. 이것은 자바 기반의 애플리케이션에서 매우 광범위하게 사용되던 오픈소스입니다.

2021년에 Log4j의 보안 취약점[2]을 활용한 해킹이 전 세계에서 굉장한 이슈가 되었는데요. Log4j가 세계 전역에서 광범위하게 사용되고 있다는 점이 심각한 문제였습니다. 해커가 국가의 중요 시스템, 사회의 기반 시설 등에 침투해 사회적 혼란을 초래할 위태로운 상태였죠.

이 사건을 계기로, 국가 안보를 위해 소프트웨어를 구성하고 있는 오픈소스 소프트웨어, 라이브러리 등을 체계적으로 관리할 필요성이 제기되었습니다. 그리고 SBOM^Software BOM^을 통해 소프트웨어를 구성하고 있는 요소들을 식별하고 투명하게 공개함으로써 보안을 체계화해야 한다는 분위기가 형성되었습니다. 여기서 BOM은 Bill-of-Material의 약자로 제품을 구성하는 부품이나 재료 정보를 기술한 문서를 말합니다. 이 개념이 소프트웨어 분야에도 활용되어 SBOM 이라는 용어가 탄생한 것인데요.

SBOM은 [그림 5-3]과 같이 소프트웨어에 포함되는 오픈소스 컴포넌트, 라이

---

2   Log4j 보안 취약점(CVE-2021-44228)은 JNDI와 LDAP을 사용해 악성 코드가 포함된 자바 객체를 몰래 삽입하여 실행하는 원격 실행 취약점입니다. 해커는 이 보안 취약점을 이용하여 시스템에 침투하여 악성 코드를 삽입하고 실행할 수 있습니다.

브러리, 상용 소프트웨어의 제품명, 버전, 공급자, 라이선스, 의존성 등의 정보를 담고 있습니다.

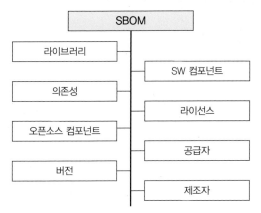

**그림 5-3** SBOM의 구성 요소

미국에서는 2021년 5월부터 소프트웨어에 대한 SBOM 제출을 의무화했습니다. 뿐만 아니라 주요 국가에서도 SBOM 제출 의무화를 검토하고 있습니다. 그래서 소프트웨어를 개발할 때 오픈소스를 신중하게 선택해야 하는 이유가 하나 더 늘었습니다.

물론 국내 시장을 겨냥해 소프트웨어를 개발한다면 자신과 무관한 이야기일 수 있습니다. 하지만 소프트웨어를 전 세계로 서비스하는 클라우드 컴퓨팅 시대인 만큼 SBOM 의무화가 꼭 남의 이야기만은 아닐 겁니다. 그러므로 오픈소스를 사용할 때는 보안이 패치된 최신 버전을 사용하고, 출처가 불분명한 오픈소스는 사용하지 않는 것이 중요합니다.

# Part 2

# 더 나은 개발 환경
# 조성하기

2부에서는 더 나은 소프트웨어를 만들기 위해 필요한 사항들을 소개합니다.

체계적인 개발을 위해 갖추어야 하는 개발 환경부터 테스팅 도구까지

개발자들이 활용할 수 있는 다양한 도구의 세계로 초대합니다.

---

**6장**

개발자를 위한 개발 도구

**7장**

효율적인 테스팅을 돕는 도구

# 개발자를 위한
# 개발 도구

코딩을 하려면 제일 먼저 IDE부터 설치해야 합니다. IDE는 Intergrated Development Environment의 약자로 통합 개발 환경을 의미하는데요. '개발 환경' 앞에 '통합'이라는 낱말이 붙은 이유는 여러 도구들이 통합적으로 제공되기 때문입니다. 그래서 우리가 IDE를 설치하면 소스 코드를 바이너리 코드로 바꿔주는 인터프리터interpreter, 버그의 위치를 찾는 데 도움되는 디버거debugger, 코드 편집을 위한 에디터editor가 통합적으로 설치됩니다.

여러분이 개발 회사에 입사한다면 다양한 도구를 사용하는 선배들의 개발 환경을 경험하게 될 겁니다. 이클립스Eclipse, 비주얼 스튜디오 코드Visual Stuido Code같은 개발 도구는 물론이고, 형상 관리를 위한 깃허브GitHub, 이슈 관리를 위한 레드마인Redmine, 지속적 통합을 지원하는 젠킨스Jenkins까지 정말 다양한 도구를 접하게 될 텐데요. 여러분이 입사하게 될 회사의 유기적인 개발 환경을 이해하기 위해서라도 이 도구들에 대한 사전 학습은 매우 중요합니다.

## 6.1 개발자의 개발 도구

코딩을 하는 사람이라면 반드시 설치하는 도구가 있습니다. 바로 에디터인데요. '편집기'라는 뜻이지만, 단순히 코드 편집만 하지는 않습니다. 개발자의 코드 작성에 도움되도록 예약어를 다른 색으로 표시하고, 잘못된 문법이 있다면 밑줄을 그어줍니다. 또 리팩터링refactoring과 같이 소프트웨어 개발 방법론을 지원하기도 하고, 다양한 플러그인을 설치하여 기능을 확장할 수도 있습니다. 그래서인지 '에디터'보다 '개발 도구'라는 용어가 더 잘 어울립니다.

일단 도구에 익숙해지고 나면 다른 도구로 바꾸는 것 자체가 부담이 됩니다. 그래서 처음부터 도구를 잘 선택하는 것이 중요한데요. 여러분의 현명한 선택을 위해 많은 개발자들이 선택한 대표적인 개발 도구 몇 개를 소개하려고 합니다.

**자바를 위한 이클립스와 인텔리제이**

개발자들이 많이 사용하는 자바 개발 도구로는 이클립스와 인텔리제이IntelliJ가 있습니다. 이클립스는 다양한 프로젝트를 워크스페이스라는 단위로 관리합니다. 플러그인을 통해 기능을 확장할 수 있는 점이 대단한 장점인데요. 그래서 UML, UI 디자인, 테스트, 형상 관리 도구 등을 위한 다양한 플러그인을 설치해 소프트웨어 공학 측면에서 추천하는 개발 방법론을 실천할 수 있습니다.

아쉬운 점은 기본으로 설치되는 이클립스는 기능이 많지 않다는 점입니다. 그래서 이클립스를 설치한 후 이것저것 플러그인을 설치해야 하는 번거로움이 있지요. 그럼에도 기능이 다양해 많은 개발자들이 선호하는 도구라는 사실은 분명합니다.

그림 6-1 이클립스 화면

인텔리제이는 젯브레인즈JetBrains라는 회사에서 만든 개발 도구입니다. 이클립스와 달리 자바 개발에 필요한 주요 플러그인이 설치된 상태로 제공되어 개발 환경 구축에 드는 시간을 아낄 수 있습니다. 또한 코드의 일부를 작성하면 코드를 제안해주는 기능, 개발 편의를 위한 다양한 단축키, 코드 리팩터링, 디버깅 기능 등이 이클립스에 비해 우수한 편입니다.

다만 인텔리제이는 이클립스와 달리 워크스페이스라는 개념이 없어 두 프로젝트를 비교하려면 인텔리제이 프로그램을 하나 더 실행해야 하는 번거로움이 있습니다.

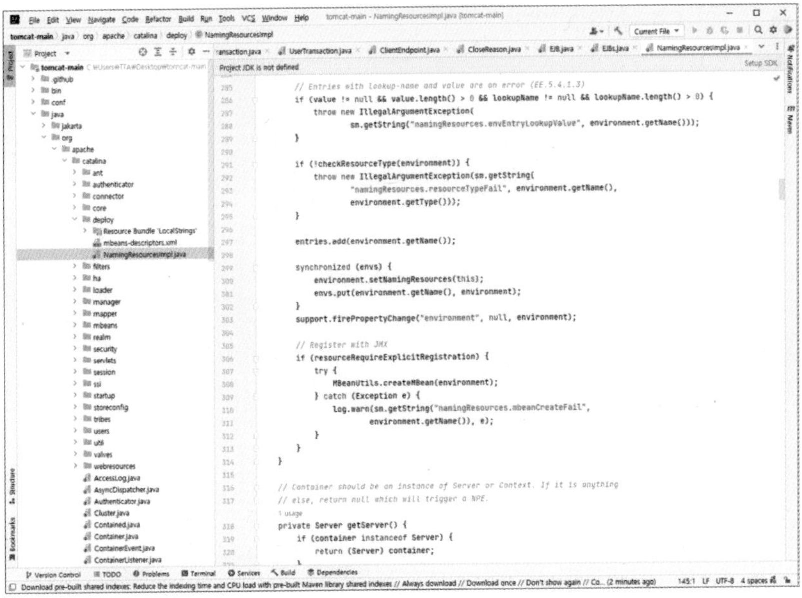

그림 6-2 인텔리제이 화면

이클립스는 무료 버전만 있는 반면, 인텔리제이는 유료 버전도 있는데요. 인텔리제이의 다양한 기능을 체험하려면 유료 버전을 사용해야 하니 이 점 참고하시면 좋겠습니다.

### 다양한 언어를 사용하고 싶다면? 비주얼 스튜디오 코드

비주얼 스튜디오 코드(VSCode)는 마이크로소프트에서 만든 개발 도구입니다. VSCode는 C/C++, 파이썬, C#, PHP, HTML/CSS, YAML, JSON, 자바스크립트 등 거의 대부분의 언어를 지원하는데요. Extensions라는 확장 기능의 설치를 통해 기본적으로 제공되는 언어만이 아니라 다양한 언어를 위한 개발 도구로 사용할 수 있습니다. 게다가 마이크로소프트에서 만든 도구답게 UI가 매우 깔끔하고, 텍스트 편집 기능이 우수해 개발자들의 사랑을 듬뿍 받는 도구입니다. 이렇게나 좋은 기능을 가진 VSCode를 무료로 사용할 수 있다니, 개발자들이 이 도구를 선호하는 이유는 말하지 않아도 알겠죠?

**그림 6-3** 비주얼 스튜디오 코드 화면

## 모바일 앱 개발의 필수 도구, 안드로이드 스튜디오와 엑스코드

모바일 앱 개발 시 가장 먼저 고려해야 할 사항은 운영체제일 텐데요. 모바일 앱을 위한 운영체제로는 구글의 안드로이드와 애플의 iOS가 있습니다. 두 운영체제의 플랫폼이 다르다 보니 각기 다른 개발 환경이 필요합니다.

안드로이드 운영체제에서 구동되는 앱을 개발하려면 자바 또는 코틀린 개발 환경을 준비하고, iOS 운영체제에서 구동되는 앱을 개발하려면 Swift 또는 Object−C[1] 개발 환경을 준비해야 합니다.

개발 언어가 다르기 때문에 개발 도구도 다를 수밖에 없는데요. 안드로이드 기반의 앱을 개발하기 위해서는 안드로이드 스튜디오Android Studio를 사용하고, iOS 기반의 모바일 앱을 위해서는 엑스코드XCode를 사용해야 합니다.

안드로이드 스튜디오는 안드로이드 애뮬레이터를 제공해 자신이 개발한 앱을

---

**1** Object−C는 C 언어를 기반으로 한 객체 지향 언어입니다. 주로 애플의 OS X와 iOS에서 응용 프로그램 및 아이폰 앱 개발에 사용합니다.

실제 스마트폰에 설치하지 않고 애뮬레이터에 구동된 안드로이드 운영체제에 설치해 확인할 수 있습니다. 엑스코드 또한 iOS용 앱 개발에 최적화된 다양한 기능을 제공하는데요. 이 도구를 사용하면 안드로이드 스튜디오와 마찬가지로 시뮬레이터를 통해 개발한 앱을 테스트할 수 있습니다. 다만 엑스코드를 사용해 앱을 배포하려면 개발자 등록(유료)을 해야 하고, macOS에서만 설치가 가능하다는 단점이 있습니다.

## 6.2 형상 관리를 위한 깃허브

수많은 파일을 만들어내는 개발 프로젝트에서 파일 관리는 대단히 중요합니다. 여러 사람이 작업하는 파일이 잘못 섞이기라도 한다면 그 순간부터 대혼란이 시작되기 때문에 소스 코드를 체계적으로 관리하고자 하는 노력은 항상 '진행형'이어야 합니다.

### 소스 코드를 폴더로만 관리한다고?

그럼 어떻게 파일을 관리해야 체계적으로 관리하는 걸까요? 깃허브를 모르는 개발자들은 아마도 다음과 같은 방식으로 버전별로 폴더를 만들어서 소스 코드를 관리할 텐데요. 이 방식은 버전별로 소스 코드를 정리할 수 있어 좋은 방법인 것 같지만, 여러 문제점이 있습니다.

그림 6-4 폴더로 관리하는 소스 코드 화면

우선 가장 큰 문제점은 소스 코드에 대한 이력을 남기기 어렵다는 점입니다. 개발을 하다 보면 요구사항이 변경되어 소스 코드를 이전 버전으로 되돌리는 경우가 다반사인데, 폴더로 소스 코드를 관리하면 이력 정보를 남기는 데 한계가 있습니다.

개발자에게 소스 코드는 정성스럽게 시간과 노력을 쏟아부은 가장 소중한 지적 자산입니다. 이렇게나 중요한 자산을 개발자 PC에만 저장한다면 그만큼 관리 위험이 증가하는데요. 단적인 예로 디스크가 고장 날 수도 있고, 랜섬웨어로 모조리 암호화될 수도 있기 때문에 한 바구니에 자산을 보관하는 것은 정말 위험천만한 일이죠.

"소스 코드를 여기저기 백업해놓으면 되는 거 아닌가요?"라고 말씀하시는 분도 있을 것 같습니다. 틀린 말은 아니지만, 여기저기 복사된 소스 코드는 결국 기술 유출의 가능성만 높이기 때문에 이 역시 적절한 방법은 아니지요.

규모가 큰 프로젝트의 경우 여러 개발자가 함께 소스 코드를 작성합니다. 함께 코드를 작성하다 보면 같은 파일을 손보는 경우도 생기기 때문에 소스 코드의 충돌은 불가피한데요. 폴더로 소스 코드를 관리하면 이런 충돌을 수작업으로 일일히 처리해야 하는 대략 난감한 상황에 처합니다.

---

**NOTE**

**소스 코드 충돌**

내가 수정한 소스 코드와 다른 개발자가 수정한 소스 코드의 위치가 동일하거나 중복되어 정상적으로 소스 코드를 통합할 수 없는 상황을 말합니다. 소스 코드가 충돌하면 소프트웨어가 정상적으로 동작하지 않기 때문에 충돌 없이 여러 개발자들이 작성한 소스 코드를 통합하는 것이 매우 중요합니다.

---

## 깃허브가 대세인 이유

소프트웨어 개발 분야에서는 소스 코드를 관리할 때 종종 '형상'이라는 말을 사용합니다. 형상은 사물의 생긴 모양이나 상태를 나타내는 말인데요. 소스 코드가 조금이라도 변경되면 우리는 '형상이 변경되었다'라고 말해요.

개발에서 형상은 곧 소스 코드의 모양을 뜻합니다. 가령 소스 코드가 세모 모양이면 1.0이라는 버전을 붙이고, 소스 코드가 네모 모양이면 2.0이라는 버전을 붙여 버전을 관리합니다. 소스 코드 버전은 형상을 결정하는 중요한 정보이기 때문에 개발자들은 형상 관리에서 버전 관리를 중요한 활동으로 생각합니다.

소스 코드의 형상은 엄격하게 관리해야 합니다. 밤새워 에러를 고쳐냈는데, 잘못된 형상 관리로 열심히 고쳐놓은 버그가 되살아나기도 하고, 고객에게 엉뚱한 버전의 실행파일이 전달되어 막대한 클레임을 받을 수 있기 때문이죠.

그래서 소스 코드의 형상을 관리하는 '형상 관리 도구'가 필요한데요. 이 도구를 이용하면 소스 코드의 변경 내용을 기록하고, 여러 사람이 수정 또는 추가한 소스 코드를 손쉽게 통합할 수 있습니다. 또한 사용자 인증 과정을 거치기 때문에 아무나 소스 코드를 들여다볼 수 없어 기술 유출 방지에도 도움이 됩니다.

과거에는 CVS, SVN(SubVersioN) 등을 형상 관리 도구로 많이 사용했는데요. 요즘은 깃허브를 활용한 깃Git이 대세입니다. 깃은 형상 관리 도구이지만, '분산 버전 관리 시스템'이라는 수식어가 붙을 정도로 여러 소프트웨어 버전을 다수 개발자가 손쉽게 수정, 관리할 수 있는 훌륭한 도구이지요.

깃 도구를 처음 사용하면 느끼겠지만, 이 도구에는 약간 생소한 개념이 등장합니다. 무엇이든 잘 사용하려면 배경 지식이 중요하니 깃에서 사용하는 개념을 간단히 살펴보겠습니다.

깃에서는 '저장소'라는 개념을 사용합니다. 저장소는 소스 코드가 저장되는 공간을 말하는데요. [그림 6-5]처럼 깃에서는 작업 영역working directory, 중간 작업 영역staging area, 깃 저장소Git repository로 영역을 구분합니다.

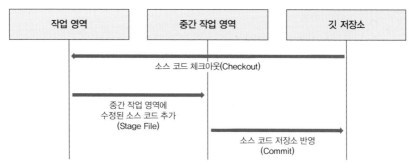

**그림 6-5** 깃 저장소 간 명령 흐름

먼저 '작업 영역 저장소'는 코드 작성을 위한 개발자의 개인 영역입니다. 즉, 개발자 PC가 작업 영역이 되는데요. 'checkout' 명령어를 사용하면 깃 저장소에서 개발자 PC로 소스 코드를 다운로드해 이 영역에 소스 코드가 저장됩니다.

작업 영역 저장소에 작성된 코드는 'commit'이라는 명령어를 통해 깃 저장소에 반영commit합니다. 여기서 중요한 점은 작업 영역 저장소에서 깃 저장소로 바로 업로드가 불가능하도록 설계되었다는 점인데요. 한 명의 개발자에 의해 잘못된 코드가 깃 저장소에 반영되면 이후에 모든 개발자에게 영향을 미치기 때문에 중간 작업 영역 저장소를 사용하는 것이지요.

이렇게 중간 작업 영역은 깃 저장소에 최종 반영commit하기 전에 자신이 수정한 코드를 임시로 저장하는 곳으로, 이 영역을 거쳐야 최종적으로 깃 저장소에 반영할 수 있습니다.[2]

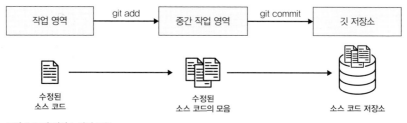

**그림 6-6** 깃 저장소 반영 흐름

---

2  CVS나 SVN 같은 형상 관리 도구에서는 중간 과정 없이 바로 저장소에 커밋합니다.

## 나뭇가지처럼 뻗어나가는 Git-flow 모델

깃이라는 프로그램은 Git-flow 모델을 사용하여 소스 코드의 버전을 관리합니다([그림 6-7] 참조). 깃 프로그램을 사용하다 보면 Master, Develop, Feature 등 새로운 용어들이 등장하는데요.

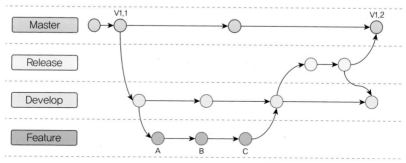

그림 6-7 깃 브랜치 워크플로

Master는 브랜치의 근원이 되는 루트 브랜치입니다(Master는 Main이라고도 지칭합니다). 여기서 새로운 브랜치들이 뻗어나갑니다. Develop은 Master 브랜치에서 파생된 '개발'과 관련된 브랜치인데요. 이 브랜치에서 기능을 추가하기 위해서는 Feature 브랜치를 만듭니다. 기능 추가가 완료되면 Develop 브랜치로 다시 통합합니다. 정리하면 Develop 브랜치는 개발 중인 소스 코드를 관리하는 브랜치이고, 실제 기능 추가는 별도의 Feature 브랜치에서 작업한 후 Develop 브랜치에서 병합<sup>merge</sup>합니다.

예를 들어 설명하겠습니다. A, B, C 기능을 추가하여 1.2 버전의 소프트웨어를 배포한다고 가정하겠습니다. 이 작업을 위해 먼저 Master 브랜치에서 Develop 브랜치를 생성합니다. 그리고 Feature 브랜치에서 기능을 추가하는 작업을 합니다. 그다음 작업이 완료된 Feature 브랜치를 Develop 브랜치와 병합하면 됩니다.

기능의 규모가 커서 여러 개발 부서에서 나누어 개발하거나 각각의 프로젝트로 진행되는 경우, [그림 6-8]과 같이 Feature 브랜치를 여러 개 생성할 수 있습니다. 각 Feature 브랜치에서 개발이 완료된 후 각 Feature 브랜치를 Develop 브랜치와 순차적으로 병합하게 됩니다.

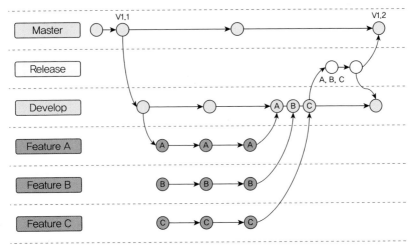

**그림 6-8** 깃 브랜치 워크플로(다수의 Feature 브랜치)

기능 개발이 완료되었다면 마지막으로 소프트웨어 배포 단계만 남습니다. 기능 개발을 위해 Feature 브랜치가 파생되었다면, 안정화 과정을 위해 Release 브랜치를 거쳐야 하는데요. Release 브랜치에서는 기능, 성능, 보안성 테스트 등을 통해 소프트웨어의 결함을 탐지 및 제거해 품질을 높이는 작업을 수행합니다. 이 과정이 완료되면 최종적으로 Master 브랜치로 병합한 후 이를 태깅tagging하여 소프트웨어를 배포합니다.

태깅은 특정 시점의 소스 코드 형상을 표시하는 방법입니다. 일반적으로 태깅은 소프트웨어를 배포하기 위한 소스 코드의 특정 시점을 표시하는 데 사용되는데요. 이렇게 태그를 통해 특정 버전의 소스 코드를 빌드, 배포할 수 있습니다.

## 6.3 이슈 관리를 위한 레드마인

### 이슈도 관리가 필요해

개발 과정에서 생기는 문제점을 영어로 'issue'라고 합니다. 소프트웨어 개발을 하다 보면 이런저런 이슈가 나타나기 때문에 이슈를 놓치지 않고 꼼꼼히 관리하려는 노력이 필요합니다.

우리 생활에서 '관리'라는 단어는 무엇인가 노력을 기울이고 있음을 표현합니다. 가령 '체중 관리'는 운동과 식단을 통해 적정 체중을 유지하기 위해 노력하는 것이지요.

이슈도 '관리'가 필요합니다. 그래서 [그림 6-9]와 같이 체계화된 프로세스를 통해 이슈를 관리합니다. 당연한 말일 수도 있지만, 이슈 관리의 프로세스는 '이슈 생성'으로 시작합니다. 이슈 생성은 이슈를 발견한 사람에 의해 수행되지만, 반드시 이 사람이 이슈를 해결할 필요는 없습니다. 그러면 아무도 이슈를 생성하지 않을 테니까요.

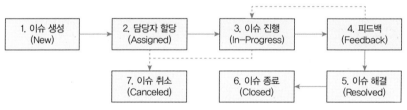

그림 6-9 이슈 워크플로

그다음 단계는 '담당자 할당'으로 이어집니다. 만약 이미 해결된 이슈가 잘못 생성되었거나, 이슈가 아니라고 판단되는 경우에는 이슈를 취소할 수 있습니다.

할당된 이슈는 멈춰있지 않고 처리되어야 합니다. 이를 표현하기 위해 '이슈 진행' 단계가 존재합니다. 이슈를 처리하면 당연히 이슈를 제기한 사람으로부터 '피드백'을 받는 과정을 거쳐야 하는데요. 피드백 과정에서 이슈가 제대로 처리되지 않았다고 판단되는 경우에는 이슈를 종료시키지 않고 이전 상태로 되돌리기도 합니다.

이슈가 해결되었다고 판단되면 '이슈 해결' 상태로 전환됩니다. 마지막으로 '이슈 종료'를 통해 이슈 관리의 긴 여정이 마무리됩니다.

## 다양한 장점을 가진 도구, 레드마인

복잡한 이슈를 관리하기 위한 방법 중 하나로 '레드마인'이라는 도구를 사용합니다. 이슈 상태를 변경하고 다양한 기능을 이용해 이슈의 종류와 심각도를 정할 수 있기 때문에, 바람 잘 날 없는 이슈의 세계에서 개발자들이 애용하는 도구 중 하나이지요.[3]

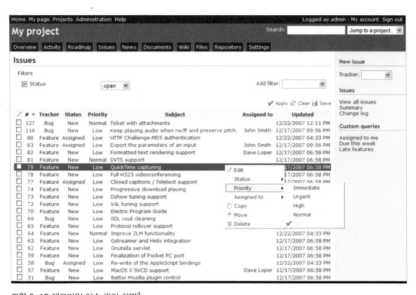

그림 6-10 레드마인 이슈 관리 화면[4]

---

3  개발자들이 애용하는 또 다른 이슈 관리 도구로는 아틀라시안[Atlassian]에서 개발한 지라[Jira]가 있습니다.

4  출처: https://www.redmine.org

이슈가 워낙 많기 때문에 모든 이슈를 바로 해결하기 어려울 때도 있습니다. 그래서 성격과 종류에 따라 당장 해결해야 하는지 아니면 장기적으로 해결해야 하는지를 결정해야 합니다. 이를 지원하기 위해 레드마인에서는 다음과 같은 기준에 따라 이슈의 유형을 설정합니다.

표 6-1 레드마인의 이슈 유형

| 이슈 유형 | 용도 |
| --- | --- |
| Bug | 결함 수정을 위한 이슈 |
| Feature | 새로운 기능 추가를 위한 이슈 |
| Task | 태스크 규모의 단기 이슈 |
| Project | 프로젝트 규모의 장기 이슈 |

[표 6-1]의 설명처럼, 'Bug'는 소프트웨어에 결함이 생겨서 이를 수정해야 하는 이슈입니다. 가장 많은 비중을 차지하지요. 그외에도 다양한 이슈가 있습니다. 'Feature'는 기능을 새로 추가할 때 생기는 이슈입니다. 그리고 'Task' 이슈는 단기적으로 해결해야 하지만 하나의 작업으로 처리해야 할 때 발생합니다. 마지막으로 'Project' 이슈는 새로운 프로젝트로 처리해야 할 정도로 규모가 큰 경우에 해당합니다. 참고로, 이슈 유형이 4가지로 고정되지 않으므로 상황에 맞게 유형을 추가해도 됩니다.

다양한 이슈가 시시때때로 만들어지는 개발 세계에서 이슈가 눈덩이처럼 불어나는 것은 당연한 현상입니다. 그렇다고 모든 이슈를 '빨리빨리'의 마음가짐으로 처리할 수는 없습니다. 인적 자원의 한계는 어디에나 존재하기 때문에 우선순위를 정해서 급하고 심각한 이슈부터 처리해야 합니다. 이를 위해 [표 6-2]와 같이 이슈에 우선순위를 정합니다.

**표 6-2** 이슈의 우선순위

| 우선순위 | 이슈 내용 | 결함 예 |
|---|---|---|
| Immediate | 즉시 처리해야 하는 매우 긴급한 이슈 | 프로그램 비정상 종료, 데이터 유실 |
| Urgent | 긴급하게 처리해야 하는 이슈 | 중요 기능 결함, 심각한 성능 저하, 보안 취약점 |
| High | 우선적으로 처리해야 하는 이슈 | 일반 기능 결함, 성능 개선 |
| Normal | 조만간 처리해야 하는 이슈 | 마이너 기능 결함, 사용성 개선 |
| Low | 당장 수정할 필요는 없지만 언젠가는 수정해야 하는 사소한 이슈 | 메시지 수정, 레이아웃 변경 |

표에서는 우선순위 종류가 다섯 가지인데요. 꼭 다섯 가지만 사용해야 하는 것은 아니지만, 보통은 이 정도를 사용합니다. 우선순위 종류가 적으면 우선순위의 변별력이 없고, 반대로 종류가 많으면 우선순위의 선택 조건이 복잡해지기 때문에 5개 정도가 딱 좋은 것 같긴 합니다.

우선순위를 정하는 것도 나름의 규칙이 있는데요. 이 규칙은 재현 빈도와 영향도의 곱으로 표현합니다. 여기서 재현 빈도는 이슈가 얼마나 자주 발생하는지를 나타내고, 영향도는 이슈가 미칠 영향의 정도를 말합니다.

**표 6-3** 재현 빈도와 영향도 수준

| 재현 빈도 | 영향도 |
|---|---|
| 높음 | 높음 |
| 중간 | 중간 |
| 낮음 | 낮음 |

우선순위는 [표 6-4]와 같이 재현 빈도와 영향도를 고려해 정합니다. 이 표가 절대적인 기준은 아니지만, 위험 기반 접근법에서 종종 접하게 되니 우선순위를 결정하는 데 참고할 만합니다.

표 6-4 재현 빈도와 영향도에 따른 이슈 우선순위

| 영향도<br>재현 빈도 | 높음 | 중간 | 낮음 |
|---|---|---|---|
| 높음 | Immediate | Urgent | High |
| 중간 | Urgent | Normal | Normal |
| 낮음 | High | Normal | Low |

기능을 실행할 때마다 오류가 나타나면 재현 빈도가 높다고 말합니다. 이슈 발생 시 미치는 파급 효과가 높으면 영향도가 높은 것인데요. 만약 재현 빈도뿐만 아니라 영향도까지 높다면 당장 이슈를 해결해야 하기 때문에 우선순위를 'Immediate'로 정해야 합니다. 반대로 재현 빈도와 영향 빈도가 낮으면 우선순위를 'Low'로 정하면 되지요.

이렇게 이슈도 우선순위가 필요하다는 점, 그리고 이슈도 처리 시급성을 결정해야 한다는 점이 우리가 터득해야 하는 개발의 지혜입니다.

## 6.4. 지속적 통합을 위한 젠킨스

여러 명의 개발자가 협업을 통해 하나의 시스템으로 완성하려면 '통합'의 과정이 필요합니다. 여기서 통합이란 각자 만든 코드 조각을 하나로 합치는 과정을 의미하는데요.

통합은 레고 블록을 맞추는 것처럼 쉬운 과정은 아닙니다. 두 함수의 인터페이스가 서로 맞지 않다거나, 반환 값이 잘못된 자료형으로 되는 등 여러 이슈가 나타나기 때문에 통합의 과정은 험난한 등산과도 같습니다.

깃허브를 사용하는 개발자는 코드 작성이 완료되자마자 코드 저장소에 업로드합니다. 자신뿐만 아니라 다른 개발자도 코드 저장소에 업로드하면 이 코드들은

'통합'의 순간을 맞이하는데요. 매일 하는 통합이지만, 한방에 이루어지는 경우는 거의 없습니다. 통합의 과정에서도 항상 이슈는 존재하거든요.

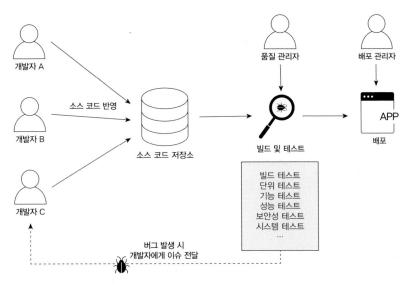

그림 6-11 일반적인 빌드, 테스트, 배포 과정

자신이 사용하고 있는 공통 모듈 또는 함수를 누군가가 '임의로' 수정했다고 가정하겠습니다. 그러면 자신이 가지고 있는 공통 모듈과 다른 사람이 가지고 있는 공통 모듈이 다르게 되는데요. 이런 상태에서 저장소에 코드를 업로드하여 코드를 통합하면 자신이 개발한 기능이 정상적으로 동작하지 않을 수 있습니다. 이런 식의 통합은 오히려 혼란을 주기 때문에 별도의 테스트 조직이나 개발 조직의 담당자가 주도하여 '주기적으로' 소스 코드를 통합하고, 이를 빌드하여 테스트를 수행합니다. 여기서 '주기적으로'의 의미는 실시간이 아니라는 뜻입니다. 빠르게 돌아가는 개발 문화에서 주기적으로 무엇인가를 한다는 것은 때를 기다려야 한다는 뜻입니다. 그래서 개발자는 통합 테스트가 통과될 때까지는 소스 코드를 추가로 반영하지 못하고 기다려야 하는 문제가 생기지요.

또 하나의 문제점은 빌드와 테스트의 모든 작업을 도구를 사용하지 않고 '수작업'으로 수행하는 경우입니다. 예를 하나 들어보겠습니다. 만약 소스 코드 통합과 테스트 등의 과정을 하루에 한 번만 수행한다고 가정하면 이슈 발생부터 테스트 완료까지 길게는 하루가 걸립니다. 더욱이 빌드 테스트, 단위 테스트, 통합테스트 등 다양한 테스트를 순차적으로 수행한다는 점을 고려하면 이슈를 리포팅하는 데 더 많은 시간이 걸리겠죠.

에러가 발생한 시점부터 수정 및 통합하고, 이를 테스트하는 데 며칠이 걸린다면 통합이 매우 비효율적으로 이루어지는 겁니다. 이런 식의 통합은 많은 사람들을 기다리게 만듭니다. 즉, 소스 코드 통합, 테스트, 배포 등의 개발 과정을 사람이 일일이 관여하면 개발자 간의 협업에 많은 지연이 생기게 됩니다.

이런 까닭에 개발자들은 지속적 통합continuous integration(CI)과 지속적 배포continuous deployment(CD)를 고민했나봅니다. 지속적 통합과 지속적 배포는 소스 코드 통합, 빌드, 테스트, 배포 등을 자동화하여 '지속적으로' 통합하고 즉시 배포하는 방법입니다. 지속적으로 무언가를 할 수 있다는 생각은 효율성 측면에서 정말 참신한 아이디어 같습니다.

CI/CD[5]를 위해 사용하는 도구가 바로 젠킨스입니다. 젠킨스는 빌드, 테스트, 배포 등을 자동화하는 도구로, 웹 기반으로 제공되기 때문에 접근성이 용이하고 실행 현황을 대시보드를 통해 모니터링할 수 있습니다.

그럼 어떻게 젠킨스가 사용되는지 함께 살펴볼까요? [그림 6-12]는 깃허브와 젠킨스를 활용한 CI/CD 파이프라인을 나타냅니다. 파이프라인이라고 부르는 이유는 빌드, 테스트, 배포가 마치 파이프라인 속 물의 흐름처럼 순차적으로 처리되기 때문이지요.

깃허브와 젠킨스를 이용해 통합하는 과정은 다음과 같습니다.

1 개발자가 깃허브에 자신이 개발한 코드를 깃 저장소에 반영(check-in)
2 젠킨스는 반영된 소스 코드를 다운로드(check-out)해 빌드 수행

---

5 CI/CD는 지속적 통합(CI)과 지속적 배포(CD)를 함께 일컫는 줄임말입니다.

**3** 빌드가 정상적으로 수행된 경우 단위, 기능, 성능, 보안성 등 테스트 수행(testing)

**4** 테스트가 에러 없이 통과된 경우 애플리케이션 배포 수행

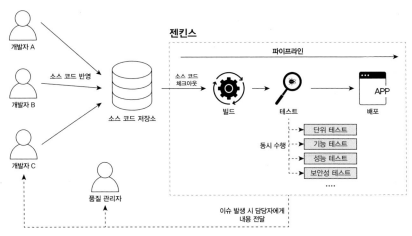

그림 6-12 젠킨스를 이용한 빌드, 테스트, 배포 자동화

빌드를 먼저 수행하는 이유는 개발자가 코드를 잘못 수정하여 빌드되지 않은 상태가 있는지 확인하기 위해서인데요. 젠킨스를 사용한 테스트에서는 빌드를 실패할 경우 빌드를 깨트린 개발자에게 빌드가 깨졌음을 빠르게 알려줍니다. 또 현재 빌드 상태를 모든 개발자에게도 알려주어 빌드를 다운로드하지 않게 합니다. 즉, 통합 과정에서 빌드가 깨진 부분을 모든 이들에게 빠르게 알려줘 혼란을 최소화합니다.

> **NOTE**
>
> **부러진 나무**
>
> 이렇게 소프트웨어 빌드가 되지 않는 상태를 '부러진 나무broken tree'라고 합니다. 나무가 부러지면 나무에 달려있던 가지와 열매도 같이 시들지요. 이처럼 빌드되지 않는 상태가 되면 해당 소스 코드를 다운로드(checkout)한 개발자 역시 빌드가 되지 않아 개발을 하지 못하는 심각한 사태로 이어집니다.

빌드가 성공하면 젠킨스는 본격적으로 자동화된 테스트 단계에 돌입합니다. 자동화된 테스트를 위해서는 테스트 코드가 미리 작성되어 있어야 합니다. 젠킨스는 테스트를 동시에 수행할 수 있기 때문에 테스트 시간을 단축합니다. 한 예로 젠킨스를 이용하면, 12시간이 걸리는 테스트가 1시간 만에 끝납니다.

이것이 가능하려면 [그림 6-13]과 같은 개발 환경을 구성해야 하는데요. 그림의 왼쪽 서버와 같이 구성해 단위, 기능, 성능, 보안성 테스트를 순차적으로 수행하면 테스트 수행 시간은 무려 12시간이 됩니다. 하지만 오른쪽 그림과 같이 젠킨스를 이용하면 단위, 기능, 성능, 보안성 테스트를 4개의 서버에서 각각 수행하도록 구성하기 때문에 테스트 수행 시간을 줄일 수 있습니다.

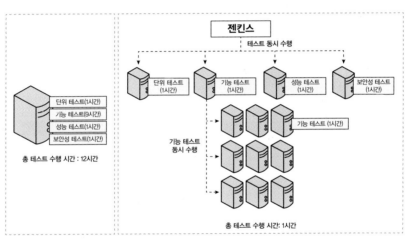

그림 6-13 젠킨스를 이용한 테스트 수행 시간 단축

각각의 테스트 시간이 같지 않기 때문에 이들 테스트 중에 오래 걸리는 느림보 테스트를 찾아야 하는데요. 이 테스트가 결국 총 테스트 시간을 결정하기 때문에 이에 대한 조치가 필요합니다. 예를 들어 단위, 기능, 성능, 보안성 테스트를 4개의 서버에서 각각 수행하면 총 테스트 수행 시간은 9시간이 되는데요. 서버를 여러 대 사용했음에도 그렇게 많이 걸리는 이유는 기능 테스트에 9시간이나 걸려서입니다. 다른 테스트가 일찍 끝나도 기능 테스트가 종료될 때까지 기다릴 수밖에 없는 것이죠.

이런 방식으로 시간을 줄일 수 없는 경우에는 다른 조치가 필요합니다. 이 경우에는 기능 테스트가 가장 오래 걸리기 때문에 서버를 다시 여러 대 두는 방법을 취합니다. 그러면 12시간이 걸리던 테스트가 젠킨스를 통해 1시간으로 획기적으로 줄지요.

젠킨스에서는 대시보드를 통해 현재 진행 중인 작업 현황을 모니터링합니다([그림 6-14] 참조). 대시보드에서 각 작업에 대한 성공/실패 여부, 작업 소요 시간 등을 볼 수 있는데요. 대시보드 화면을 자세히 들여다보면 날씨를 표현하는 아이콘이 있습니다. 각 작업의 상태를 날씨로 표현한 것인데요. 최근 수행된 작업이 모두 성공적으로 끝난 경우 '맑음'으로 표시되고, 작업이 1개 이상 실패한 경우 '구름'으로 표시됩니다. 대부분의 작업이 실패한 경우 '번개'가 표시되니 작업의 현재 상태를 꽤나 직관적으로 알게 됩니다.

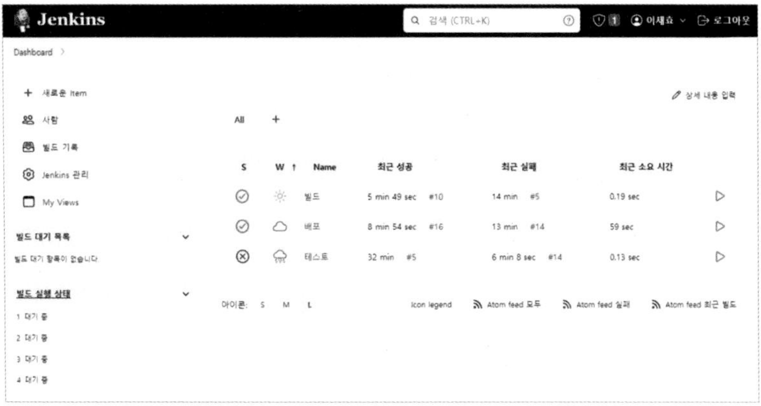

**그림 6-14** 젠킨스 대시보드 화면

[그림 6-15]는 젠킨스 파이프라인 설정 화면인데요. 파이프라인은 스크립트를 통해 작성합니다. stage라는 블록을 통해 각 단계를 정의하고 블록 내에 스크립

트를 작성하는데요. 수도관 파이프라인을 연결하는 것처럼 지속적 통합을 위한 작업을 파이프라인으로 정의할 수 있습니다.

**그림 6-15** 파이프라인 설정 화면[6]

테스트, 배포 단계를 파이프라인을 구성하고자 할 경우 [그림 6-16]과 같이 stage() 블록에 단계별 수행 스크립트를 추가하면 됩니다. 빌드[build] 단계의 경우 sh 'make' 명령어로 컴파일을 수행하도록 스크립트를 추가하고, 테스트[test] 단계의 경우 sh 'make check'를 통해 빌드가 제대로 되었는지 확인합니다. 마지막으로 배포[deploy] 단계에서는 sh 'make publish' 명령어를 실행해 소프트웨어 배포를 수행합니다.

---

6   참고: https://www.jenkins.io/doc/book/pipeline

## Pipeline example

Here is an example of a `Jenkinsfile` using Declarative Pipeline syntax - its Scripted syntax equivalent can be accessed by clicking the **Toggle Scripted Pipeline** link below:

```
Jenkinsfile (Declarative Pipeline)
pipeline { 1
    agent any 2
    options {
        skipStagesAfterUnstable()
    }
    stages {
        stage('Build') { 3
            steps { 4
                sh 'make' 5
            }
        }
        stage('Test'){
            steps {
                sh 'make check'
                junit 'reports/**/*.xml' 6
            }
        }
        stage('Deploy') {
            steps {
                sh 'make publish'
            }
        }
    }
}
```

Toggle Scripted Pipeline (Advanced)

그림 6-16 파이프라인 스크립트 작성 예제

단계별로 수행해야 되는 스크립트를 추가함으로써 파이프라인을 구성할 수 있는데요. 이렇게 추가한 파이프라인을 통해 우리가 원하는 작업을 자동화하고 대시보드를 통해 수행 단계별로 모니터링할 수 있으니, 젠킨스를 이용한 지속적 통합은 '빠른 통합'을 강조하는 우리 개발 문화에서 마지막 점을 찍어주는 화룡점정이 아닐까요?

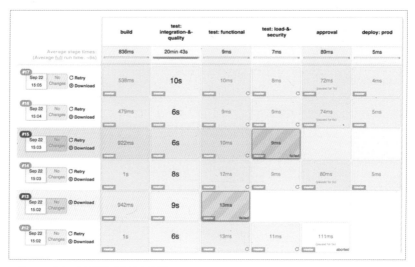

**그림 6-17** 파이프라인 실행 결과 화면 예제[7]

---

> **NOTE**
>
> **깃랩과 깃허브 액션**
>
> 젠킨스 외에 유명한 CI/CD 도구가 또 있는데요. 바로 깃랩GitLab(https://about.gitlab.com)과 깃허브 액션Github Action(https://docs.github.com/ko/actions)입니다. 깃랩은 CI/CD뿐만 아니라 깃 저장소, 이슈 관리, 코드 리뷰 등 개발에 필요한 여러 도구를 통합하여 제공합니다. 깃허브 액션은 CI/CD 도구로 워크플로 및 배포를 자동화할 수 있습니다. 특히 형상 관리 도구로 깃을 사용한다면 깃랩과 깃허브 액션 또한 좋은 선택이 될 겁니다.

7  출처: https://www.guru99.com/jenkins-pipeline-tutorial.htm

# 효율적인 테스팅을
# 돕는 도구

우리는 일상과 일터에서 다양한 도구를 적극적으로 활용합니다. 자동차 서비스 센터에서는 다양한 연장으로 고장 난 자동차를 수리하고, 미용실에서는 다양한 가위와 빗으로 스타일링을 완성합니다. 운동할 때도 장비빨이 중요한 것처럼 전문가로 거듭나기 위해서는 도구의 능숙한 활용이 중요한데요. 여러분이 지금까지 개발 도구만 활용했다면 이제는 새로운 도구에도 눈떠야 합니다. 그래서 이장에서는 테스팅에 사용할 수 있는 대표적인 도구를 소개하고자 합니다.

## 7.1 숨은 버그를 찾아내는 SpotBugs

버그bug는 일반적으로 벌레를 의미하지만, 코딩에서는 소프트웨어가 오작동해 생기는 결함을 뜻합니다. '오작동'이란 사용자가 기대하는 바와 다르게 실제 프로그램의 기능이 동작하는 것을 말하는데요. 오작동으로 발전하는 소프트웨어 버그는 개발자의 실수로 유입되는 경우가 많습니다. 이런 단순한 코딩 실수는 소프트웨어 오작동으로 이어지기 때문에 개발 초기 단계부터 버그를 제거하는 것이 품질이 좋은 소프트웨어를 개발하는 최선의 방책입니다.

코딩을 이제 막 시작한 개발자는 버그를 보는 시각이 협소할 수 있습니다. 버그를 단순히 컴파일러가 잡아주는 에러 정도로만 생각할 수 있거든요. 사실 버그는 그 정도 수준에만 국한되지 않는데 말이죠. 변수를 잘못 사용한다거나 열어놓은 파일을 닫지 않는 등의 잘못된 코드 사용도 버그에 속합니다.

예를 들어 설명하겠습니다. 다음 코드는 myNumber 변수를 인자로 받아 1 증가시키고, 그 결과를 반환하는 메서드인데요. 1행에서 인자를 받아, 5행에서 증감 연산자(++)를 이용해 변수 값을 증가시키고, 7행에서 이 값을 반환합니다.

```
1    private static int getIncrement(int myNumber) {
2
3        int result = 0;
4        result = myNumber;
5        result = result++;
6
7        return result;
8
9    }
```

그런데 getIncrement() 메서드에 버그가 있습니다. 전혀 그렇게 보이지 않는다고요? 버그의 존재를 드러내기 위해 다음과 같이 메서드를 호출하는 코드를 추가해보겠습니다. 다음 10행과 같이 getIncrement() 메서드를 호출하고 인자 값으로 1을 사용하면 2가 반환되어야 합니다.

```
10   int result = getIncrement(1);
11
12   System.out.println("getIncrement 메서드의 결괏값: " + result);
```

그런데 위 코드를 실행하니 다음과 같이 '1'이 출력되었습니다. 2가 출력되어야 하는데, 왜 1이 출력된 걸까요? 무엇이 잘못된 거죠? 코드에 문법적인 오류는 전혀 없는데 말이죠!

```
getIncrement 메서드의 결괏값: 1
```

바로 5행에서 코딩 실수가 있었는데요. 증감 연산자(++)를 통해 result 변수의
값을 1 증가시킨 후에 자신의 변수에 할당하는 실수를 했습니다.

```
5    result = result++;
```

"result = result" 같이 자신의 변수 값에 할당하는 동시에 후위 증감 연산자
를 사용하는 경우, 증감 연산자가 제대로 동작하지 않습니다. 그래서 result 변
수에 저장되어 있던 1이 그대로 할당된 것이지요.

그럼 어떻게 버그를 고치면 좋을까요? 다음 코드와 같이 대입 연산자를 삭제하
여 단항 연산자 코드만 남겨두면 됩니다(연산자의 종류와 우선순위는 [표 8-2]
에 설명했습니다). 그러면 myNumber 값이 정상적으로 1만큼 증가한답니다.

```
1    private static int getIncrement(int myNumber) {
2
3        int result = 0;
4        result = myNumber;
5        result++;
6
7        return result;
8    }
```

이 사례는 단항 연산자의 이해 부족에서 비롯되었다고 볼 수 있는데요. 이런 단
순한 실수가 소스 코드에 유입되면 연산이 잘못되어 소프트웨어가 오작동할 수
있습니다.

이러한 코딩 실수는 꽤 많습니다. 특히 초보 개발자라면 더더욱 이런 실수들이 코드에 여실히 드러날 텐데요. 아마도 여러분을 위해 버그 패턴을 잡아주는 도구가 만들어졌나 봅니다. 운동할 때도 장비빨이 필요한 것처럼 테스팅 활동에도 도구빨이 필요한데요. 그래서 SpotBugs를 소개하고자 합니다.

SpotBugs는 이미 세상에 알려진 다양한 유형의 버그를 진단해주는데요. 소프트웨어의 오작동을 직접적으로 유발하는 잘못된 코딩 패턴뿐만 아니라 코드 가독성을 저해하는 잘못된 코딩 스타일, 해킹에 이용될 수 있는 주요 소프트웨어 버그, 성능 저하에 영향을 미치는 소프트웨어 버그 등 다양항 유형의 버그를 검사합니다.

표 7-1 버그 패턴의 종류

| 버그 패턴 | 설명 |
| --- | --- |
| 나쁜 코딩 습관 | 소프트웨어 버그 발생 가능성이 높은 나쁜 코드 |
| 잘못된 코드 | 코딩 실수 등에 의한, 명백한 소프트웨어 버그 |
| 보안 약점 | 해킹에 이용될 수 있는 소프트웨어 버그 |
| 동시성 문제 | 스레드Thread 및 잠금Lock 관련 소프트웨어 버그 |
| 성능 저하 | 성능에 영향을 미치는 소프트웨어 버그 |
| 코딩 스타일 | 코드 가독성을 저해하는 코드 |

SpotBugs는 오작동으로 이어질 수 있는 다양한 유형의 버그뿐만 아니라 버그가 생길 가능성이 있는 코딩 패턴도 검출하기 때문에 개발을 시작하는 여러분에게 충분히 활용한 만한 가치가 있는 도구입니다.

이 도구는 이클립스의 플러그인으로 설치가 가능해 설치 방법이 매우 간단합니다. [그림 7-1]이 바로 SpotBugs의 화면인데요. 왼쪽 파란색 줄에 벌레가 보이시나요? 이것은 버그가 발생한 위치를 표시합니다.

```
10⊖     private static int getIncrement(int myNumber) {
11              ┌──── 버그가 발생된 코드 라인
12           int result = 0;
13       ┄┈┘  result = myNumber;
14⚙           result = result++;
15
16           return result;
17       }
18
```

◀

⚛ Bug Explorer ✕
∨ 🗁 test (2)
  ∨ ⚛ Scary (1)
    ∨ ⚛ High confidence (1)          ┌──── 버그 발생 원인
      ∨ ⚛ Overwritten increment (1) ◀
        ⚛ Overwritten increment in test.Test.getIncrement(int) [Scary(5), High confidence]
  > ⚛ Of Concern (1)

그림 7-1 SpotBugs 버그 분석 화면

SpotBugs는 버그 위치뿐만 아니라 발생 원인까지 알려주기 때문에 문제 해결
에 도움되는 훌륭한 도구입니다. 버그의 상세 내용을 [그림 7-2]와 같이 Bug
Info에서 확인할 수 있어 코드를 개선하는 데 유용하지요.

⚛ Bug Info ✕ 🖥 Console                                    ⚛ | ⚛ 🖳 ▭ ⬜
Test.java: 14
⊟ Navigation
Overwritten increment in test.Test.getIncrement(int)

**Bug**: Overwritten increment in test.Test.getIncrement(int) ◀┈┈┈┈┈┈┈┈┈ 버그 제목

The code performs an increment/decrement operation (e.g., i++ / i--) and then immediately overwrites it. For example, i =
i++ / i = i-- immediately overwrites the incremented/decremented value with the original value. ◀┄┈┈
                                                                                          └┈ 버그 상세 내용
**Rank**: Scary (5), **confidence**: High ◀┈┈┈┈┈┈┈┈┈┈┈┈┈ 버그 위험도/신뢰도
**Pattern**: DLS_OVERWRITTEN_INCREMENT
**Type**: DLS, **Category**: CORRECTNESS (Correctness)

그림 7-2 SpotBugs 버그 상세 화면

SpotBugs는 약 400개의 버그를 찾아내지만, 그렇다고 모조리 찾아내는 것은
아닙니다. 그러므로 코드 리뷰와 동적 테스트 등의 활동도 함께 수행해야 한답
니다.

**NOTE**

**'버그'라는 단어의 유래**

1947년에 최초의 컴퓨터인 Mark II의 하드웨어에 나방이 끼어 컴퓨터가 고장난 일이 있었는데요.
그 당시 고장의 원인을 버그로 기록하면서 이것이 최초의 컴퓨터 버그로 알려지게 되었습니다.

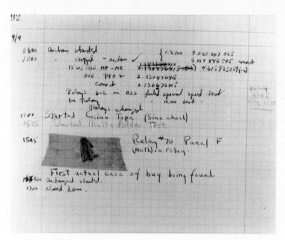

그림 7-3 최초의 컴퓨터 버그[1]

이보다 먼저 '버그'라는 용어가 사용되었다는 이야기도 있습니다. 누가 처음 사용했는지 정확히 알
수는 없지만, 1878년 토머스 에디슨이 전화기를 만들 때 전화기가 동작하지 않는 기술적인 문제를
버그로 지칭했다고 하니 매우 오래전부터 버그라는 용어를 사용해온 것만은 틀림없습니다.

이렇게 버그는 늘 시스템 또는 소프트웨어의 불청객으로 존재해왔는데요. Mark II 컴퓨터에 끼어
있던 나방이 소프트웨어에 존재하는 것도 아닌데, 소프트웨어 버그는 해로운 벌레처럼 소프트웨어
품질을 떨어뜨리는 존재가 되었습니다.

## 7.2 단위 테스트를 위한 xUnit

'품질'이란 말은 우리 주변에서 자주 사용되어 꽤나 익숙해진 단어입니다. 심지
어 과자 봉지 뒷면에도 '품질 경영에 의한 표시'라는 문구가 있습니다.

여기서 말하는 '품질'은 사용자가 소프트웨어에 기대하는 정도를 의미합니다. 그

---

1 출처: https://commons.wikimedia.org/wiki/File:First_Computer_Bug,_1945.jpg

래서 소프트웨어가 사용자의 기대를 충족한다면 그 소프트웨어의 품질이 좋다고 말합니다.

우리는 교육 과정을 통해 소프트웨어 공학이라는 과목을 배웠습니다. 모두는 아니겠지만, 대부분의 학생들이 이 과목을 재미없어 합니다. 코딩 기술을 배우기보다 개발 프로세스를 배우기 때문에 사실 코딩을 처음 공부하는 학생들에겐 그렇게 재미있는 주제가 아닙니다. 하지만 소프트웨어를 오래 개발해온 사람들이라면 품질 좋은 소프트웨어를 만들기 위해 프로세스가 얼마나 중요한지를 잘 알고 있지요.

이제 막 코딩을 시작한 개발자들은 머릿속 생각을 바로 코드로 작성해야 직성이 풀립니다. 코드를 작성하기 전에 요구사항을 분석하고, DB 테이블을 설계하는 등의 일들을 오히려 비효율적으로 생각할 수도 있는데요. 하지만 이런 과정이 바로 개발의 과정이긴 합니다.

대학교에서 소프트웨어 공학이라는 과목을 수강했다면 '폭포수 모델'을 기억할 겁니다. 요구사항 분석, 설계, 코딩, 테스트라는 일련의 과정이 순서대로 흘러가는 개발 프로세스를 폭포의 물(水)에 비유한 것인데요. 이전으로 돌아갈 수 없는 특징 때문에 '폭포수'라는 이름이 꽤 어울립니다. 이런 오래된 모델을 누군가 사용한다고 말하면 의아하다는 반응이 나올 겁니다. 변화를 강조하는 시대에 이런 고전적인 방법은 박물관에서나 볼 수 있는 프로세스이기 때문이지요.

이 프로세스를 기본으로 다양한 프로세스가 확장되었습니다. 그중 하나가 바로 'V 모델'입니다. 이 모델은 이름과 같이 프로세스가 V자 모양인데요. 테스트 관점에서 프로세스가 정의되었기 때문에 다양한 테스트 종류가 등장합니다. 단위 테스트, 통합 테스트, 시스템 테스트 등 테스트 종류만 무려 네 가지나 됩니다.

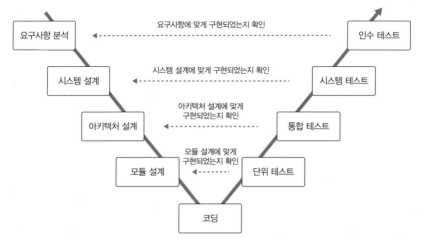

그림 7-4 테스팅을 강조한 V 모델

V 모델을 보면 왼쪽은 개발 단계로 구성되고, 오른쪽은 테스트 단계로 구성됩니다. "이렇게나 테스트를 많이 해야 하나요?"라고 물을 수도 있지만, 품질을 위해 실제로 이렇게 다양한 종류의 테스트가 이루어지고 있습니다.

소프트웨어 프로그램을 코딩한다고 개발이 완료된 것이 아닙니다. 완성도 있게 개발해서 사용자 마음에 드는 프로그램을 만들어야 비로소 개발이 완료되었다고 할 수 있지요. 사실 사용자 마음에 드는 프로그램을 만든다는 것은 험준한 산을 등반하는 것과 다름없습니다. 곧은 길을 에둘러 가기도 하고, 중도에 길을 잃어버리기도 하는 것이 개발이기 때문에 고객의 요구사항을 확실히 이해하고, 코딩한 결과를 시도 때도 없이 테스트하는 과정이 필요하답니다. 고품질의 소프트웨어를 개발하기 위해서라면 개발자도 테스트 활동에 동참해야 하는데요. 그런 의미에서 개발자라면 단위 테스트 정도는 기본으로 알아야 합니다.

단위 테스트는 특정 단위를 대상으로 입력값을 넣어 제대로 된 결괏값이 나오는지 확인하는 테스트입니다. 단위 테스트에서 단위는 상황에 따라 모듈이 되기도 하지만, 보통은 함수를 단위로 합니다.

개발자들은 단위 테스트를 위해 도구를 사용합니다. JUnit, PyUnit, CUnit 등 언어별로 단위 테스트 도구가 있는데요. 이 도구들을 함께 일컬어 'xUnit'이라고 합니다.

수많은 단위들이 통합되어 하나의 시스템이 만들어집니다. 시스템이 만들어진 후에야 테스트를 수행할 수도 있지만, V 모델은 테스트를 개발 초기부터 고려하도록 테스트 단계가 정의되어 있습니다.

앞에서 설명한 것처럼 단위 테스트에서 '단위'는 함수 또는 모듈을 의미하는데요. 함수, 모듈과 같이 적은 양의 코드를 대상으로 테스트를 수행하면 결함이 생기더라도 그 위치를 쉽게 찾습니다. 그래서 단위 테스트는 결함 제거 비용이 가장 저렴하지요.

단위 테스트를 수행하려면 함수에 입력값을 넣고 실행 결과를 확인해야 합니다. 이 실행 결과를 '실제 출력'이라고 부르는데요. 기대 출력과 실제 출력이 동일하다면 우리는 소프트웨어가 잘 동작한다고 판단합니다.

단위 테스트 첫 단계로 함수를 호출해야 합니다. 그래서 함수에 입력값을 넣고, 함수의 반환 값을 받아와 기대 출력과 비교하는 코드가 필요한데요. 예를 들어 `multiply()`라는 함수를 테스트하기 위해 다음과 같이 단위 테스트 코드를 작성해야 합니다.

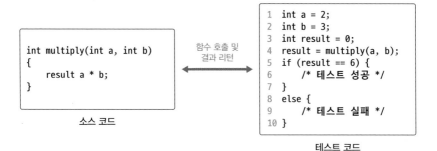

소스 코드

함수 호출 및
결과 리턴

```
1  int a = 2;
2  int b = 3;
3  int result = 0;
4  result = multiply(a, b);
5  if (result == 6) {
6      /* 테스트 성공 */
7  }
8  else {
9      /* 테스트 실패 */
10 }
```

테스트 코드

그림 7-5 단위 테스트 수행 구조

[그림 7-5]의 왼쪽을 보면 이름이 multiply()인 함수가 정의되었습니다. 이 함수는 a와 b를 인자로 받고, a*b를 반환합니다. 그림의 오른쪽 테스트 코드에서는 이 함수를 호출하고, 반환 값을 받아 기대 출력과 비교합니다. 4행에서 multiply() 함수를 호출하고, 이 함수의 반환 값을 result 변수에 할당합니다. result 변수 값이 바로 실제 출력입니다.

5행에서는 result 변수 값과 기대 출력(6)을 비교합니다. 두 값이 동일하다면 multiply() 함수가 잘 동작한다는 의미인데요. 반대로 두 값이 동일하지 않다면 이 함수는 잘 동작하지 않는 것입니다.

단위 테스트의 대상은 완성된 프로그램이 아닙니다. 그래서 함수를 호출하고 실제 출력(반환 값)을 기대 출력과 비교할 테스트 코드를 작성해야 하는 수고로움이 따릅니다.

이런 수고를 줄이기 위해 사용하는 단위 시험 도구가 있는데요. JUnit, CUnit, PyUnit 등입니다. 자바 언어는 JUnit을 사용하고, C 언어는 CUnit을 사용합니다. 그리고 파이썬은 PyUnit이나 unittest를 사용하는데요. 앞서 말했듯, 이 도구들은 Unit 앞의 첫 글자만 다르므로 이 도구들을 통칭하여 xUnit이라고 합니다.

작성된 코드의 일부라도 변경되면 모든 코드에 대한 단위 테스트를 다시 수행해야 합니다. 이를 위해 각각의 테스트 코드를 실행해야 하는데요. 다행히도 xUnit에서 이런 부분을 자동화하고 그 결과를 기록하기 때문에 단위 테스트를 효율적으로 진행할 수 있습니다.

그다음에는 기대 출력값과 실제 출력값을 비교해 결과를 검증하는 코드를 작성해야 합니다. JUnit은 실행 결과를 효과적으로 검증할 수 있도록 다양한 단위 테스트 함수를 제공합니다.

다음 소스 코드는 JUnit을 활용한 단위 테스트 코드로, Calculator의 multiply() 메서드를 테스트합니다. 코드를 들여다보면, multiply() 메서드를 호출하기 위해 12행에서 Calaulator 객체를 생성합니다. 그리고 13행에서 mul-tiply() 메서드를 호출한 후 이 함수의 반환 값을 actualResult 변수에 담습니다.

```
1    import static org.junit.jupiter.api.Assertions.*;
2
3    import org.junit.jupiter.api.DisplayName;
4    import org.junit.jupiter.api.Test;
5
6    class testMultiply {
7
8        @DisplayName("곱하기 단위 테스트")
9        @Test
10       void test() {
11
12           Calculator cal = new Calculator();
13           int actualResult = cal.multiply(4, 5);
14
15           // assertEquals(A, B): 예상 값(A)과 실제 결과(B)가 동일한지 검증하는 함수
16           assertEquals(20, actualResult);
17
18       }
19
20   }
```

이제 테스트 함수를 호출하는 코드를 보겠습니다. 16행에서 assertEquals() 라는 함수를 확인할 수 있는데요. 이 함수는 예상 출력과 실제 출력을 비교해 테스트의 성공과 실패를 판단하는 함수입니다. 메서드의 실제 출력이 우리가 기대하는 바와 동일하다면 '성공'이라고 말하고, 그렇지 않다면 '실패'라고 말합니다. [그림 7-6]은 테스트 코드의 실행 결과 화면입니다. 나누기(testDivide), 빼기(testMinus), 곱하기(testMultiply), 더하기(testPlus)에 대한 단위 테스트 수행 결과가 보이는데요. 그림에서 v 표시는 각각의 메서드가 제대로 동작해 테스트가 성공했다는 의미입니다.

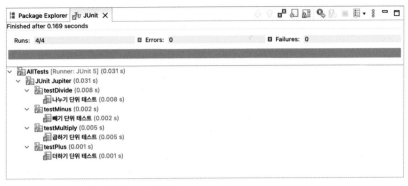

그림 7-6 JUnit를 이용한 단위 테스트 수행 결과

만약 특정 단위 테스트 코드가 실패하면 어떻게 될까요? [그림 7-7]의 'Failures: 1'과 같이 실패한 단위 테스트 개수가 표시되고, 실패한 단위 테스트는 x 로 표시됩니다.

그림 7-7 JUnit 테스트 케이스 화면

테스트 코드 작성은 생각보다 간단합니다. 테스트하고자 하는 메서드를 호출하고, 호출한 결과와 기대 출력을 비교하면 되거든요. 그래서 xUnit에서는 다음과 같이 비교하는 함수를 제공한답니다.

**표 7-2** JUnit 주요 함수

| 함수명 | 설명 |
| --- | --- |
| assertEquals(A, B) | 예상 값(A)과 실제 결과(B)가 동일한지 검증하는 함수 |
| assertNotEquals(A, B) | 예상 값(A)과 실제 결과(B)가 동일하지 않은지 검증하는 함수 |
| assertArrayEquals(A[], B[]) | 예상 배열(A[]) 값과 실제 배열(B[]) 결괏값이 동일한지 검증하는 함수 |
| assertSame(A, B) | 객체(A)와 객체(B)가 동일한지 검증하는 함수 |
| assertFalse(A) | 결과(A)가 False(거짓)인지 검증하는 함수 |
| assertTrue(A) | 결과(A)가 True(참)인지 검증하는 함수 |
| assertNull(A) | 객체(A)가 NULL인지 검증하는 함수 |
| assertNotNull(A) | 객체(A)가 NULL이 아닌지 검증하는 함수 |
| assertTimeout(A, B) | 객체(B) 실행 시간이 시간(A) 내에 수행되는지 검증하는 함수 |

---

**NOTE**

### 테스트 주도 개발

개발을 하다 보면 TDD라는 용어를 언젠가 듣게 될 텐데요. TDD는 Test Driven Development의 약자로, 테스트에 주안점을 두고 코드를 작성하는 개발 방법론입니다. 일반적으로 코드를 먼저 작성한 후 테스트 케이스를 작성하지만, 이 개발 방법론에서는 테스트 케이스를 먼저 작성합니다.

'코드가 작성되지도 않았는데 어떻게 테스트 케이스가 동작할 수 있지?'라고 생각할 수 있는데요. 그래서 처음에는 테스트 케이스의 실행 결과가 모두 실패로 기록됩니다. 그리고 코드가 하나씩 채워지면서 테스트 케이스의 성공 비율이 증가하는 식이지요. 이렇게 테스트를 중심으로 코드를 작성하기 때문에 TDD를 '품질 지향 개발 방법론'이라고 한답니다.

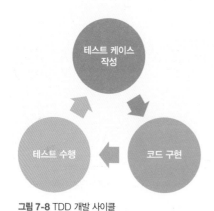

**그림 7-8** TDD 개발 사이클

## 7.3 시스템 부하 상황을 대비하는 LoadRunner와 JMeter

시스템에 접속하는 사용자가 많아지면 당연히 서버가 할 일이 늘어납니다. 이것을 우리는 '부하'라고 표현하는데요. 성능이 좋은 시스템이라면 CPU, 메모리, 스토리지 등의 자원을 효율적으로 사용해 작업을 빠르게 처리해야 합니다.

우리가 개발할 시스템을 세상에 내보내기 전에 성능 시험은 필수 과정입니다. 특히 다수의 사용자를 서비스하는 웹 서버라면 더더욱 그렇지요. 부하 상황을 연출하기 위해 인력을 동원해 성능 시험을 하는 경우는 거의 없습니다. 다수 사용자가 요청하는 행위를 시뮬레이션하는 성능 도구[2]를 사용하면 되거든요. 그래서 이번에는 성능 시험에서 대표적으로 사용하는 LoadRunner와 JMeter를 살펴보려고 합니다.

LoadRunner는 상용 도구인 반면, JMeter는 오픈소스입니다. 이 도구들은 모두 캡처 앤 리플레이capture and replay 방식으로 동작하는데요. 사용자가 웹 사이트를 클릭하는 상황을 다음과 같은 스크립트로 캡처합니다.

JMeter 스크립트

```
…중략…
<ThreadGroup guiclass="ThreadGroupGui" testclass="ThreadGroup" testname="Thread
Group" enabled="true">
        <stringProp name="ThreadGroup.on_sample_error">continue</stringProp>
        <elementProp name="ThreadGroup.main_controller"
        elementType="LoopController" guiclass="LoopControlPanel"
        testclass="LoopController" testname="Loop Controller" enabled="true">
          <boolProp name="LoopController.continue_forever">false</boolProp>
          <stringProp name="LoopController.loops">1</stringProp>
        </elementProp>
        <stringProp name="ThreadGroup.num_threads">1000</stringProp>
        <stringProp name="ThreadGroup.ramp_time">10</stringProp>
        <boolProp name="ThreadGroup.scheduler">false</boolProp>
```

---

2  시스템에 부하를 일으키기 때문에 '부하 발생 도구'라고도 합니다.

```
        <stringProp name="ThreadGroup.duration"></stringProp>
        <stringProp name="ThreadGroup.delay"></stringProp>
        <boolProp name="ThreadGroup.same_user_on_next_iteration">true</
boolProp>
</ThreadGroup>
…중략…
```

부하 발생 도구는 가상의 사용자를 만들어 이 스크립트를 재생<sup>replay</sup>합니다. 이 도구는 한 명은 물론이고 여러 명이 시스템에 접속하는 상황도 시뮬레이션합니다. 그래서 다수 사용자가 서버에 부하를 주는 상황을 만들기 위해 이 도구를 사용하는 것이지요.

시스템에 많은 부하를 가해 성능 시험을 수행하는 이유는 무엇일까요? 궁극의 목적은 일어날 수도 있는 실제 상황을 대비해 예행 연습을 하는 것인데요. 만약 성능 시험 과정에서 문제가 나타난다면 문제를 사전에 해결할 수 있으니 성능 시험을 수행하는 것은 대단히 바람직한 일이지요.

시스템을 기획할 때부터 성능 목표를 설정합니다. 그러면 성능 목표를 만족하는지 확인하기 위해 성능 시험을 수행해야 합니다. 가령 '시스템이 동시 사용자 1,000명이 요청하는 작업을 처리해야 한다'는 성능 목표가 주어졌다면, 시스템이 성능 목표를 만족하는지 확인합니다.

시스템에 부하를 주기 위해 [그림 7-9]처럼 부하 발생 도구인 JMeter를 사용합니다. JMeter는 실제 다수의 사용자가 동시에 시스템에 접속하여 작업을 수행하는 상황을 연출하기 위해 '가상 사용자'를 생성하는데요. 이 가상 사용자는 녹화된 스크립트에 따라 시스템에 요청을 보내 부하를 일으킵니다.

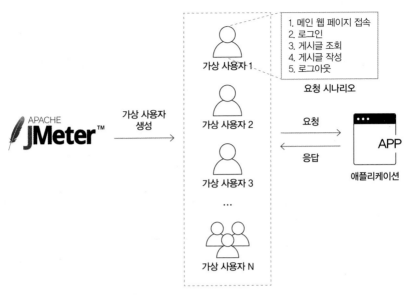

**그림 7-9** JMeter의 부하 발생 과정

시스템 부하를 가중하기 위해 고려할 사항은 바로 동시 사용자 수입니다. 동시 사용자를 얼마나 지정하느냐에 따라 서버에 가해지는 부하가 달라지기 때문인데요. 시스템의 반응을 보기 위해 부하 시험 과정에서는 동시 사용자 수를 급격하게 증가시키지 않습니다. CPU, 메모리 등의 자원이 어떻게 사용하는지 살펴보면서 동시 사용자 수가 점진적으로 증가하도록 설정하지요. 점진적인 증가는 보통 계단 모양으로 표현됩니다. 그래서 단계별로 증가하는 느낌을 살려 'Ramp-up'이라는 말을 사용하지요.

성능 시험에서 중요한 측면은 서버가 시간당 얼마나 많은 작업을 처리할 수 있는지에 대한 능력입니다. 그래서 부하 발생 도구에서는 서버가 요청을 얼마나 처리했는지를 TPS^transaction per second 그래프로 나타냅니다. TPS는 초당 트랜잭션 수로, 시스템이 얼마나 많은 트랜잭션(작업)을 처리했는지 알려주는 성능 지표 중 하나입니다.

우리는 부하 발생 도구를 통해 다음과 같은 그래프를 보게 됩니다. 시스템이 부하를 잘 감당한다면 동시 사용자 수의 증가에 따라 TPS도 증가할 텐데요. 즉 시스템이 감당할 수 있는 부하가 제공된다면, 초당 처리할 수 있는 트랜잭션 수가 증가하게 될 겁니다.

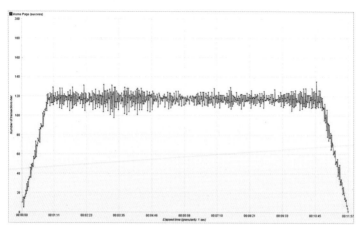

그림 7-10 JMeter TPS 측정 결과 화면

응답 시간도 성능 시험에서 매우 중요한 지표이기 때문에 부하 발생 도구에서는 다음과 같이 동시 사용자 증가에 따른 응답 시간 그래프도 보여준답니다.

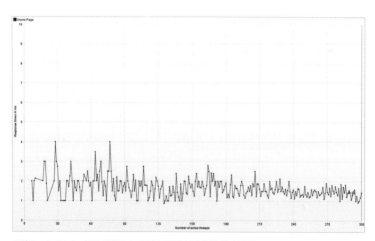

그림 7-11 JMeter 동시 사용자 수에 따른 응답 시간 측정 결과 화면

지금까지 부하 발생 도구의 특징을 살펴보았는데요. 성능 시험에 대표적으로 사용되는 LoadRunner와 JMeter 도구는 어떤 차이점이 있을까요?

먼저 LoadRunner는 상용 프로그램이라 지원하는 프로토콜도 매우 다양합니다. HTTP/HTTPS는 기본이고 웹소켓, RDP, SMTP, FTP, MQTT, ODBC, SAP 등도 지원합니다. 게다가 모바일용 응용 프로그램의 성능 시험도 지원하지요.

이 도구에서는 성능 병목을 진단하는 도구도 함께 제공해 성능 저하의 원인을 쉽게 분석할 수 있습니다. 또한 상세한 모니터링과 리포팅 기능을 비롯해 상용 도구답게 제공하는 기능이 풍부합니다. 이렇게나 훌륭한 상용 도구이지만, 고가여서 큰 프로젝트에서 주로 사용하지요.

JMeter도 대표적인 오픈소스 기반 부하 발생 도구인데요. HTTP/HTTPS, JSON, XML 등과 같이 많이 사용하는 프로토콜을 지원합니다. JMeter는 Load-Runner보다 비교적 설치하기가 쉽고, JUnit, Maven, 젠킨스 등 오픈소스 소프트웨어와 연동되는 특징이 있습니다.

JMeter는 웹 애플리케이션의 성능 모니터링을 위해 개발된 도구이기 때문에 중소 규모의 웹 기반 시스템에서 주로 사용합니다. 하지만 시스템이 매우 복잡하여 성능 저하의 원인을 찾기 어렵거나 JMeter에서 지원하지 않는 프로토콜이 있는 경우에는 LoadRunner를 사용합니다.

도구의 존재를 아는 것만으로 문제 해결에 큰 힘이 됩니다. 그러므로 성능을 고려해 시스템을 설계하고, 성능 시험 도구를 활용해 성능 저하 원인을 찾아내는 능력을 갖추는 그날까지 성능 시험 도구를 마스터하는 기회를 가져보기 바랍니다.

## 7.4 지루한 작업을 자동화하는 셀레니움

소프트웨어가 만들어져 제품으로 완성되기까지의 기간을 '개발 생명 주기'라고 합니다. 사람도 아닌데 '생명'이라는 말을 사용하는 것이 처음에는 어색하지만, 하나의 소프트웨어가 탄생하는 과정이라는 점에서 틀린 말은 아니지요.

우리는 생명 주기 동안 고객의 요구사항을 도출하고, 분석 설계를 거쳐 코드를 한 줄씩 작성해 나갑니다. 코드 작성이 완료되면 소프트웨어는 세상에 선보일 준비를 해야 합니다. 10개월 동안 엄마 뱃속에서 신체가 조금씩 갖춰지듯이, 개발 생명 주기에 따라 단계별로 소프트웨어도 그 모습을 갖춰나가는데요. 뱃속의 아기는 10개월 차가 되면 살이 토실하게 오르고 체내 기관이 완성됩니다. 이처럼 소프트웨어도 생명 주기 마지막 단계에서는 완성된 모습을 갖추기 위해 다양한 테스팅을 수행합니다.

개발 생명 주기가 완료되었다고 코드 작성이 완료된 것은 아닙니다. 소프트웨어는 생물과 같아서 고객의 요구사항에 따라 변화해야 하고, 더 성장할 수도 있거든요. 코드가 변경된다면 여지없이 테스팅 과정을 거쳐야 합니다. 코드가 일부 변경되었든, 많이 변경되었든 테스팅해야 하는 범위는 소프트웨어 전체입니다. 코드 일부가 변경되어도 소프트웨어의 전체 기능에 영향을 줄 수 있기 때문이지요.

어떤 일이든 반복적인 작업은 지루하고 가치가 떨어집니다. 그렇기 때문에 반복 작업을 자동화하려는 시도는 그 자체만으로 가치가 있습니다. 코드를 변경할 때마다 소프트웨어의 모든 기능을 테스트해야 하는 고충을 생각한다면 자동화는 꼭 필요한 과정입니다.

테스팅 분야에서 자동화를 위해 사용하는 유명한 오픈소스가 있습니다. 바로 셀레니움Selenium이라는 자동화 도구인데요. 셀레니움은 오픈소스 기반 웹 애플리케이션 테스트 자동화 도구로, 사용자가 웹 페이지를 클릭하고 입력하는 과정을 스크립트로 녹화해 반복적이고 지루한 작업을 자동화합니다.

웹 브라우저가 춘추전국시대를 구가하는 요즘, 개발자는 자신이 만든 코드가 다양한 웹 브라우저에서 잘 동작하는지 확인해야 합니다. 물론 HTML5 표준을 이용하면 큰 무리 없이 HTML 코드가 잘 동작합니다. 하지만 그래도 특정 웹 브라우저에서는 잘 동작하지 않기도 하므로 다양한 웹 브라우저를 대상으로 코드를 확인해야 한답니다. 이렇게 여러 종류의 웹 브라우저에서 동일한 소스 코드를 테스트해야 할 때도 셀레니움을 사용합니다. 특정 웹 브라우저에서 녹화한 소스 코드를 다른 웹 브라우저에서 재생할 수 있기 때문이지요.

[그림 7-12]와 같이 셀레니움에서는 사용자를 대신하여 웹 브라우저의 실행을 컨트롤하기 위해 웹 브라우저 드라이버를 제공합니다. 웹 브라우저별로 드라이버가 제공되기 때문에 특정 웹 브라우저를 대상으로 만든 스크립트도 다른 종류의 웹 브라우저에 사용할 수 있습니다.

**그림 7-12** 셀레니움 동작 구조

---

3 출처: www.quora.com

또 웹 브라우저를 컨트롤하기 위해 자바, 파이썬, 자바스크립트, C# 등 다양한
언어를 사용합니다. 그래서 이 도구를 사용하기 위해 별도의 언어를 배워야 하
는 부담도 적습니다.

보통 이 도구는 반복적인 테스팅 작업을 자동화하기 위해 사용합니다. 애플리케
이션의 사용자 인터페이스(UI)를 캡처해 자동화하기 때문에 'UI 자동화 도구'라
는 표현을 사용하기도 합니다. 예를 들어 다음과 같은 시나리오로 테스트를 수
행한다고 가정하겠습니다.

1 로그인 페이지에 접속
2 아이디 입력 필드에 아이디 입력
3 비밀번호 입력 필드에 비밀번호 입력
4 로그인 버튼 클릭
5 로그인이 정상적으로 수행되었는지 확인

이 과정을 녹화하기 위해 셀레니움에는 '녹화' 버튼이 있습니다. 이 버튼을 누른
상태에서 위와 같은 시나리오로 소프트웨어의 기능을 실행하고 '녹화 정지' 버튼
을 누르면 모든 과정이 녹화되어 스크립트로 저장됩니다. 스크립트 작성이 완료
되면 '재생' 기능을 통해 동일한 작업을 반복적으로 실행합니다.

크롬, 에지 등 대부분의 웹 브라우저에서 셀레니움 확장 프로그램(Selenium
IDE)을 제공합니다. Selenium IDE를 통해 손쉽게 웹 사이트 실행 과정을 레코
딩하여 자동화할 수 있습니다.

다음은 셀레니움 API를 사용하여 크롬에서 웹 사이트 로그인을 자동화하는 코
드입니다. 9행에서는 크롬 웹 브라우저 드라이버를 사용하기 위해 객체를 생성
하고, 10행에서 접속할 웹 사이트 주소를 지정합니다.

```
1    import org.openqa.selenium.By;
2    import org.openqa.selenium.WebDriver;
3    import org.openqa.selenium.chrome.*;
```

```
4
5    public class Selenium {
6
7        public static void main(String[] args) throws InterruptedException {
8
9            WebDriver driver = new ChromeDriver();
10           driver.get("웹사이트 주소");
11
12           driver.findElement(By.id("id")).sendKeys("아이디");
13           driver.findElement(By.id("pw")).sendKeys("비밀번호");
14           driver.findElement(By.id("login")).click();
15
16           driver.wait(10000);
17           driver.quit();
18       }
19
20   }
```

이 코드는 크롬 웹 브라우저를 실행하고 지정한 웹사이트에 접속하게 만듭니다. 이제 본격적으로 사용자가 웹 사이트를 사용하는 것처럼 코드를 작성해야 합니다. 12~14행이 사용자가 로그인하는 과정을 작성한 코드인데요. 여기서 findElement()는 웹 페이지의 특정 요소(텍스트 입력 필드, 버튼, 목록 등)들을 찾기 위해 사용하는 메서드입니다.

이제 로그인 웹 페이지에 접속해 아이디와 비밀번호를 입력하는 과정을 스크립트로 작성하는 경우를 살펴보겠습니다. 로그인하기 위해 아이디와 비밀번호를 입력한 후 로그인 버튼을 클릭하는데요. 셀레니움에서는 이런 사용자의 입력 과정을 스크립트로 만들기 위해 입력 필드와 버튼의 식별자를 웹 페이지 코드에서 찾아냅니다.

[그림 7-13]의 소스 코드를 보면 아이디 입력 필드의 식별자는 login_id이고, 비밀번호 입력 필드의 식별자는 login_pw입니다. 그리고 로그인 버튼의 식별자

는 login이군요. 이 식별자들을 이용하여 가상 사용자의 행동을 정의하는 코드를 작성하면 됩니다.

**로그인 웹 페이지 화면**

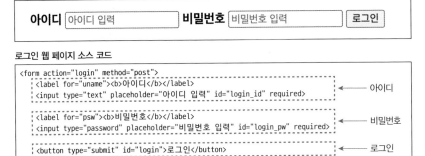

**로그인 웹 페이지 소스 코드**

```
<form action="login" method="post">
    <label for="uname"><b>아이디</b></label>
    <input type="text" placeholder="아이디 입력" id="login_id" required>          ← 아이디

    <label for="psw"><b>비밀번호</b></label>
    <input type="password" placeholder="비밀번호 입력" id="login_pw" required>     ← 비밀번호

    <button type="submit" id="login">로그인</button>                            ← 로그인
</form>
```

**그림 7-13** 로그인 웹 페이지 소스 코드

다시 소스 코드로 돌아가서 12~14행을 살펴보겠습니다. 12행은 아이디를 입력하는 코드인데요. By.id("id") 메서드를 통해 id가 login_id인 요소를 찾고 그다음 sendKeys() 메서드를 통해 아이디를 입력합니다. 13행에서도 12행과 동일한 방식으로 비밀번호를 입력합니다. 마지막으로 로그인 버튼을 클릭하는 일만 남았습니다. 14행과 같이 click() 메서드를 사용하면 로그인 버튼을 클릭하게 만들 수 있습니다.

```
12   driver.findElement(By.id("login_id")).sendKeys("아이디");
13   driver.findElement(By.id("login_pw")).sendKeys("비밀번호");
14   driver.findElement(By.id("login")).click();
```

셀레니움을 꼭 테스팅에만 사용하는 것은 아닙니다. 업무 자동화[4]를 위해서도 셀레니움의 활용이 가능합니다. 웹 사이트를 통한 업무 패턴을 레코딩하고 이를 반복적으로 재생하면 사람이 해야 할 업무를 셀레니움이 대신해주지요.

---

4   업무 자동화를 위한 솔루션을 로봇 프로세스 자동화(RPA) 솔루션이라고 합니다.

셀레니움을 이용해 특정 상품의 온라인 최저가를 검색하는 기능을 만든다고 가정하겠습니다. 온라인 최저가를 알려면 여러 쇼핑몰에서 상품을 검색해야 할 텐데요. 셀레니움을 이용한다면 각 쇼핑몰 웹 사이트에서 검색하고 검색 결과(상품명, 가격, 쇼핑몰명 등)를 수집, 가공하여 사용자에게 제공하는 기능을 자동화할 수 있습니다.

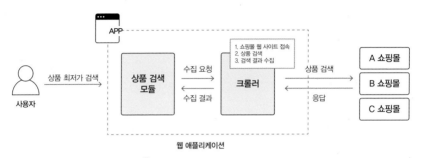

그림 7-14 셀레니움을 이용한 크롤러[5] 모듈 개발

자동화라는 것은 반복적인 작업을 효율화하는 매력적인 방법입니다. 하지만 자동화를 위해 실행 과정을 녹화해야 하는 노력이 필요하지요. 만약 UI가 조금이라도 변경되면 변경된 부분을 다시 녹화해야 하는 고달픈 일도 생기고요. 그렇기 때문에 변경이 많은 소프트웨어를 대상으로 자동화를 시도하는 것은 바람직하지 않습니다.


## 7.5 보안 약점을 찾아내는 Find Security Bugs

'보안'이란 용어는 왠지 딱딱하고 사무적인 느낌을 줍니다. 불편하고 어려울 것 같지만, 사이버 공격이 난무하는 요즘 꼭 주목해야 할 단어이기도 하죠.
사람들은 저마다 강점뿐만 아니라 약점도 있습니다. 어른이 되면서 약점을 줄이고 강점을 늘려가며 성숙한 인격체가 되려고 노력하는데요. 소프트웨어도 마찬

---

5   크롤링(crawling)이란 웹 사이트에서 데이터를 자동화된 방법으로 수집하는 행위를 의미합니다.

가지입니다. 보안 관점에서 약점을 줄이고 강점을 늘리는 것이 완성도가 높은 소프트웨어를 개발하는 방법이죠.

보안 '약점'이란 소프트웨어의 취약한 부분을 말합니다. 영어로는 weakness라고 하는데요. 악의적인 목적으로 IT 자산에 접근하려는 해커에겐 공격의 문을 열어주는 열쇠가 됩니다.

보안 약점은 공격에 이용될 수 있는 일종의 소프트웨어 결함입니다. 세상의 위협으로부터 안전한 소프트웨어를 개발하기 위해서는 보안 약점을 반드시 제거해야 하는데요. 그래서 전문가들은 '시큐어 코딩'의 중요성을 매우 강조합니다. 물론 시큐어 코딩을 준수했다고 소프트웨어 개발이 무사히 끝난 것은 아닙니다. 공부를 했다고 모두 다 만점을 받는 건 아니니까요. 시큐어 코딩 규칙을 잘 준수했다고 생각해도, 부족한 부분이 생길 수 있기 때문에 소프트웨어에 보안 약점이 없는지를 진단하는 과정을 거쳐야 합니다.

시큐어 코딩은 안전하게 코드를 작성하는 일련의 과정을 일컫습니다. 그 과정의 하나로 보안 약점을 확인하는 작업에는 많은 시간과 노력이 듭니다. 보안 약점의 가짓수가 많기 때문에 수작업으로 확인하기는 현실적으로 어렵습니다. 그래서 전문가들은 특별한 진단 도구를 활용하는데요. 상용 소프트웨어로는 Acunetix, AppScan, Sparrow 등이 있고, 오픈소스로는 Find Security Bugs, SonarQube 등이 있습니다.

이번에는 이 도구들 중 Find Security Bugs를 살펴보겠습니다. 이 도구는 자바 언어로 작성된 소스 코드를 대상으로 보안 약점을 진단하는데요. 'SpotBugs[6]'라는 정적 분석 도구의 플러그인 형태로 사용할 수 있습니다. SpotBugs의 아래 화면에서 탐지된 보안 약점 이름과 보안 약점이 있는 소스 코드, 그리고 보안 약점 설명을 확인할 수 있습니다.

---

6   SpotBugs는 이클립스나 안드로이드 스튜디오 같이 통합 개발 환경에서 플러그인 형태로 사용할 수도 있습니다.

그림 7-15 Find Security Bugs 이클립스 화면

화면 왼쪽에 위치한 Bug Explorer 창을 보면, 탐지된 보안 약점 목록이 있습니
다. 보안 약점도 등급이 있는데요. 심각한 보안 약점부터 그렇지 않은 약점까지
분류하고 그룹화하여 보여줍니다. 여기서는 보안 약점을 Scary, Troubling, Of
Concern으로 분류했네요.

소스 코드의 작성 패턴을 보고 보안 약점 여부를 추측하기 때문에 진단 결과가
정확한 것은 아닙니다. 그래서 진단 결과에 자신감 정도를 표시하는데요. 만약
자신감이 높다면 High confidence, 보통이면 Normal confidence, 부족하다
면 Low confidence로 표시합니다. Low confidence의 경우 보안 약점이 아
닐 수도 있기 때문에 추가적인 코드 분석을 통해 보안 약점 여부를 확인해야 합
니다.

[그림 7-16]은 Normal confidence로 분류된 보안 약점인데요. "SHA-1 is a
weak hash function" 문장 아래를 보니 SHA-1은 권고되지 않는 암호화 해시
함수라고 설명되었습니다. 동일한 항목이 3개 나오는 것은 소스 코드의 세 곳에
서 보안 약점이 나타났기 때문이지요.

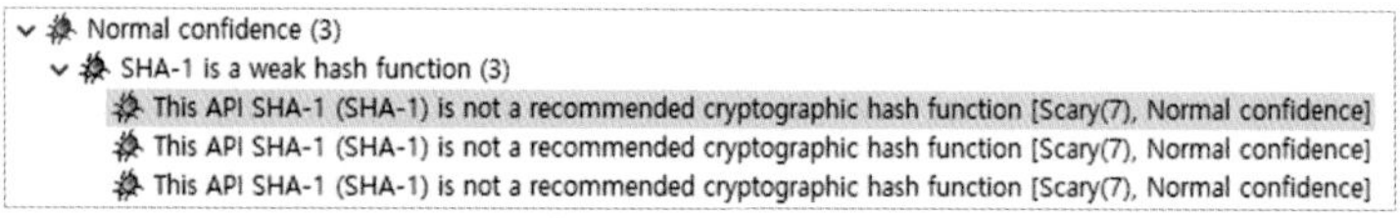

그림 7-16 보안 약점 진단 결과 화면

보안 약점의 이름을 클릭하면, [그림 7–17]과 같이 해당 보안 약점이 있는 소스
코드가 오른쪽 창에 나타납니다.

그림 7-17 보안 약점이 발생한 소스 코드 화면

보안 약점이 있는 소스 코드에는 왼쪽의 코드 행 옆에 벌레 모양의 아이콘이 표
시됩니다. 탐지된 보안 약점에 대한 정보를 Bug Info 탭에서 제공하므로 보안
약점이 생긴 원인을 확인할 수 있습니다. 또한 Find Security Bugs에서는 취약한
코드와 안전한 코드의 예제를 제공하므로 학습 자료로도 활용 가능합니다.

[그림 7–18]은 취약한 해시 함수 사용으로 발생할 수 있는 보안 약점에 대한 상
세 설명 화면입니다. 그림의 ❶은 보안 약점을 설명하고 있는데요. 예를 들어
SHA–1은 권고되지 않는 해시 함수라고 설명하고 있습니다. 그림의 ❷는 보안
약점이 발생한 취약한 코드의 예시를 보여주고 있고, 그림의 ❸은 보안 약점을
해결하기 위해 사용할 수 있는 안전한 코드 예시를 보여주고 있습니다.

그림 7-18 보안 약점 상세 설명 화면

# Part 3
# 더 고급진 소프트웨어 개발하기

3부에서는 반듯한 코딩 작성을 위한 규칙과 시큐어 코딩 규칙,
에러 처리 방법 등을 설명합니다. 에러 상황별로 핵심 개념을 설명하고,
좋은 코드의 다양한 예시를 제공합니다. 또한 소프트웨어가
다양한 국가에서 활용되도록 국제화 개념을 살펴보고,
클라우드 컴퓨팅의 개념까지 알아봅니다.

---

**8장**

좋은 코드 작성과 에러 처리

**9장**

글로벌 소프트웨어 개발하기

**10장**

전 세계로 통하는 클라우드 서비스

# 좋은 코드 작성과
# 에러 처리

이제 막 개발을 시작한 시점에는 '코딩'을 문법에 맞춰 코드를 작성하고 오류가
나면 이를 해결하는 과정이라고 생각하기 쉽습니다. 하지만 실제 코딩을 하다
보면 코드만 작성하지는 않습니다. 코드를 읽고 이해하는 일에도 시간이 만만치
않게 들기 때문에 이 또한 코딩의 일면이라고 생각해야 합니다.

시스템을 개발하기 위해서는 여러 개발자가 함께 일해야 합니다. 또 각자가 만
든 모듈을 하나씩 맞춰가면서 시스템 전체를 완성하기 때문에 다른 사람이 작성
한 코드가 어떻게 동작하는지 이해하는 것은 필수입니다. 이 점은 개발이 완료
되어도 변함없습니다. 시스템을 유지보수하는 과정에서 문제가 생길 경우 다른
사람이 작성한 코드를 읽고 수정하는 과정을 피할 수 없기 때문이지요.

여러분이 작성한 코드를 다른 개발자가 열어본다고 생각해보세요. 코드에 주석
도 없고 변수명에 규칙도 없는데 들여쓰기까지 엉망이라면, 다른 개발자가 여러
분의 코딩 실력을 어떻게 생각할까요? 이때의 기분은 마치 청소가 안 된 우리 집
에 갑자기 손님이 찾아왔을 때 느끼는 당혹감과 비슷할 겁니다.

어느 조직이든 따라야 할 관례가 있습니다. 관례는 반드시 지켜야 하는 법도, 규
칙도 아니지만 사람들은 이를 존중하고 따릅니다. 코딩 세계에도 정해진 관례가
있습니다.

관례를 영어로는 컨벤션convention이라고 하는데요. 개발 세계에서 관례는 깔끔하고 반듯한 코딩을 위한 약속인 셈이죠. 개발자라면 반드시 알아야 할 코딩의 관례, 여러분은 얼마나 알고 계신가요? 그럼 이제부터 초보 개발자라면 알고 가야 할 관례, 즉 코딩 컨벤션에 대해 알아보겠습니다.

## 8.1 반듯한 코딩을 위한 코딩 규칙

### 들여쓰기는 기본 중의 기본

다음 코드에 `myfunc()` 함수가 선언되고, 이 함수에는 조건문이 작성되었습니다. 간단하지만, 눈에 잘 들어오지 않는데요. 코딩에서 지극히 기본적인 관례인 들여쓰기도 되어있지 않습니다. 선배가 이 코드를 봤다면 "누가 이렇게 코드를 작성한 거야! 코딩의 ABC도 모르는 거 아냐!"라고 호통을 칠 법하지요.

```
public static void myfunc() {
int result = 0;
if(result == 0){System.out.println("Say Hello");}
else if (result < 0){
System.out.println("Say Goodbye");}
else{System.out.println("Say Goodnight");
}}
```

그럼 코드를 어떻게 들여쓰기해야 좋을까요? 다음 세 가지 보기 중 들여쓰기가 가장 적절한 것은 어느 것일까요?

①

```
if (result == 0)
{
System.out.println("Say Hello");
```

```
    }
    else
    {
System.out.println("Say Goodbye");
    }
```

②

```
if (result == 0)
{
        System.out.println("Say Hello");
}
else
{
        System.out.println("Say Goodbye");
}
```

③

```
if (result == 0)
{
    System.out.println("Say Hello");
}
else
{
    System.out.println("Say Goodbye");
}
```

정답은 ③번입니다. 다른 보기들은 왜 답이 안 되냐고요? 우선 ①번은 전혀 들여
쓰지 않았습니다. ②번은 너무 많이 들여써서 여백이 많습니다. 보통 들여쓰기는
네 칸이면 충분하거든요.

과도한 들여쓰기는 한 행에 들어가는 코드의 양이 적어져 오히려 가독성을 떨어
뜨립니다. 반면, 너무 적게 들여쓰면 코드 구조가 한눈에 들어오지 않습니다. 네

칸을 들여써야 코드가 짜임새 있게 보입니다.

## 중괄호의 올바른 사용

중괄호는 함수, 조건문, 반복문 등에서 괄호 안의 코드를 블록으로 묶어주는 중요한 구분자입니다. 코드를 묶어주어 다른 묶음과 확실히 구분할 뿐만 아니라 구문의 처음과 끝을 표시하기 때문에 적절한 위치에 중괄호를 사용하는 센스가 필요합니다.

다음 코드를 살펴보겠습니다. 중괄호가 구문의 처음과 끝에 제대로 사용되었지만, 언뜻 보기에 그리 좋진 않습니다.

```java
if (sResult == 0){
    System.out.println("Say Hello"); }
else { System.out.println("Say Goodbye"); }
```

"코드만 에러 없이 실행되면 되는 거 아닌가요?"라고 반문할 수도 있습니다. 하지만 실제 중괄호의 위치는 코드를 정확히 이해하는 데 매우 중요하기 때문에 이 질문은 마음속에 담아두는 게 좋겠습니다. 실제 중괄호 위치가 일관적이지 않아 각 구문의 끝을 구분하기가 어렵다면, 코드를 잘못 수정하거나 코드에서 결함이 나올 수도 있거든요.

중괄호 위치에는 정답이 없습니다. 그럼에도 다음과 같은 지점에 중괄호를 놓는 편인데요. 열린 중괄호 '{'는 조건식 뒤에, 닫힌 중괄호 '}'는 줄바꿈해서 별행에 작성하는 식이지요.

```java
if (sResult == 0) {
    System.out.println("Say Hello");
}
```

```
else {
    System.out.println("Say Goodbye");
}
```

열린 중괄호는 if, for, switch 같은 구문과 함께 사용되므로 쉽게 눈에 띕니다. 하지만 닫힌 중괄호는 구문의 맨 끝에 있으면 눈에 띄지 않기 때문에 별행에 작성하는 것이 좋습니다.

물론 다음과 같이 열린 중괄호를 별행에 둘 수도 있습니다. 이 경우 중괄호와 구문이 분리되어 코드 가독성이 좋아지긴 하지만, 두 행씩 차지해서 코드의 행 수가 늘어나는 단점이 있지요.

```
if (sResult == 0)
{
    System.out.println("Say Hello");
}
else
{
    System.out.println("Say Goodbye");
}
```

중괄호를 사용할 때는 위치의 일관성이 매우 중요합니다. 코드의 행 수와 가독성까지 생각한다면 조건식이 있는 행에 열린 괄호를 사용하고 줄바꿈하여 별행에 닫힌 괄호를 사용합시다.

또한 if, for, while 등으로 시작하는 문장을 작성하면 이 문장의 영향권 아래에 있는 코드 블록을 중괄호로 꽉 묶어야 하는데요. 코딩 문법에서는 영향을 받는 코드가 한 행이면 중괄호를 생략해도 된다고 설명하지요. 예를 들면 다음 코드에서는 if 문에 속하는 코드가 한 행이기 때문에 중괄호를 사용하지 않아도 됩니다.

```
if (sResult == 0)
    System.out.println("Say Hello");
```

우리가 작성한 코드는 고객의 요구에 따라 많아지기도 하고 수정되기도 합니다. 그래서 한 행으로 시작한 코드가 여러 행으로 늘어나기 마련인데요. 이런 요구의 변화에 잘 대처하기 위해서라도, 경험이 풍부한 개발자들은 코드 한 행에도 중괄호를 사용하라고 귀띔합니다.

예를 들어 방금 전에 살펴본 코드에 새로운 코드(count = count + 1)가 한 행 추가되었다고 해보겠습니다. 들여쓰기가 잘 되어 하나의 블록처럼 보이지만, 중괄호를 사용하지 않아서 새로 추가된 코드가 if 문의 영향권을 벗어나게 됩니다. 사실 개발을 하다 실수한 것처럼 보이는데요. 이런 실수가 불씨가 되어 하룻밤을 지새울 수도 있으니 처음부터 중괄호를 사용하는 것이 현명하겠죠.

```
if (result == 0)
    System.out.println("Say Hello");
    count = count + 1;
```

중괄호를 사용하지 않아 에러가 생기는 경우가 또 있습니다. 다음 코드를 보면 if 문 안에 또 다른 if 문이 있고, 두 번째 if 문 아래는 코드가 한 행이어서 중괄호를 생략했습니다. 들여쓰기 구조로 보면 4행의 if 문이 참일 경우 5행의 if 문이 실행되고, 4행의 if 문이 거짓일 경우 7행의 else 코드가 실행될 것 같은데요.

중괄호를 넣지 않아 모호하게 보이는 코드

```
1    result = 0;
2    count = 1;
3
4    if (result == 1)
5        if (count == 1)
6            balance = 1000;
7    else
8        error = -1;
```

그런데 코드를 실행하면 예상과 다르게 동작합니다. 7행의 else 구문은 5행의
if 문 영향권에 놓이기 때문에 count가 1이 아닐 때 실행됩니다. 4행의 if 문에
중괄호를 사용하지 않았기 때문에 else 문까지 영향력이 미치지 않아 이런 문제
가 나타난 것이죠.

이 실수는 중괄호를 사용하지 않은 데서 비롯되었는데요. 그러므로 코드가 모호
하게 보이지 않도록 구문이 한 행이더라도 중괄호를 명시적으로 사용해야 코딩
의 즐거움을 누린답니다.

한 줄에도 중괄호를 넣은 코드 예

```
result = 0;
count = 1;

if (result == 1){
    if (count == 1){
        balance = 1000;
    }
}
else {
    error = -1;
}
```

## 클래스, 함수, 변수명을 잘 짓는 법

파일, 함수, 클래스, 변수의 이름은 코드를 이해하는 길잡이가 됩니다. 그래서 이들의 이름은 수많은 단어로 가득 찬 코드에서 눈에 잘 띄도록, 대소문자를 섞어 문자의 높낮이를 달리해 짓는 것이 관례인데요. 그래서 표기법도 낙타의 등 모양을 닮은 카멜 표기법, 구불구불 뱀 모양을 닮은 스네이크 표기법 등으로 다양합니다.

카멜 표기법은 이름에 대소문자를 적절히 사용해 낙타의 등처럼 오르락내리락하게 표기하는 방법입니다. getBufferSize 같이 첫 단어는 모두 소문자로 표기하고, 다음에 이어지는 단어는 첫 글자만 대문자로 표기합니다. 스네이크 표기법은 get_buffer_size 같이 모든 단어를 소문자로 표기하고, 언더바( _ )를 단어 사이에 삽입하는 방법입니다. 단어 사이의 언더바가 마치 뱀이 지나가는 형상과 비슷하다 하여 스네이크 표기법이라고 부르지요. 그리고 파스칼 표기법은 GetBufferSize 같이 각 단어의 첫 글자를 대문자로 표기하는 방법으로, 주로 클래스 이름에 사용합니다.

그럼, 자바에서는 이름을 어떻게 짓는지 관례를 살펴볼까요? 우선 이름이 어떤 용도로 사용되느냐에 따라 표기법이 달라진다는 사실을 알아야 합니다. 패키지 이름은 모두 소문자로 적고, 클래스 이름은 각 단어의 첫 글자를 대문자로 표기하는 대문자 카멜 표기법upper camel case(파스칼 표기법)을 따릅니다. 메서드와 변수 이름은 각 단어의 첫 글자를 대문자로 하되, 클래스 이름과 달리 첫 단어의 첫 글자만 소문자로 표기하는 소문자 카멜 표기법lower camel case을 따르지요.

표 8-1 유형별 표기법 및 작명 예

| 유형 | 표기 방식 | 작명 예 |
|------|-----------|---------|
| 패키지 | 소문자로만 표기 | package.name.mypackage |
| 클래스 | 대문자 카멜 표기법 | public class MyClassName |
| 메서드 | 소문자 카멜 표기법 | public myMethodName |
| 변수 | 소문자 카멜 표기법 | private int myVariable = 0; |

이름을 지을 때 글자의 높낮이 외에 동사, 명사, 형용사 등의 품사도 고려합니다. 즉, 작명의 대상이 패키지, 클래스, 메서드, 변수인지에 따라 사용할 품사를 달리해야 한답니다. 으악! 이름 하나 짓는 데 품사까지 신경 써야 하냐고요? 그럼요! 이름을 짓는 대상의 특징을 고려한다면 당연히 품사까지 신경 써야지요. 한 예로, 웹 개발에 많이 사용하는 스프링 프레임워크 패키지를 살펴볼까요? 패키지 이름을 보면 다음과 같이 구조적으로 잘 정리되어 있습니다.

```
import org.springframework.stereotype.Controller;
import org.springframework.web.bind.annotation.ModelAttribute;
import org.springframework.web.bind.annotation.RequestMapping;
import org.springframework.web.multipart.MultipartFile;
import org.springframework.web.multipart.MultipartHttpServletRequest;
import org.springframework.web.servlet.ModelAndView;
```

여기서 점(.)으로 연결된 단어들의 품사가 명사라는 사실에 주목해야 합니다. 자바에서 패키지는 디렉터리의 경로를 가리키기 때문에 클래스 이름을 math, util, security 같은 명사로 짓습니다.

- java.io
- java.math
- java.font
- java.image
- java.sql
- java.print
- java.security
- java.util

자바, 파이썬 같은 객체 지향 프로그래밍 언어에서는 클래스라는 개념이 사용되는데요. 클래스 이름은 명사로 짓습니다. 클래스는 객체(자동차, 텔레비전 등)의 설계 도면 같은 존재이기 때문에 이름도 명사형으로 생성합니다.

```
1   // 명사로 클래스 이름 생성
2   public class Car {
3       …
4   }
```

이번엔 java.io의 클래스 이름들을 살펴볼까요? 다음을 보면 클래스 이름이 하나같이 명사형이군요.

- File
- BufferedWriter / BufferedReader
- InputStream / PrintStream
- Reader / Writer
- PrintWriter
- FilePermission / FileDescriptor

그럼 메서드 이름에는 어떤 품사를 사용할까요? 명사일까요, 아니면 동사일까요? 바로 동사입니다. 왜일까요? 객체가 메서드를 통해 기능을 수행하기 때문입니다. 즉, 메서드가 특정 액션을 취하기 때문에 동작이나 행위를 나타내는 품사인 동사를 사용하는 것이죠.

예를 들어 `File` 클래스의 메서드 이름은 다음과 같이 동사형으로 짓습니다. '이름을 가져오다'란 의미의 getName, '새 파일을 만들다'란 의미의 createNew-File 같이 동사형으로 작명합니다.

- canRead
- canWrtie
- delete
- exists
- getName
- isFile
- setExecutable

- renameTo
- listFiles
- createNewFile

마지막으로 변수 이름을 보겠습니다. '변수'는 변하는 값을 저장하는 상자라고 볼 수 있는데요. 상자 안에 어떤 값이 들어있는지 표현하기 위해 변수는 명사형으로 이름을 짓는 것이 일반적입니다. 가령 이름을 위한 변수는 name이라는 명사로 작명합니다.

### 이클립스의 코딩 스타일 검사기

코딩 스타일 검사기를 사용해 자신이 만든 소프트웨어가 코딩 컨벤션을 잘 따르는지 확인할 수 있는데요. 한 예로, 이클립스에서는 코딩 스타일을 자동으로 검사, 수정하기 위해 다음 화면과 같이 [Window 〉 Preferences 〉 Java 〉 Code Style]에서 코딩 스타일을 설정한답니다.

**그림 8-1** 이클립스 Code Style 설정 화면

## 8.2 글쓰기처럼 코딩도 의도를 분명하게

잘 알려진 오픈소스를 보면 /* fall through */ 같은 주석이 있는데요. 이와 같은 주석은 코딩의 의도를 분명하게 표현하기 위해 사용합니다. 특정한 목적하에 소통하기 위해 글을 쓰듯 코딩할 때도 의도를 뚜렷하게 전달하는 것이 중요합니다. 그런 취지에서 이번에는 코딩의 의도를 분명하게 표현하는 관례를 소개하겠습니다.

### switch case의 올바른 사용

switch에는 여러 개의 case가 들어갑니다. case의 마지막 줄에는 break를 작성하는데요. 이것은 다음 행의 코드 실행을 멈추게 하는 키워드입니다. break가 없으면 다음 행의 case 구문을 실행하기 때문에 특별한 이유가 없는 한 case 구문마다 break를 사용합니다.

만약 break를 사용하지 않는다면 사람들은 "어? break가 빠졌네!"라고 말하며 오류로 간주할 겁니다. 그러므로 특별한 이유로 break를 생략한 경우 이를 주석으로 알려야 합니다.

한 예로 다음 코드를 보면 case '사과' 아래 행에 break가 누락되었습니다. 다른 개발자가 보면, '누가 break를 빠뜨린 거지?'하고 생각할 수 있지요.

```
switch(과일){
    case '사과':
    case '바나나':
        price = 1000;
        break;
    case '참외':
        price = 1500;
        break;
    default:
```

```
        /* 에러 처리 코드 작성 */
    }
```

이렇게 break가 의도적으로 생략된 경우, 이를 알리기 위해 break가 생략된 행에 주석(/* fall through*/)을 추가합니다. 그러면 'break를 의도적으로 사용하지 않았습니다'라는 의미가 된답니다.

```
switch(과일){
    case '사과':  /* fall through */
    case '바나나':
        price = 1000;
        break;
    case '참외':
        price = 1500;
        break;
    default:
        /* 에러 처리 코드 작성 */
}
```

**계산식에서 중요한 괄호의 역할**

다음 계산식을 실행하면 어떤 결과가 나올까요? 만약 2라는 결과를 얻었다면 수학 시간에 배운 연산자 우선순위를 잘 이해했다는 증거인데요.

**1 + 4 / 2 - 1**

코딩에도 다음 표와 같이 연산자 우선순위가 있습니다. 우선순위가 14가지나 되지만, 중요한 점은 괄호의 우선순위가 가장 높다는 사실입니다. 괄호는 힘이 쎈 무적 연산자인 셈이지요.

표 8-2 연산자 우선순위

| 우선순위 | 연산자 | 설명 |
| --- | --- | --- |
| 1 | ( ) [ ] -> . | 괄호, 점(구조체) 연산자, 화살표 연산자 |
| 2 | ++ -- ! ~ | 단항 연산자 |
| 3 | * / % | 산술 연산자(곱하기, 나누기, 나머지) |
| 4 | + - | 산술 연산자(더하기, 빼기) |
| 5 | 《 》 | 비트 이동(시프트) 연산자 |
| 6 | 〈 〈= 〉 〉= | 비교 연산자 |
| 7 | == != | 동등 연산자 |
| 8 | & | 비트 연산자(AND) |
| 9 | ^ | 비트 연산자(XOR) |
| 10 | \| | 비트 연산자(OR) |
| 11 | && | 논리 연산자(AND) |
| 12 | \|\| | 논리 연산자(OR) |
| 13 | ? : | 삼항 연산자 |
| 14 | = += -= *= /= %= &= ^= \|= 《= 》= | 대입 연산자 |

괄호는 최강의 우선순위를 가지는 연산자로, 다른 연산자의 우선순위를 바꿀 수 있는 힘이 있습니다. 가령 더하기와 빼기 연산자가 나누기 연산자보다 우선순위가 낮습니다. 하지만 다음과 같이 괄호를 사용하면 괄호 안의 연산자 우선순위가 높아집니다. 그래서 더하기와 빼기 연산자가 나누기 연산자보다 먼저 처리됩니다.

**(1 + 4) / (2 - 1)**

수학을 배운 우리는 괄호의 쓰임새에 익숙하지만, 정작 코딩에서 연산을 할 때는 이를 잊는 경우가 있습니다. 사실 똑부러진 계산식 하나가 여러분을 칼퇴의 길로 안내할 수 있기 때문에 코딩 고수들은 괄호를 일부러라도 작성하라고 조언합니다.

## switch 문에 반드시 포함해야 하는 것

switch 문은 코딩의 흐름을 제어하는 구문입니다. case 구문에는 두 변수의 크기를 비교하거나 논리 연산을 위한 조건식을 사용할 수 없고, 오직 변수가 특정 값에 해당하는지 확인하는 특정 값만 작성합니다.

```
switch(변수){
    case 값1:
        구문;
        break;
    case 값2:
        구문;
        break;
    case 값3:
        구문;
        break;
    default:
        구문;

}
```

다음은 과일 가격을 확인하는 코드인데요. 사과, 바나나, 참외에 대한 코드만 작성되고, default 구문은 누락되었습니다. default 구문이 없기 때문에 사과, 바나나, 참외가 아닌 다른 값이 들어오면 에러 처리가 불가능해집니다.

```
switch(과일){
    case '사과':
        price = 500;
        break;
    case '바나나':
        price = 1000;
        break;
    case '참외':
        price = 1500;
```

```
        break;
    }
```

switch 문을 사용할 경우 이미 들어올 값을 예상해 case 문장을 작성하기 때문에 default를 사용하지 않는 경우가 많습니다. 하지만 이 경우에도 default 키워드를 반드시 사용해야 한답니다. 그래야 예상하지 못한 값을 처리하거나, case로 지정된 값 외의 나머지 상황을 모두 처리할 수 있기 때문입니다. 특히 프로그램은 고객의 요구사항에 따라 변하고 여러 에러 상황을 대비해야 한다는 점에서 default 사용은 필수랍니다.

### 변수 선언과 초기화는 한 행에 하나씩만

다음과 같이 변수 여러 개를 한 행에 선언할 수 있고, 변수 선언과 동시에 초기화도 할 수 있습니다. 하지만 여기서 이슈가 하나 생기는데요. 이 변수들에 어떤 값이 할당되었는지가 명확하지 않습니다.

```
int result1, result2 = 1;
```

초보 개발자라면 두 변수에 같은 값이 할당되었다고 생각할 수 있겠지만, 그렇지 않습니다. result1 변수에는 값이 할당되지 않고 result2 변수에는 1이 할당되었으므로 두 변수에는 다른 값이 할당되었습니다.

이런 식의 코드는 경력이 있는 개발자도 오해할 만큼 혼란의 여지가 큽니다. 그래서 다음과 같이 변수 선언과 초기화는 한 행에 하나씩만 하도록 권고합니다.

```
int result1 = 1
int result2 = 1;
```

**다양한 언어의 코딩 스타일**

코딩 스타일은 코드 가독성 향상에 중점을 둔 코딩 규칙으로 정해지는데, 다음과 같이 코딩 언어마다 규칙이 따로 있답니다.

| 언어 | 주요 코딩 규칙 | URL 주소 |
|------|----------------|----------|
| 파이썬 | PEP8 | https://www.python.org/dev/peps/pep-0008/ |
| | Google Python Style Guide | https://google.github.io/styleguide/pyguide.html |
| 자바 | Code Conventions for the Java TM Programming Language | https://www.oracle.com/java/technologies/javase/codeconventions-contents.html |
| | Google Java Style Guide | https://google.github.io/styleguide/javaguide.html |
| C/C++ | Google C++ Style Guide | https://google.github.io/styleguide/cppguide.html |
| 자바 스크립트 | Google JavaScript Style Guide | https://google.github.io/styleguide/jsguide.html |

**복잡한 코드는 바람직하지 않아요!**

사람들은 종종 복잡한 코드를 잘 만든 코드라고 생각하는데요. 사람들의 생각과 달리 전문가들은 간단한 코드가 잘 만든, 좋은 코드라고 입을 모읍니다.

코드의 복잡한 정도를 말할 때 '사이크로매틱 복잡도'라는 용어를 사용합니다. 이는 코드가 얼마나 복잡한지를 측정해 숫자로 나타내는 지수인데요. 코드가 복잡하면 숫자가 커지고 그렇지 않으면 숫자가 작아집니다.

그런데 복잡하다는 기준은 무엇일까요? if, else, switch, for, while 등의 조건문과 반복문의 개수가 많으면 그만큼 복잡해집니다. 사이크로매틱 복잡도 역시 다음과 같이 결정 포인트의 개수로 계산합니다.

> **사이크로매틱 복잡도(CC) = 결정 포인트 + 1**

다음 코드의 복잡도는 얼마나 될까요?

```
1    ...
2
3    if(){
4        if(){
5            for(){
6
7            }
8        }
9    }
10
11
12   for()
13   ...
14
15   while()
```

결정 포인트인 if, for, while이 5개 사용되었으니 사이크로매틱 복잡도는 '6'입니다. 그럼 이 코드는 복잡한 코드일까요, 아닐까요? 결론부터 말하면 이 코드는 복잡도가 낮은 코드입니다.

다음은 매케이브McCabe가 제안한 복잡도별 위험도입니다.[1] 코드가 복잡하면 에러 발생 등 위험도가 증가한다는 의미인데요. 사이크로매틱 복잡도는 함수 단위로 측정하기 때문에, 함수 안에서는 복잡도가 20 이하가 되도록 코딩하라고 권고합니다.

| 사이크로매틱 복잡도 | 위험도 |
| --- | --- |
| 1~10 | 낮음 |
| 11~20 | 보통 |
| 21~50 | 높음 |
| 50 초과 | 매우 높음 |

'Simple is the best'라는 명언이 있습니다. 복잡한 방법보다 단순한 방법이 더 좋다는 의미인데요. 우리 생활뿐만 아니라 코딩에서도 단순한 것이 최고랍니다.

## 8.3 안전한 코드를 만들기 위한 시큐어 코딩 규칙

빨간 신호등이면 달리던 차가 멈춰야 하듯, 코딩 세계에도 따라야 하는 규칙이 있습니다. '규칙'이라 함은 다 함께 지키기로 정한 사회적 약속이기 때문에 앞에서 살펴본 관례와 달리 다소 강제적인 어감이 풍기는 용어이지요.

소프트웨어 분야에도 여러 규칙이 있습니다. 그중 여러분이 알아야 할 규칙은 바로 '시큐어 코딩 규칙'인데요. 이 규칙은 보안적으로 안전한 코딩을 하도록 안내합니다. 사이버 공격이 만연한 요즘 시대에, 소프트웨어를 외부 공격으로부터 지키기 위해 전문가들은 시큐어 코딩을 권고합니다.

그럼 소프트웨어를 어떻게 보안적으로 안전하게 만들 수 있을까요? 진정 안전한 소프트웨어를 만들 수는 있는 걸까요? 이 세상에 100% 완벽한 것은 없기 때문에 사이버 공격을 천하무적처럼 막아낼 방법은 없습니다. 하지만 잘 알려진 보안 취약점을 제거한다면 안전한 소프트웨어를 만드는 데 매우 큰 도움이 될 겁니다.

여기서 보안 취약점은 보안 공격에 이용될 수 있는 소프트웨어의 내재된 결함을 말합니다. 이런 취약점을 사전에 제거하면 소프트웨어가 자체적으로 악의적인 공격에 대응할 능력을 갖게 되는데요. 사이버 공격이 흉흉한 요즘 시대에 이런 최소한의 노력을 하지 않는다면 여러분이 만든 소프트웨어는 사이버 공격에 무방비 상태에 놓일 수 있습니다. 이러한 위험을 인식한 정부 기관은 구입 대상이 되는 소프트웨어의 시큐어 코딩을 의무화했답니다.

그럼 프로그램에서 어떤 보안 취약점을 제거해야 할까요? CWE<sup>common weakness</sup> enumeration에서 공개한 취약점을 제거하는 것이 가장 이상적입니다. CWE는 보안 취약점이 생길 수 있는 소프트웨어 결함을 분류하고 관리하기 위해 만든 소프트웨어 보안 약점 분류 체계인데요. 자세한 내용은 CWE 웹 사이트에서 확인할 수 있습니다.

그림 8-2 CWE 웹 사이트 화면[1]

CWE에서 공개한 소프트웨어 보안 약점은 600개가 넘는데요. 개수가 많다 보니 CWE에서는 발생 빈도가 높은 순으로 약점 25개를 추려 공개합니다.

| Rank | ID | Name |
|------|-----|------|
| [1] | CWE-787 | Out-of-bounds Write (범위를 벗어난 쓰기) |
| [2] | CWE-79 | Improper Neutralization of Input During Web Page Generation ('Cross-site Scripting') (크로스사이트 스크립팅) |
| [3] | CWE-89 | Improper Neutralization of Special Elements used in an SQL Command ('SQL Injection') (SQL 삽입) |
| [4] | CWE-20 | Improper Input Validation (부적절한 입력값 검증) |
| [5] | CWE-125 | Out-of-bounds Read (범위를 벗어난 읽기) |
| [6] | CWE-78 | Improper Neutralization of Special Elements used in an OS Command ('OS Command Injection') (OS 명령어 삽입) |
| [7] | CWE-416 | Use After Free (자원 해제 후 사용) |
| [8] | CWE-22 | Improper Limitation of a Pathname to a Restricted Directory ('Path Traversal') (경로 순회) |
| [9] | CWE-352 | Cross-Site Request Forgery (CSRF) (크로스사이트 요청 위조) |
| [10] | CWE-434 | Unrestricted Upload of File with Dangerous Type (위험한 파일 업로드) |
| [11] | CWE-476 | NULL Pointer Dereference (NULL 포인터 역참조) |
| [12] | CWE-502 | Deserialization of Untrusted Data (신뢰하지 않은 데이터 역직렬화) |
| [13] | CWE-190 | Integer Overflow or Wraparound (정수형 오버플로우) |

---

1 출처: https://cwe.mitre.org

| Rank | ID | Name |
|------|------|------|
| [14] | CWE-287 | Improper Authentication (부적절한 인증) |
| [15] | CWE-798 | Use of Hard-coded Credentials (하드코드된 자격증명 사용) |
| [16] | CWE-862 | Missing Authorization (인증 부재) |
| [17] | CWE-77 | Improper Neutralization of Special Elements used in a Command ('Command Injection') (명령어 삽입) |
| [18] | CWE-306 | Missing Authentication for Critical Function (중요한 기능에 대한 인증 부재) |
| [19] | CWE-119 | Improper Restriction of Operations within the Bounds of a Memory Buffer (메모리 버퍼 오버플로우) |
| [20] | CWE-276 | Incorrect Default Permissions (부정확한 기본 퍼미션) |
| [21] | CWE-918 | Server-Side Request Forgery (SSRF) (서버 사이드 요청 위조) |
| [22] | CWE-362 | Concurrent Execution using Shared Resource with Improper Synchronization ('Race Condition') (부적절한 동기화에 따른 경쟁 상태) |
| [23] | CWE-400 | Uncontrolled Resource Consumption (통제되지 않는 자원 사용) |
| [24] | CWE-611 | Improper Restriction of XML External Entity Reference (부적절한 XML External Entity 사용) |
| [25] | CWE-94 | Improper Control of Generation of Code ('Code Injection') (코드 삽입) |

그림 8-3 CWE TOP 25[2]

행정안전부에서는 이를 토대로 설계 단계와 구현 단계에서 활용할 수 있는 소프트웨어 개발 보안 가이드를 제시합니다. 이 가이드는 보안 약점이 없도록 시스템을 설계, 코딩하는 실질적인 방법을 알려주는데요. 주로 자바, C/C++ 언어를 사용한 웹 기반 시스템을 대상으로 제공된답니다.

외국에도 이와 유사한 규칙이 있습니다. 바로 CERT Secure Coding인데요. 이 가이드는 미국 카네기 멜론 대학교의 소프트웨어 공학 연구소에서 개발했습니다. 소프트웨어 보안에 위협이 되는 코딩 패턴을 사례로 제시하고, 올바른 코드 작성법을 소개합니다. 그리고 C/C++, 자바, 안드로이드, 펄[Perl] 등으로 다양한 코딩 언어에 대한 시큐어 코딩 규칙을 지원합니다.

2 출처: https://cwe.mitre.org/top25/archive/2022/2022_cwe_top25.html

**MISRA 코딩 표준**

자동차, 항공 등 안전과 관련된 분야에 널리 적용되는 유명한 표준이 있는데요. 바로 MISRA 입니다. 이 표준은 자동차 산업 소프트웨어 안정성 협회Motor Industry Software Reliability Association(MISRA)에서 소프트웨어의 안전한 개발을 안내하기 위해 만든 것으로, 가독성, 보안성, 신뢰성, 안전성 등을 고려한 다양한 개발 규칙을 제시합니다.

## 8.4 원인 분석을 위한 에러 처리

프로그램을 사용하다 보면 다양한 에러를 만나게 됩니다. 에러는 특정한 운영체제에서만 나타나기도 하고, 값을 잘못 입력해 생기기도 하는데요. 완성도 있는 프로그램 개발을 위해서는 예상 가능한 모든 에러 상황을 고려해 코드를 작성해야 합니다.

자바에는 예외 처리를 위한 특별한 기능이 있습니다. 바로 **try-catch** 구문인데요. **try** 구문으로 묶인 코드를 시도하다가 에러가 나오면 **catch** 구문에서 에러를 처리합니다. 그래서 **try** 구문에는 에러가 나올 가능성이 있는 코드를 추가하고, 실행 과정에서 에러가 나오면 **catch** 구문에서 예외 처리를 하도록 코드를 작성합니다.

```
1    public class MyClass extends Exception {
2
3        public static void main(String[] args) {
4
5            try {
6                /*
7                 * 예외가 발생할 수 있는 프로그램 코드 영역
8                 */
9            } catch (Exception e) {
```

```
10                 /*
11                  * 예외 발생 시 예외를 처리할 코드 영역
12                  */
13              } finally {
14                  /*
15                  * 예외 발생과 관계 없이 반드시 수행되어야 하는 코드 영역
16                  */
17              }
18
19          }
20
21    }
```

finally는 '마침내'라는 의미로, 어떤 상황에서든 무조건 실행되는 코드입니다. 예외가 발생해서 catch 구문이 실행되더라도 finally가 실행되기 때문에, 프로그램 종료 시 반드시 수행해야 하는 작업(예: 자원 해제)이 있다면 finally 구문에 작성합니다.

### 예외사항 처리 코드를 작성하지 않는다면

만약 예외사항을 처리하는 코드를 작성하지 않는다면 어떤 일이 벌어질까요? 예를 들어 설명하겠습니다. 다음 코드를 실행하면 5행에서 에러가 나오는데요. 숫자를 0으로 나눌 수 없기 때문입니다. 하지만 이런 에러를 예외 처리할 로직이 없기 때문에 프로그램은 5행을 실행하다가 중지되어 버립니다.

```
1    public class myClass {
2
3        public static void main(String[] args) {
4
5            int i = 1 / 0;
6
```

```
7        }
8
9    }
```

실행 결과3

```
Exception in thread "main" java.lang.ArithmeticException: / by zero
    at book/book.myClass.main(myClass.java:7)
```

초보자들이 가장 많이 하는 실수 하나가 catch 구문에 예외 처리 코드를 누락하
는 것입니다. 예외를 처리하는 코드가 없어서 예외가 발생해도 관련 정보를 출
력하지 않으니, 프로그램 에러의 원인을 파악하기가 어렵습니다.

```
1    public class myClass extends Exception {
2
3        public static void main(String[] args) {
4
5            try {
6
7                int i = 1 / 0;
8
9            } catch (Exception e) {
10               // 예외 처리 코드가 누락됨
11           }
12
13       }
14
15   }
```

---

3   프로그램이 중지되었기 때문에 에러 메시지는 JVM이 출력한 결과입니다.

에러 발생: / by zero

예외를 처리하지 않을 경우 프로그램이 중단되는 최악의 사태에 이릅니다. 품질
전문가들은 프로그램이 이렇게 비정상 종료하는 경우를 치명 결함으로 분류할
정도인데요. 완성도 있는 프로그램을 만들기 위해서는 예외 처리 코드가 반드시
존재해야 하므로 여러분도 예외 처리 방법에 관심을 가져야 한답니다.

앞에서 살펴본 코드에 try와 catch 구문을 추가해보겠습니다. 에러가 발생할
수 있는 코드를 try 구문에 추가하고, 이에 대한 예외 처리 코드를 catch 구문에
작성했습니다. 이렇게 코드를 작성하면 이제 프로그램이 중지되는 사태는 면합
니다.

```
1    public class myClass extends Exception {
2
3       public static void main(String[] args) {
4
5         try {
6
7             int i = 1 / 0;
8
9         } catch (Exception e) {
10            System.out.println("에러 발생: " + e.getMessage());
11        }
12
13      }
14
15   }
```

실행 결과

에러 발생: / by zero

## 예외를 던지고 받기

다음은 자바의 `FileInputStream` 클래스 일부입니다. 2~19행에는 `FileInputStream` 클래스의 생성자가 정의되었습니다. 여기서 눈여겨볼 부분은 throw 로 시작하는 코드인데요.

```
1   …
2   public FileInputStream(File file) throws FileNotFoundException {
3       String name = (file != null ? file.getPath() : null);
4       @SuppressWarnings("removal")
5       SecurityManager security = System.getSecurityManager();
6       if (security != null) {
7           security.checkRead(name);
8       }
9       if (name == null) {
10          throw new NullPointerException();
11      }
12      if (file.isInvalid()) {
13          throw new FileNotFoundException("Invalid file path");
14      }
15      fd = new FileDescriptor();
16      fd.attach(this);
17      path = name;
18      open(name);
19      FileCleanable.register(fd);
20  }
21  …
```

throw는 '던지다'라는 의미로, 예외사항이 발생하면 이 메서드를 호출한 코드에 Exception을 던집니다. 이를 받기 위해 코드를 작성할 때 catch 구문을 사용하는 것이지요.

그럼 `FileInputStream` 클래스를 사용해 코드를 작성한 사례를 살펴보겠습니다. 다음 코드는 특정 경로에 있는 파일을 읽어오는데요.

ReadFile.java

```
1   String fileName = "없는파일.txt"
2   File filePath = new File(fileName);
3   FileInputStream fileInputStream = new FileInputStream(filePath);
```

이 코드를 실행하면 다음의 에러 메시지가 출력됩니다. ReadFile.java의 3행에서 존재하지도 않는 파일에 접근하려고 하기 때문에 FileInputStream의 13행 코드가 실행되지만, ReadFile.java에는 예외를 받을 catch 구문이 없기 때문에 프로그램이 중지되고 맙니다. 결국 JVM이 이 상황을 수습하기 위해 에러 메시지를 출력하는 것이지요.

실행 결과

```
java.io.FileNotFoundException: 없는파일.txt (지정된 파일을 찾을 수 없습니다)
```

**각각의 클래스에서는 어떤 예외를 던질까?**

다음은 FileInputStream 클래스에서 throw하는(던지는) Exception에 대한 설명입니다. 내용을 보면, 이 클래스는 FileNotFoundException과 Security-Exception을 throw합니다. FileNotFoundException은 파일을 찾지 못했을 때 생기는 예외이고, SecurityException은 파일을 읽을 권한이 없을 때 생기는 예외인데요.

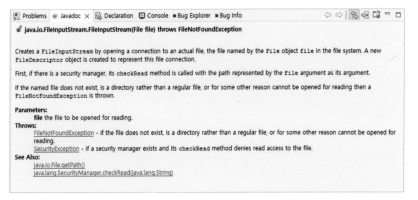

**그림 8-4** Javadoc의 File 클래스 설명 스냅숏

예외 처리 코드를 작성할 경우 클래스에서 던져지는(throw) 예외(Exception)를 파악하는 것이 우선입니다. 그래야 자신이 작성한 코드에서 catch 구문에 적절한 Exception을 사용할 수 있으니까요. 만약 클래스에서 던져지지(throw) 않은 예외(Exception)를 catch 구문에 포함하면 어떻게 될까요? 당연히 Exception이 발생하지 않습니다.

그럼 실제로 어떻게 catch 문을 작성하는지 함께 보겠습니다. 앞에서 살펴본 코드에 다음과 같이 catch 구문을 추가하겠습니다.

```
1    ...
2    try {
3
4        File filePath = new File(fileName);
5        FileInputStream fileInputStream = new FileInputStream(filePath);
6
7    } catch (FileNotFoundException e) {
8
9        System.out.println("파일을 찾을 수 없습니다.");
10
11    } catch (SecurityException e) {
12
13        System.out.println("파일을 읽을 권한이 없습니다.");
```

```
14
15        } catch (Exception e) {
16
17            System.out.println("예외 상황이 발생했습니다.");
18
19      }
20    ...
```

앞에서 설명한 것처럼 FileInputStream 클래스는 FileNotFoundException
과 SecurityException을 throw하기 때문에 7행과 11행에서 이를 catch하는
코드가 작성되었습니다. 그리고 9행과 13행에서는 catch한 예외를 받아 에러
메시지를 출력하는 코드가 작성되었지요.

그런데 특이한 점은 15행에 Exception을 추가적으로 catch하고 있다는 점
인데요. 그 이유는 else 구문을 사용하는 이유와 동일합니다. File 클래스는
FileNotFoundException과 SecurityException 예외를 발생시킨다고 했는
데요. 이 예외사항뿐만 아니라 예상치 못한 예외사항에 대응하기 위해 15행에서
Exception을 추가한 것이랍니다.

Exception은 if-else 구문처럼 위에서 아래로 순서대로 수행되기 때문에
FileNotFoundException 같은 구체적인 예외 클래스는 catch 블록에서 위쪽
에 위치하고, 상위의 예외 클래스인 Exception은 가장 아래에 위치해야 합니
다. 만약 범위가 넓은 Exception이 가장 위에 위치한다면 어떤 일이 벌어질까
요? Exception 클래스가 모든 예외사항을 앞에서 잡아주기 때문에 그 아래에
위치한 FileNotFoundException과 SecurityException이 실행되지 않습니
다. 즉, else에 해당하는 코드가 맨 윗줄에 위치해 if와 else if가 실행되지 않
는 상태라고나 할까요?

**파이썬에서 에러를 처리하는 법**

파이썬에서도 자바와 유사하게 Exception Class를 이용하여 에러를 처리합니다.[4]

```python
def file_open(file_path, mode='rb'):

    try:
        result = open(file_path, mode=mode)

    except FileNotFoundError as e:
        print('에러: 파일 혹은 디렉터리가 존재하지 않습니다.')

    except PermissionError as e:
        print('에러: 파일 혹은 디렉터리에 대한 접근 권한이 없습니다.')

    except OSError as e:
        print('에러: 파일 열기 중 오류가 발생했습니다.')

    except Exception as e:
        print('에러: 예기치 않은 오류가 발생했습나다.')

    return result
```

## Error와 Exception 클래스는 뭐가 다를까?

프로그램 코드상으로 catch할 수 있는 것은 Exception 클래스에 예외사항이 사전에 정의되었다는 의미인데요. Exception 클래스 말고도 Error라는 클래스가 있습니다. 이 클래스는 프로그램이 운영체제 영역까지 침범하면 강력히 조치를 취하는 클래스로, 개발자가 사용할 수 있는 클래스는 아닙니다.

[그림 8–5]는 자바 Error와 Exception 클래스 계층 구조입니다. Error와 Ex-

---

4    참고: https://docs.python.org/ko/3/library/exceptions.html#inheriting-from-built-in-exceptions

ception 클래스는 Throwable이라는 클래스를 상속하는데요. Throwable 클래스는 프로그램에 예외를 던지거나 에러 로그와 메시지를 출력하는 역할을 합니다.

Exception 클래스는 예외 클래스 중 최상위 클래스이므로 모든 예외를 catch 하여 처리할 수 있습니다. 하지만 발생하는 예외마다 처리해야 할 로직이 다르기 때문에, 모든 예외를 최상위 클래스를 이용해 처리하는 것은 적절하지 못하겠죠. 이런 까닭에 예외의 특성과 성격에 따라 Exception 클래스가 다수의 하위 클래스로 계층화된답니다.

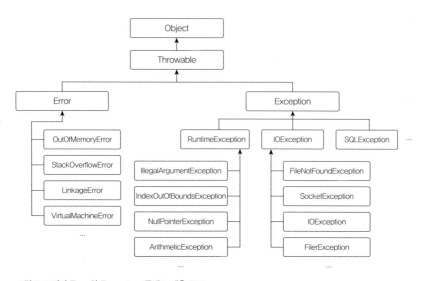

**그림 8-5** 자바 Error와 Exception 클래스 계층 구조

대표적인 예외 클래스는 IOException인데요. 이 클래스는 이름에서도 알 수 있듯이 파일을 찾을 수 없거나 파일 입출력(I/O)에 관련된 예외가 있을 경우 실행됩니다.

더 세밀하게 예외를 처리하기 위해서는 IOException의 하위 클래스를 살펴볼 필요가 있는데요([그림 8-6]). 예를 들어 IOException의 하위 클래스인 File-NotFoundException 클래스는 예외 계층의 마지막 클래스로, 파일이 존재하지 않을 때 실행됩니다. 마지막 계층에 위치하므로 가장 구체적인 예외 상황을 처리하지요.

```
Class FileNotFoundException

java.lang.Object
    java.lang.Throwable
        java.lang.Exception
            java.io.IOException
                java.io.FileNotFoundException
```

그림 8-6 FileNotFoundException 클래스의 계층 구조

그럼, Exception과 Error 클래스의 차이는 무엇일까요? Error 클래스는 의미 그대로 에러를 처리합니다. 이 클래스는 자바로 만들어진 프로그램에서 복구 불가능한 매우 심각한 상황에서 실행되는데요. JVM 내부 에러, 메모리 부족 에러 등 프로그램이 자체적으로 처리할 수 없는 에러이기 때문에 프로그램 실행이 중단되는 경우가 많습니다.

우리가 Error 클래스에서 발생하는 에러[5]에 대응하는 최선의 방법은 Error 클래스에서 정의한 발생 가능한 에러를 예방하는 것입니다. 한 예로, 스택 오버플로stack overflow나 메모리 부족 현상이 나타나지 않도록 코드를 작성하는 것이죠.

한편, Exception 클래스는 프로그램에서 비정상적 상황이 생긴 경우에 실행됩니다. 비정상적 상황이라 함은 주로 코드를 잘못 작성해 에러가 생기는 것을 의미하는데요. Exception은 Error와 달리 프로그램에서 처리 가능한 에러입니다.

JDK에서는 발생 가능한 여러 예외 상황은 Exception의 하위 클래스에서 처리됩니다. [그림 8-7]에 보이듯이, 예외의 종류만 해도 수십 가지가 되기 때문에 다양한 예외 상황에 맞게 이 클래스들을 활용하는 것은 개발자의 몫이랍니다.

프로그램이 실행되다가 죽는 것은 매우 치명적인 결함에 해당합니다. 자신이 만

---

5   대표적으로 발생하는 에러는 OutOfMemoryError(메모리가 부족해 발생하는 에러)와 StackOverflowError(프로그램 스택을 잘못 사용해 발생하는 에러)입니다.

든 프로그램이 사용하는 도중에 자주 멈춰버린다면 무척이나 당황스러울 텐데요. 그러므로 개발자라면 프로그램에서 자주 발생하는 에러를 이해하고 이를 대비하는 코드를 작성해놔야 합니다.

---

### Class Exception

java.lang.Object
    java.lang.Throwable
        java.lang.Exception

**All Implemented Interfaces:**
Serializable

**Direct Known Subclasses:**
AbsentInformationException, AgentInitializationException, AgentLoadException, AlreadyBoundException, AttachNotSupportedException, AWTException, BackingStoreException, BadAttributeValueExpException, BadBinaryOpValueExpException, BadLocationException, BadStringOperationException, BrokenBarrierException, CardException, CertificateException, ClassNotLoadedException, CloneNotSupportedException, DataFormatException, DatatypeConfigurationException, DestroyFailedException, ExecutionControl.ExecutionControlException, ExecutionException, ExpandVetoException, FontFormatException, GeneralSecurityException, GSSException, IllegalClassFormatException, IllegalConnectorArgumentsException, IncompatibleThreadStateException, InterruptedException, IntrospectionException, InvalidApplicationException, InvalidMidiDataException, InvalidPreferencesFormatException, InvalidTargetObjectTypeException, InvalidTypeException, InvocationException, IOException, JMException, JShellException, KeySelectorException, LambdaConversionException, LineUnavailableException, MarshalException, MidiUnavailableException, MimeTypeParseException, NamingException, NoninvertibleTransformException, NotBoundException, ParseException, ParserConfigurationException, PrinterException, PrintException, PrivilegedActionException, PropertyVetoException, ReflectiveOperationException, RefreshFailedException, RuntimeException, SAXException, ScriptException, ServerNotActiveException, SQLException, StringConcatException, TimeoutException, TooManyListenersException, TransformerException, TransformException, UnmodifiableClassException, UnsupportedAudioFileException, UnsupportedCallbackException, UnsupportedFlavorException, UnsupportedLookAndFeelException, URIReferenceException, URISyntaxException, VMStartException, XAException, XMLParseException, XMLSignatureException, XMLStreamException, XPathException

그림 8-7 다양한 예외 서브 클래스들[6]

---

> **NOTE**
>
> **메모리 부족 현상과 스택 오버플로는 어떤 경우에 나타날까요?**
>
> 메모리 부족(OutOfMemoryError)은 프로그램이 더 이상 메모리를 할당할 수 없는 현상을 의미하는데요. 프로그램이 메모리 관리를 잘못해 지속적으로 메모리가 누수되면, 사용 가능한 메모리 공간이 부족해지고 결국 메모리 부족 에러가 발생합니다.
>
> 스택 오버플로(StackOverflowError)는 프로그램이 스택에 할당된 메모리 공간보다 더 많은 스택 메모리를 사용하려고 할 때 생기는 에러입니다. 예를 들면 재귀 함수를 잘못 사용하는 경우인데요. 재귀 함수는 자기 자신의 함수를 반복해서 호출하는 구조로 되어 있습니다. 그런데 반복적인 호출을 중단시키는 코드가 누락되거나 동작하지 않을 경우 스택 메모리를 모두 소진하게 되어 스택 오버플로 에러가 나타나는 것이랍니다.

---

6   출처: https://docs.oracle.com/en/java/javase/17/docs/api/java.base/java/lang/Exception.html

## 8.5 부적절한 에러 메시지의 종류

프로그램을 사용하다 보면 다양한 에러 메시지를 보게 됩니다. 에러 메시지는 프로그램이 사용자에게 보이는 반응인데요. 프로그램 내부 로직에 생긴 문제를 알려주기도 하고, 사용자의 적절하지 않은 액션에 경고를 보내기도 합니다.

에러 메시지는 개발자와 사용자 모두에게 유익합니다. 에러 메시지를 통해 개발자는 프로그램 결함의 원인을 파악하고 사용자는 프로그램 사용법을 더 자세히 알게 됩니다. 따라서 사용자에게 실질적으로 도움되는 프로그램을 개발하기 위해서는 에러 메시지를 사용자 눈높이에 맞게 사용하는 것이 중요하답니다.

개발자는 프로그램을 개발할 때 사용자가 이해할 수 있는 언어를 사용하고 문제 상황을 해결할 수 있도록 이해 가능한 정보를 제공해야 할 의무가 있습니다. 그러므로 프로그램 사용의 시행착오를 줄이고, 쉽게 이해하도록 '친절한' 에러 메시지를 제공해야 합니다.

그럼, 어떤 에러 메시지가 사용자에게 불친절한 메시지일까요? 또 친절한 메시지는 어떤 걸까요? 그래서 준비했습니다. 초보 개발자들이 미처 인식하지 못하는 에러 메시지의 영역! 여러분이 더 나은 프로그램을 개발할 수 있도록 프로그램 사용성을 떨어뜨리는 불친절한 에러 메시지를 소개합니다.

### 원인을 알 수 없는 불친절한 에러 메시지

프로그램을 사용하다가 다음과 같은 에러 메시지를 종종 보았을 텐데요. 메시지를 보니 원인을 알 수 없는 에러가 생겼다고 합니다. 그런데 너무나 당연하게 생각해온 이런 메시지가 전형적으로 잘못 작성된 에러 메시지라는 사실을 아시나요?

잘못된 에러 메시지 예 – 원인을 알 수 없는 에러 메시지

```
알 수 없는 에러
```

객관적으로 봐도, 이런 불명확한 에러 메시지는 어느 누구에게든 도움되지 않습니다. 프로그램을 만든 개발자도 에러의 증상을 알아야 문제의 원인을 추정하는데, 이런 불분명한 메시지로는 사용자도, 개발자도 문제의 원인을 찾기 어렵지요.

다음 메시지는 어떤 문제가 있을까요? 언뜻 보면 문제가 없어 보입니다. 하지만 자신이 삭제한 파일이 1개가 아니라 여러 개라면 이야기가 달라집니다. 이 에러 메시지로는 프로그램에서 삭제하지 못한 파일이 어느 파일인지 알 수 없기 때문이죠. 또 삭제하지 못한 이유도 알려주지 않으니 문제 해결에도 전혀 도움이 안 됩니다.

잘못된 에러 메시지 예 - 문제 해결에 도움되지 않는 에러 메시지

```
파일을 삭제할 수 없습니다.
```

그럼 사용자에게 어떤 메시지를 보여주는 것이 좋을까요? 예를 들어 다음과 같이 메시지를 작성한다면 칭찬받을 만합니다. 파일 삭제 실패의 원인을 알려주어 사용자가 시행착오 없이 문제를 즉각 해결할 수 있으니까요.

적절한 에러 메시지 예

```
"myfile"에 접근할 수 있는 권한이 없어 파일을 삭제할 수 없습니다.
```

다음의 에러 메시지를 보면 어떤 느낌이 드나요? 왠지 프로그램이 사용자를 탓한다는 느낌이 들지 않으세요? 사용자가 무엇을 잘못 입력했는지도 알려주지 않으면서 지적만 하고, 게다가 어투가 적절하지 않습니다.

잘못된 에러 메시지 예 - 사용자를 탓하는 듯한 에러 메시지

```
잘못 입력하셨습니다.
```

그럼 어떻게 메시지를 작성해야 사용자를 비난하지 않고 사실만 전달하는 메시지가 될까요? "당신, 잘못했어!"처럼 잘잘못을 따지지 않고, 다음 예처럼 찬찬히 설명해야 온기가 묻어난답니다.

적절한 에러 메시지 예

> 이름에 특수문자가 포함되었습니다. 특수문자를 제외하고 다시 입력해 주세요.

에러 메시지는 잘못된 점이 아니라 '문제 해결'에 초점을 두어야 합니다. 그러므로 에러의 원인이 무엇인지, 어떻게 해결해야 하는지를 메시지에 담는 것이 좋겠지요.

여러분이 만약 다음과 같은 에러 메시지를 마주했다면 프로그램 사용을 포기해도 좋습니다. 왜냐하면 이 메시지는 사용자를 위한 것이 아니라 개발자를 위한 것이거든요. 이런 정보는 개발자가 에러 원인을 파악하는 데 사용하기 때문에 사용자에게 노출하면 안 되는데, 이런 사태가 벌어졌군요.

부적절한 에러 메시지 예 - 개발자만 이해할 수 있는 정보를 사용자에게 노출

```
java.security.NoSuchAlgorithmException: Cannot find any provider supporting
AESS/CBC/PKCS5Padding
        at java.base/javax.crypto.Cipher.getInstance(Cipher.java:574)
        at AESEncryption.encrypt(AESEncryption.java:53)
        at EncryptionTest.main(EncryptionTest.java:14)
```

다음 메시지도 문제가 있습니다. 무엇이 잘못되었을까요? 메시지 표현 방식이 사용자에게 지나치게 딱딱한 인상을 주지 않나요? 에러 메시지가 개발자와 사용자의 간접적인 소통이라는 점에서 매우 바람직하지 않은 어투임에 틀림없어 보입니다.

부적절한 에러 메시지 예 – 딱딱한 인상을 주는 에러 메시지

> 잘못된 형식의 이메일. @ 문자 누락

그럼 어떻게 메시지를 고치면 좋을까요? 다음과 같이 친절하고 상냥하게 작성하면 좋을 것 같습니다.

적절한 에러 메시지 예 – 친절한 느낌을 주는 에러 메시지

> 이메일 형식이 다릅니다. @ 문자가 포함되어 있는지 확인해 주세요.

다음은 인터넷 쇼핑몰에서 신용카드 결제 시 발생하는 에러 메시지인데요.

그림 8-8 부적절한 에러 메시지 예

여러분은 메시지를 보고 무엇을 잘못 입력했는지 아셨나요? 신용카드 결제를 위해 카드번호, 이름, 유효기간, CVV를 입력했을 텐데, 아마도 이중 무언가를 잘못 입력한 것 같습니다. 하지만 에러 메시지는 모든 항목을 정확히 입력하라고만 하는군요. '모든 항목을 알아서 잘 입력해'라는 식의 메시지로는 문제를 알

아차리기 곤란한데 말이죠.

그럼 어떻게 메시지를 작성해야 할까요? 다음 예처럼 작성하면 아주 훌륭한 메시지가 됩니다. 잘못된 입력란을 붉은색으로 콕 짚어주어 사용자가 무엇을 잘못 입력했는지 한눈에 알게 해주는 모범적인 방법이죠.

그림 8-9 적절한 메시지 예[7]

## 보안에 문제가 있는 에러 메시지

다음은 웹 사이트에 로그인할 때 자주 보는 에러 메시지인데요. 에러 원인을 정확히 알려주기 때문에 바람직한 듯 보이지만, 보안 측면에서는 문제가 있습니다.

부적절한 에러 메시지 예 – 해킹에 도움을 주는 에러 메시지

> 가입되지 않은 사용자입니다.
> 비밀번호가 잘못되었습니다.

---

7 출처: https://medium.com/@anjeldumaika07/creating-error-messages-in-ux-design-afb0d6bb500

왜냐하면 로그인 과정에서 제공되는 구체적인 메시지가 해킹 과정에서 유용하게 활용될 여지가 있기 때문입니다. 가령 로그인 화면에서 '가입되지 않은 사용자'라는 에러 메시지가 나오면 회원 가입이 안 된 아이디이므로 굳이 비밀번호까지 확인할 필요가 없습니다. 즉, 해킹 노력을 줄여주는 유용한 정보를 제공한 셈인데요. 이런 이유로 로그인 화면에서 사용하는 메시지는 다음과 같이 구체적이지 않게 제공해야 한답니다.

적절한 에러 메시지 예 – 해킹에 무용한 에러 메시지

> 사용자 아이디 또는 비밀번호가 잘못되었습니다.

아마도 한 번쯤은 [그림 8-10]과 같은 웹 페이지를 보았을 텐데요. 이런 페이지가 바로 해커에게 좋은 먹잇감이 되는 정보입니다. 프로그램을 만들 때는 해커에게 도움되는 메시지를 노출하지 않는 것이 바람직한데 말이죠.

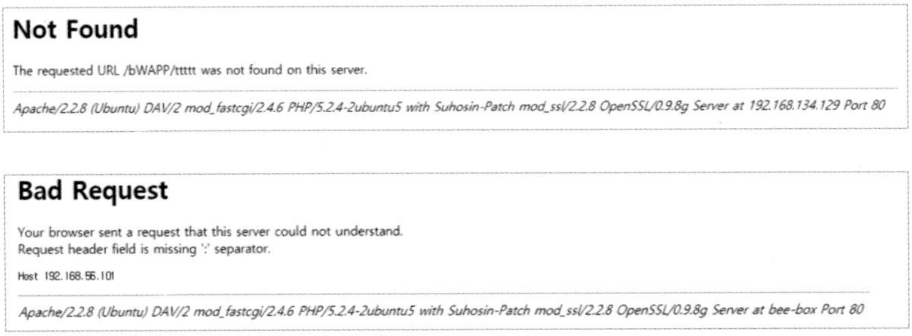

---

**Not Found**

The requested URL /bWAPP/ttttt was not found on this server.

*Apache/2.2.8 (Ubuntu) DAV/2 mod_fastcgi/2.4.6 PHP/5.2.4-2ubuntu5 with Suhosin-Patch mod_ssl/2.2.8 OpenSSL/0.9.8g Server at 192.168.134.129 Port 80*

---

**Bad Request**

Your browser sent a request that this server could not understand.
Request header field is missing ':' separator.

Host: 192.168.96.101

*Apache/2.2.8 (Ubuntu) DAV/2 mod_fastcgi/2.4.6 PHP/5.2.4-2ubuntu5 with Suhosin-Patch mod_ssl/2.2.8 OpenSSL/0.9.8g Server at bee-box Port 80*

---

그림 8-10 잘못된 에러 메시지

Not Found 웹 페이지를 자세히 살펴보면 다음과 같은 문구가 있는데요.

```
Apache/2.2.8 (Ubuntu) DVA/2 mod_fastcgi/2.4.6 PHP/5.2.4-2ubuntu5 with Suhosin-
Patch mod_ssl/2.2.8 OpenSSL/0.9.8g Server
```

해커는 웹 페이지 하단에 있는 문구를 다음과 같이 해석하고 취약점을 찾아냅니다.

1 시스템에서 사용하고 있는 웹 서버: Apache HTTP Server 2.2.8

2 PHP 버전: 5.2.4

3 운영체제: 리눅스(우분투 5)

4 OpenSSL 버전: 0.9.8g

5 FastCGI 버전: 2.4.6

여기서 웹 서버로 Apache HTTP Server 2.2.8을 사용한다는 사실을 알려주는 데요. 이 버전은 2008년에 릴리즈된 후 수많은 보안 취약점이 보고되어 해킹에 취약한 버전입니다.

프로그램에서 이 같은 내부 정보를 노출하면 "나 취약해요!"라고 말하는 셈인데요. 그러므로 웹 서버의 내부 정보가 노출되지 않도록, 사용자가 잘못된 웹 페이지를 요청하면 다음과 같은 메시지를 제공해야 합니다.

그림 8-11 내부 정보를 노출하지 않는 메시지 예

다음과 같이 SQL 에러 내용을 그대로 에러 메시지로 제공하는 것도 적절하지 않습니다.

부적절한 에러 메시지 예 – 해킹에 도움을 주는 SQL 에러 내용

```
Error: You have an error in your SQL syntax; check the manual that corresponds to your
MySQL server version for the right syntax to use near '%' at line 1
```

DBMS마다 SQL 쿼리문의 문법이 조금씩 다르기 때문에 해커는 해킹 대상 시스템이 사용하는 DBMS를 알지 못할 경우 공격 효율이 현저히 떨어집니다. 하지

만 프로그램에서 이런 SQL 에러 메시지를 제공하면 헤커는 어떤 종류의 DBMS가 사용되는지 힌트를 얻게 됩니다. 그러므로 SQL 실행 에러 메시지는 별도의 로그로 저장하고 사용자에게는 노출하지 않도록 프로그램을 개발하는 것이 좋답니다.

# Chapter
## 09

# 글로벌 소프트웨어
# 개발하기

'글로벌'이라는 단어의 사전적 의미는 '세계적'입니다. 아마도 많은 개발자들이 이 말의 진정한 의미를 직접 코딩을 하면서 비로소 깨달았을 텐데요. '로컬'과 대비되는 글로벌 변수는 코드 전체 영역에서 사용 가능한 넓은 범위의 변수이고, 로컬 변수는 함수 내부에서만 사용할 수 있는 좁은 범위의 변수를 의미합니다. 쉽게 말하면, 글로벌 변수는 BTS나 블랙핑크 같이 넓은 지역에서 존재감을 드러내는 변수이고, 로컬 변수는 무명 가수처럼 일정 지역에서만 알려진 변수이지요. 그래서 우리에겐 '글로벌'이라는 단어가 '로컬'에 비해 더 특별한 의미가 있습니다.

이제 막 개발을 시작한 입장에서 '글로벌 소프트웨어'라는 말을 들으면 어떤 느낌이 드나요? 아마 이런 생각을 하는 분도 있겠습니다. '내가 만든 소프트웨어를 전 세계에 판매한다고? 내가 글로벌 소프트웨어를 만들 수 있을까?' 만약 이런 생각이 들었다면 목표를 한 단계 높여도 좋겠습니다. 글로벌 시장은 누구에게나 열려있으니까요. 여러분의 세계 무대 진출을 북돋기 위해 이 장에서는 글로벌 소프트웨어가 무엇인지, 그리고 어떻게 만드는지 그 방법을 소개하고자 합니다.

## 9.1 글로벌 소프트웨어를 만드는 방법, 국제화와 현지화

그동안 많은 기업이 소프트웨어를 해외로 수출하기 위해 많은 노력을 기울였습니다. 그 과정에서 다양한 시행착오를 겪었는데요. 내수용으로 개발된 소프트웨어를 해외로 수출하기 위해 소프트웨어를 변경하는 과정에는 소프트웨어를 새로 만들 정도의 대단한 수고가 따른다고 합니다. 이런 고충을 경험한 사람들은 소프트웨어를 설계할 때부터 국제화를 고려하라고 귀띔하지요.

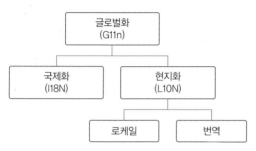

그림 9-1 소프트웨어 글로벌화의 구성 요소

'국제화'는 소프트웨어 글로벌화의 한 구성 요소로, 소프트웨어를 해외에서도 활용할 수 있게 준비하는 과정입니다. 즉, 소프트웨어가 내수 시장만이 아니라 세계 시장에서도 통용되도록 변환하는 과정을 일컫는데요. 나라마다 사용하는 언어, 날짜 형식, 통화가 다를뿐더러 문화적 요소도 다르기 때문에 이런 다양성을 두루 고려해야 하지요. 이렇게 세계 시장에서 사용될 준비를 마친 소프트웨어를 '글로벌 레디 소프트웨어global-ready software'라고 부른답니다.

한마디로 국제화는 소프트웨어를 언어, 문화 등이 다른 환경에서 사용할 수 있게 설계하는 것입니다. 영어로는 internationalization인데요. 단어의 글자 수가 많아 I18n(아이 에이틴 엔)이라는 축약어를 사용합니다. 영단어에서 첫 글자와 마지막 글자만 뺀 나머지 글자가 18개나 된답니다.

소프트웨어가 국제화를 거쳐 다양한 국가에서 활용될 준비가 되면, 이제 타깃 국가를 정해 소프트웨어를 포장해야 하는데요. 대상 국가의 문화에 맞게 소프트웨어를 변환하는 과정을 '현지화'라고 합니다. 한 예로 소프트웨어 프로그램을 판매할 나라가 미국이라면, 미국에서 통용되는 형식에 맞게 날짜, 시간 등을 나타내도록 소프트웨어를 변경하고, 미국 문화에 맞게 글자 스타일도, 색감도 바꿔야 합니다.

우리가 매일 사용하는 스마트폰의 운영체제를 생각해볼까요? 갤럭시 스마트폰에는 안드로이드가 설치되고, 아이폰에는 iOS가 설치되었습니다. 이 운영체제들은 우리말 표현만이 아니라 날짜 형식, 원화 표시 등을 완벽하게 지원하는데요. 이처럼 현지화가 훌륭하다 보니 이 제품들이 해외에서 개발되었다는 사실을 거의 인식하지 못합니다. 그러므로 우리가 만들 소프트웨어 현지화도 이 정도 수준이 되어야겠지요.

현지화를 영어로 하면 localization인데요. I18n과 같이 localization도 첫 글자와 마지막 글자를 제외한 글자 수가 10개라서 L10n(엘 텐 엔)이라고 한답니다. [표 9-1]은 국제화와 현지화를 위해 수행되는 주요 활동입니다. 국제화는 소프트웨어가 다양한 국가에서 사용될 것을 고려하여 소스 코드에서 리소스(이미지, 메시지 등)를 분리하고, 다양한 국가에서 활용될 수 있도록 문자 인코딩을 유니코드 등으로 설정하는 활동을 수행합니다. 반면, 현지화는 소프트웨어가 사용될 국가의 문화에 맞게 날짜와 시간 포맷을 바꾸고 키보드 레이아웃, 색깔 등을 변경하는 활동을 수행합니다.

표 9-1 국제화와 현지화 비교

| 국제화(I18n) | 현지화(L10n) |
| --- | --- |
| 코드와 리소스 분리 | 숫자, 정렬, 통화 |
| 로케일에 따른 다국어 언어 표시 | 날짜와 시간 |
| 문자 인코딩(유니코드) 등 | 키보드 레이아웃, 색상, 아이콘 등 |

## 9.2 코드와 리소스의 이별

소프트웨어를 국내에서만 판매할 목적으로 개발했다면, 소스 코드의 메뉴명, 메시지 등이 당연히 한글로 작성되었을 겁니다. 예를 들어 "안녕하세요"라는 메시지를 사용자에게 보여주기 위해 다음과 같이 소스 코드를 작성했을 텐데요. 이렇게 메시지 등을 별도의 파일로 관리하지 않고 소스 코드에 직접 작성하는 것을 '하드코딩'이라고 합니다. 변할 수 있는 데이터를 변수로 처리하지 않고 그대로 프로그램에 작성하는 것이죠.

```html
<html>
  <body>
    <div>
      <h1>안녕하세요.</h1>
    </div>
  </body>
</html>
```

우리가 만든 소프트웨어가 다양한 국가에서 사용되어야 한다면 이런 하드코딩은 지양해야 할 개발 포인트입니다. 나라마다 언어와 통화 기호, 날짜 형식도 다르기 때문에 소스 코드에서 이런 것을 분리하는 것이 글로벌 레디 소프트웨어에 꼭 필요한 '소양'이라고나 할까요?

언어와 지역에 따라 변경해야 하는 문자, 파일, 이미지 등의 콘텐츠를 '리소스'라고 하는데요. 리소스를 소스 코드에 포함해 개발할 경우, 코드가 중복되어 그 양이 크게 늘어나고 분기 처리가 반복되어 가독성이 떨어지는 문제가 생깁니다. 또 코드에 조건식이 많으면 성능에 영향을 줄 수 있고, 중복된 코드 때문에 유지보수 비용이 증가하는 문제도 뒤따르지요. 그래서 코드와 리소스의 분리가 필요한 겁니다.

리소스를 분리하려면 코드를 어떻게 작성해야 할까요? 만약 여러분이 다음과 같이 코드를 작성했다면 코드를 고치라고 조언하고 싶습니다. '저장'이라는 단어가 소스 코드에 하드코딩되었거든요.

리소스 분리를 위한 잘못된 코딩 방법

```html
<html>
<body>
<script>
  var lang = navigator.language || navigator.userLanguage;

  if (lang == "ko-KR") {
    var result = confirm("저장")
  } else if (lang == "en-US") {
    var result = confirm("save")
  } else if (lang == "ja-JP") {
    var result = confirm("保存")
  }
</script>

</body>
</html>
```

그럼 어떻게 해야 할까요? 리소스를 외부의 파일이나 데이터베이스 형태로 저장하고 이것을 불러오도록 코드를 작성해야 합니다. 이를 위해 자바, 파이썬 등의 프로그래밍 언어에는 국제화를 지원하는 라이브러리가 있는데요. 가령 자바에는 react-i18next가 있습니다. 이 라이브러리를 사용하면 json 파일에 리소스를 저장하기 때문에 효율적으로 소스 코드에서 리소스를 분리합니다.

json 파일명은 다음과 같이 언어별로 정할 수 있는데요.

lang.en.json #영어를 위한 리소스 파일

lang.ko.json #한국어를 위한 리소스 파일

한국어를 위한 리소스 파일(lang.ko.json)을 예로 들어 살펴보겠습니다. 리소스 파일은 키와 값의 쌍으로 작성하면 되는데요. 여기서는 `button-search`라는 키와 '검색'이라는 값을 쌍으로 작성합니다.

```
{
    "button-search": "검색"
    "button-post": "글쓰기"
    "message-welcome": "안녕하세요."
    "message-search.found": "건이 검색되었습니다."
}
```

영어를 위한 리소스 파일(lang.en.json)도 이와 유사한데요. 한국어를 위한 리소스 파일처럼 키에 해당하는 값을 영어로 작성하면 됩니다.

```
{
    "button-search": "search"
    "button-post": "post"
    "message-welcome": "Hello."
    "message-search.found": "items found"
}
```

이렇게 언어별로 리소스가 분리되기 때문에 프로그램에서 어떤 언어를 설정하느냐에 따라 소스 코드에서 불러올 리소스 파일이 달라집니다. 언어를 '한국어'로 설정하면 lang.ko.json 파일을 불러와 메시지, 버튼명 등의 문자가 한국어로 표시되고, '영어'로 설정하면 lang.en.json 파일을 불러와 영어로 표시되지요.

이렇게 리소스를 json 파일로 분리하면 소스 코드를 수정하거나 재컴파일할 필요 없이, json 파일 변경을 통해 메시지와 버튼명 등의 문자열 수정이 가능합니다. 또 추가적인 언어 지원이 필요할 경우, 지원할 언어의 리소스 파일을 추가하기만 하면 간단하게 다국어를 지원할 준비가 되는 것이지요.

지금까지 리소스 파일을 살펴보았으니, 소스 코드와 리소스 파일을 어떻게 연결하는지 알아보겠습니다. 리소스를 웹 페이지에 표시하는 경우, HTML 코드에 {t('리소스명')}을 작성하면 됩니다. 예를 들어 "안녕하세요"라는 문장을 다른 언어로 표시하기 위해 리소스 파일에 있는 키 값인 "message-welcome"을 매개변수로 지정합니다. 이렇게 연결해놓으면 문자열을 수정하거나 다른 언어를 추가할 때, 소스 코드를 수정하지 않고 리소스 파일만 수정하거나 추가할 수 있습니다.

```
1    import React from 'react';
2    import { useTranslation } from 'react-i18next';
3
4    function Welcome() {
5      const { t, i18n } = useTranslation();
6      return (
7      <div>
8        <h1>{t('message-welcome')}</h1>
9      </div>
10     )
11   }
```

그럼 언어를 어떻게 변경할까요? 다음과 같이 언어를 변경하는 API를 사용합니다. 매개변수에 en(영어), ko(한국어) 같은 언어 코드를 넣어 실행하면 해당 언어의 리소스를 불러와 화면에 출력한답니다.

```
i18next.changeLanguage("en");
```

소스 코드에서 리소스를 분리했으면 그다음으로 고려할 사항이 바로 '문자열 크기'입니다. 한국어를 다른 언어로 번역하면 문장 길이가 달라지는데요. [표 9–2]를 보면 보면 의미가 같은 단어도 언어에 따라 길이가 달라진다는 사실을 알게 됩니다. 특히 프랑스어, 독일어, 이탈리아어 등으로 번역하면 문자열 길이가 상대적으로 길어지므로 소프트웨어 개발 시 이런 점을 고려해야 합니다.

만약 이런 고려 없이 문자열이 표시되는 창의 크기를 고정해놓으면, 뒤늦게 UI-user interface를 대대적으로 변경해야 하는 사태에 이르게 됩니다. 따라서 번역 시 증가할 문자열 길이를 고려해 소프트웨어를 설계해야 한다는 점을 기억해야 한답니다.

표 9-2 영어 대비 언어별 문자열 증가율[1]

| 언어 종류 | 번역된 단어 | 문자열 길이 증가율 |
| --- | --- | --- |
| 영어 | views | 1.0 |
| 한국어 | 조회 | 0.8 |
| 중국어 | 次檢視 | 1.2 |
| 프랑스어 | consultations | 2.6 |
| 독일어 | −mal angesehen | 2.8 |
| 이탈리아어 | visualizzazioni | 3.0 |

## 9.3 사용자 취향 저격, 현지화

### 현지 문화에 맞게 포장하는 과정, 현지화

이 세상에는 다양한 사람들이 살고 있습니다. 이들은 먹고 마시고 잠자는 등 기본적으로 의식주가 동일하지만, 생각을 표현하는 방식은 천차만별입니다. 이렇게 다양한 사람들의 마음에 드는 소프트웨어라면 그게 바로 글로벌 소프트웨어가 아닐까요?

현지인의 마음에 흡족한 소프트웨어를 만들기 위해서는 그의 언어와 문화를 반영하는 과정을 거쳐야 합니다. 이를 위해서는 현지인의 생활방식에 맞는 문장의

---

1 출처: https://www.w3.org

번역과 섬세한 디자인이 필요한데요. 단순히 구글 번역기를 활용하려고 했다면, 이것만은 적극적으로 말리고 싶습니다. 기계 번역 품질이 이전보다 한결 좋아졌지만, 아직까지는 문맥을 고려하지 못해 오역이나 어색한 문장이 생기거든요. 한 예로 '사용자 인증'을 영어로 번역하면 'user authentication'이 옳은데 'user certification'으로 오역되는 경우가 있습니다. 영어를 모국어로 하는 사용자는 문맥에 따라 authentication과 certification을 다르게 사용하기 때문에 이런 사소한 번역 실수에도 신뢰도가 크게 떨어진답니다.

표 9-3 잘못된 번역 사례

| 한국어 | 올바른 번역 | 잘못된 번역 |
| --- | --- | --- |
| 게시판 | Bulletin board | Board |
| 공백 | Black space | Gap |
| 메일 | Email | Mail |
| 미국 | United States | America |
| 사용자 인증 | User authentication | User certification |
| 임시 사용자 | Guest | Temporary user |
| 게시글 삭제 | Delete post | Remove post |
| 휴대폰 | Cellular phone | Hand phone |
| 서명 | Signature | Sign |

언어는 문화의 한 갈래이기 때문에 미세한 영역에서 품질 차이를 느끼게 됩니다. 특히 현지인의 입장에서 번역이 잘못되거나 어색할 경우 완성도에 미흡함을 느끼고 소프트웨어를 외면할 수 있기 때문에 기계 번역에만 의존해서는 안 됩니다. 그러므로 전문가를 통해 문장을 번역하고, 현지인을 통해 번역된 문장을 매끄럽게 다듬는 과정을 거쳐야 한답니다.

글로벌 기업이 만든 마이크로소프트 윈도우, 애플 iOS 등의 운영체제를 생각해보세요. 한국어로 매끄럽게 작성된 메뉴와 메시지 덕에 사람들은 거부감 없이 운영체제를 사용합니다. 그래서 현지에서도 통하는 소프트웨어를 개발하려면 정확한 번역은 기본이고, 현지인의 손길이 꼭 필요하다는 사실을 다시 한번 강조하고 싶습니다.

## 현지화를 위한 개발자의 영역, 로케일

현지화할 때 개발자가 꼭 점검할 부분이 있습니다. 바로 로케일$^{locale}$인데요. 글로벌 레디 소프트웨어를 개발할 때는 언어, 통화, 숫자, 날짜 등의 로케일이 제대로 사용되도록 코드를 작성해야 합니다. 로케일이란 사용자의 언어, 국가뿐 아니라 사용자 인터페이스에서 사용자가 선호하는 사항을 지정한 매개변수의 모임으로 정의할 수 있는데요.[2] 지역, 화폐, 숫자, 날짜 등이 매개변수입니다. 이 매개변수는 값을 현지화하여 로케일에 설정함으로써 사용자의 국가, 언어, 지역에 맞게 표시될 수 있도록 개발해야 합니다.

예를 들어 숫자 '123,456'을 읽어볼까요? 한국인이라면 '십이만삼천사백오십육'으로 읽을 겁니다. 하지만 몇몇 유럽 국가에서는 이와 다른 방식으로 숫자를 표기합니다. 프랑스에서는 콤마(,)를 소수점으로 인식하여 '백이십삼점사백오십육'이라고 읽습니다.

이와 같이 숫자, 날짜, 단위 등의 표기 방식이 국가마다 다르기 때문에 소프트웨어를 개발할 때 이런 부분을 섬세하게 살펴야 합니다.

표 9-4 국가별 숫자 표기 방식

| 국가 | 숫자 |
| --- | --- |
| 한국/일본/중국 | 1,234,567.00 |
| 미국/영국 | 1,234,567.00 |
| 프랑스/핀란드/스웨덴 | 1 234 567,00 |
| 이탈리아/스페인 | 1.234.567,00 |

---

2  출처: https://ko.wikipedia.org/wiki/로케일

**표 9-5 국가별 날짜 표기 방식**

| 국가 | 날짜 표기 방식 | 예시 |
|---|---|---|
| 한국/일본/중국 | YY/MM/DD | 22/09/20 |
| 미국 | MM/DD/YY | 09/20/22 |
| 영국/호주/프랑스/이탈리아/<br>스페인/말레이시아/태국/베트남 | DD/MM/YY | 20/09/22 |

**표 9-6 한국과 미국의 측정 단위**

| 측정 단위 | 한국 | 미국 |
|---|---|---|
| 무게 | 그램(g) | 파운드(lb) |
| 길이 | 미터(m) | 마일(mile) |
| 속도 | 킬로미터(km) | 마일(mile) |
| 온도 | 섭씨(℃) | 화씨(℉) |

다음과 같이 로케일은 국가와 지역의 조합으로 구분해 '언어_국가' 방식으로 표시합니다.

**표 9-7 주요 로케일**

| 로케일 코드 | 언어(코드) | 국가(코드) |
|---|---|---|
| ko_KR | 한국어(ko) | 대한민국(KR) |
| en_US | 영어(en) | 미국(US) |
| en_GB | 영어(en) | 영국(GB) |
| en_IN | 영어(en) | 인도(IN) |
| en_CA | 영어(en) | 캐나다(CA) |
| fr_CA | 프랑스어(fr) | 캐나다(CA) |
| fr_FR | 프랑스어(fr) | 프랑스(FR) |
| ja_JP | 일본어(ja) | 일본(JP) |
| zh_CN | 중국어 간체(zh) | 중국(CN) |
| vi_VN | 베트남어(vi) | 베트남(VN) |

| th_TH | 태국어(th) | 태국(TH) |
|---|---|---|
| es_ES | 스페인어(es) | 스페인(ES) |
| es_MX | 스페인어(es) | 멕시코(MX) |

로케일을 언어와 국가의 조합으로 표시하는 이유는 뭘까요? 단지 언어만으로는 소프트웨어가 사용될 국가를 구분하지 못하기 때문입니다. [표 9-7]에서 보듯, 영어는 많은 국가에서 사용하는 공용어라서 언어만으로는 로케일을 결정하기 어렵거든요. 게다가 미국과 영국에서는 모두 영어를 사용하지만 단어와 문법이 약간 다릅니다. 이렇게 같은 언어를 사용해도 쓰임새가 조금씩 다르기 때문에 국가를 반드시 고려해야 한답니다.

## 다양한 로케일을 지원하기 위한 UTF-8

자신이 만든 웹 페이지가 다음과 같이 깨져서 출력된다면 인코딩 설정에 문제가 있는 겁니다. 초보 개발자라면 한 번쯤 경험하는 이런 문제를 해결하려면 문자 인코딩을 정확히 이해해야 합니다. 특히 여러 언어를 지원하는 소프트웨어를 개발하는 경우 더더욱 그렇습니다.

그림 9-2 인코딩이 잘못되어 글자가 깨져 표시된 웹 페이지

가장 많이 사용하는 인코딩 방법은 UTF-8입니다. UTF-8은 문자를 4바이트까지 표현할 수 있기 때문에, 다국어를 지원해야 한다면 코드를 UTF-8로 작성하는 것이 상식입니다.

기본적으로 파이썬3은 UTF-8로 인코딩되었지만, 파이썬2는 ASCII로 인코딩되었습니다. 그래서 소스 코드 상단에 다음과 같은 코드를 삽입해야 한답니다.

```
#-*- coding: utf-8 -*-
```

파이썬3에서 파일을 읽을 때 한 가지 주의사항이 있습니다. 파일을 열 때 ANSI를 인코딩 기본값default encoding으로 사용하는데요. 그래서 UTF-8과 같이 유니코드로 인코딩된 파일을 읽을 경우 다음과 같은 에러가 납니다.

```
UnicodeDecodeError: 'utf-8' codec can't decode byte 0xff in position 0: invalid
start byte
```

그 이유는 UTF-8로 인코딩된 파일을 ANSI 인코딩으로 열었기 때문인데요. 이러한 문제를 방지하기 위해서는 다음과 같이 파일을 열 때 명시적으로 인코딩을 지정해야 합니다.

```
file = open('파일', encoding=utf8)
```

그럼 자바의 경우를 볼까요? 자바 코딩을 위해 이클립스를 많이 사용하는데요. 이클립스에서 다음과 같이 Default encoding을 UTF-8로 설정할 수 있습니다.[3]

---

3    이클립스에서 [Preferences 〉 General 〉 Content Types] 순으로 메뉴를 클릭해 인코딩 설정 화면을 실행합니다.

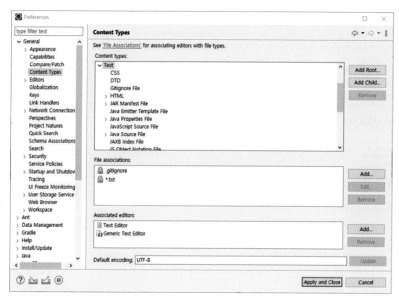

그림 9-3 이클립스의 인코딩 설정 화면

### 문자 인코딩이란

A, B, C 등의 문자는 사람이 알아보는 문자이지 컴퓨터가 이해할 수 있는 데이터가 아닙니다. 컴퓨터는 데이터를 0과 1로만 처리하거든요. 따라서 컴퓨터에서는 문자를 0과 1로 저장해야 하는데, 이 과정을 문자 인코딩character encoding이라고 합니다.

대표적인 문자 인코딩 방법으로 ASCII 코드가 있습니다. ASCII 코드는 미국 ANSIAmerican National Standards Institute에서 표준화한 7비트의 부호체계인데요. 미국을 위해 알파벳 중심으로 만든 코드이므로 만들 수 있는 문자가 127개입니다.

표 9-8 ASCII 코드표

| 10진수 | 16진수 | 문자 | 10진수 | 16진수 | 문자 | 10진수 | 16진수 | 문자 |
|---|---|---|---|---|---|---|---|---|
| 65 | 0x41 | A | 73 | 0x49 | I | 81 | 0x51 | Q |
| 66 | 0x42 | B | 74 | 0x4A | J | 82 | 0x52 | R |
| 67 | 0x43 | C | 75 | 0x4B | K | 83 | 0x53 | S |
| 68 | 0x44 | D | 76 | 0x4C | L | 84 | 0x54 | T |

| 69 | 0x45 | E | 77 | 0x4D | M | 85 | 0x55 | U |
|----|------|---|----|------|---|----|------|---|
| 70 | 0x46 | F | 78 | 0x4E | N | 86 | 0x56 | V |
| 71 | 0x47 | G | 79 | 0x4F | O | 87 | 0x57 | W |
| 72 | 0x48 | H | 80 | 0x50 | P | 88 | 0x58 | X |

예를 들어 'CAR'라는 단어를 컴퓨터에 저장해보겠습니다. ASCII 코드로 문자 인코딩을 하는 경우, 컴퓨터는 다음과 같이 단어를 숫자로 변환해 저장합니다. 반대로 해당 숫자를 문자로 변환할 때는 인코딩된 ASCII 코드표를 통해 우리가 알아볼 수 있는 단어로 변환합니다.

'CAR' 단어를 ASCII 코드로 변환한 결과는 다음과 같습니다.

```
67 65 82
```

ASCII 코드는 알파벳과 일부 특수문자 등 127개 문자로만 표현하기 때문에 다른 언어를 표현하는 데 한계가 있습니다. 그러므로 영어를 사용하지 않는 국가를 대상으로 소프트웨어를 개발한다면 ASCII 코드를 활용해서는 안 되겠지요. 이때는 유니코드를 사용해야 한답니다. 유니코드는 전 세계의 문자를 표현할 수 있게 설계되었습니다. 127개 문자만 표현하는 ASCII 코드와 달리 유니코드는 200만 개 이상의 문자를 표현합니다.

# Chapter
# 10

# 전 세계로 통하는
# 클라우드 서비스

예전에는 개발한 소프트웨어 프로그램을 해외로 수출하려면 수많은 진입 장벽에 부딪혔습니다. 언어부터 제품의 신뢰도, 완성도, 디자인 등 여러 측면에서 소프트웨어를 해외로 수출하기가 녹록지 않았습니다. 특히 소프트웨어가 국경을 넘는 과정은 매우 복잡하고 험난해 소프트웨어의 해외 진출은 그저 몇몇 기업의 성공 신화로 간주되었습니다.

하지만 새로운 기술 패러다임이 등장하면서 해외 시장에 진출하는 방법 자체가 달라졌습니다. 인터넷으로 어디서나 접근 가능한 클라우드 컴퓨팅 기술 덕에 소프트웨어를 전 세계적으로 서비스할 수 있게 되었거든요. 소프트웨어를 잘 만들어 서비스한다면 전 세계로 판로가 열린 것이죠. 유튜브에 업로드된 한국의 콘텐츠가 전 세계의 사랑을 받듯 클라우드 마켓에 올린 소프트웨어도 전 세계에서 러브콜을 받을 겁니다. 그러므로 단순히 소프트웨어를 잘 만드는 데만 골몰하지 않고 신기술 동향에 따라 소프트웨어를 어떻게 기획하고 판매해야 하는지에도 관심을 기울여야 한답니다.

그럼 어떻게 클라우드 서비스를 기획하면 좋을까요? 아는 만큼 보인다는 말이 있죠! 클라우드 컴퓨팅의 특징을 알면 서비스를 기획할 좋은 아이디어가 떠오를 겁니다. 그래서 이 장에서는 클라우드 컴퓨팅의 중요한 특징을 공유하고자 합니다.

## 10.1 대세는 구독형 서비스

클라우드 컴퓨팅 기술이 보급되면서 소프트웨어 제품을 구입하던 방식이 서비스를 구독하는 방식으로 전환되었습니다. 여기서 구독형 서비스는 제품을 영구적으로 구매하지 않고 월이나 연 단위로 소프트웨어를 임대해 사용하는 것을 의미합니다.

CD나 DVD에 담긴 소프트웨어를 구입하면, 심각한 하자가 있지 않은 한 동일 버전을 영구적으로 사용해야 합니다. 물론 소프트웨어에 업데이트 기능이 있기도 하지만, 대체로 그렇지 않거든요. 반면, 구독형 서비스는 인터넷에 접속해 소프트웨어를 서비스 형태로 제공받기 때문에 늘 최신 소프트웨어를 이용할 수 있는 장점이 있습니다.

서비스 형태로 제공되는 소프트웨어를 SaaS^software as a service라고 합니다. 최근 많은 기업에서 기존의 솔루션을 SaaS 형태로 변환하는 추세인데요. 이런 시류를 인식한다면 여러분이 만들 솔루션을 서비스형으로 제공해야 한다는 사실은 분명합니다. 그러므로 소프트웨어를 만들어야 한다면 클라우드 컴퓨팅 기술의 특징을 고려해야 한다는 점을 깊이 새겨야겠지요.

넷플릭스, 티빙 등의 OTT 서비스를 이용해보았다면 서비스 종류에 따라 요금이 다르다는 사실을 아실 텐데요. 예를 들면 동시 접속 회선 수와 해상도에 따라 결제 금액이 달라집니다. 온라인 화상회의 서비스인 Zoom도 그림과 같이 결제 금액에 따라 동시에 접속 가능한 사용자 수가 달라집니다. 이와 같이 소프트웨어를 서비스로 제공하려면 서비스 종류를 어떻게 정의할지, 서비스 종류에 따라 비용을 어떻게 책정할지 등을 고민해야 합니다.

그림 **10-1** Zoom 요금제 플랜

## 10.2. IaaS, PaaS 그리고 SaaS

기업에서 시스템을 구축하기 위해서는 네트워크, 스토리지, 서버 등 인프라뿐만
아니라 운영체제, 미들웨어, 애플리케이션까지 직접 관리해야 합니다. 그리고
직접 시스템을 구축하기 위해서는 장비를 구입하고 설치하는 초기 비용이 발생
합니다. 하지만 클라우드 서비스를 이용하면 이런 초기 비용을 절약합니다. 버
튼 클릭만으로 인프라를 구독 서비스로 이용할 수 있기 때문이지요. 물론 서비
스를 오랜 기간 사용하면 구독 비용이 초기 비용을 맞먹지만 초기에 목돈이 들
지 않는다는 점에서 매력적인 서비스이지요.

클라우드 서비스의 또 다른 장점은 인프라를 관리하는 유지보수 인력이 상주할
필요가 없다는 점입니다. 서비스를 제공하는 기업에서 알아서 관리하거든요.

물론 단점도 있습니다. 클라우드 서비스 사업자마다 제공하는 서비스와 인프라
가 각각 다른데요. 그래서 특정 클라우드 서비스 사업자에게 특화된 서비스나
라이브러리를 사용해 소프트웨어를 개발한 경우, 소프트웨어가 해당 사업자에

게 종속[1]되어 다른 사업자의 클라우드 서비스로 이동하기 어렵습니다. 왜냐하면 소프트웨어에서 사용하던 이전 클라우드 서비스 사업자의 라이브러리를 제거 하려면 개발을 다시 해야 하기 때문이죠.

기업에서 만든 웹 애플리케이션을 클라우드 서비스와 연동시키기 위해서는 클 라우드 서비스에서 제공하는 API를 호출해야 하는데요. 예를 들어 웹 애플리케 이션에서 아마존 스토리지 서비스인 Amazon S3로 데이터를 입출력하려면, 다 음과 같이 Amazon S3에서 제공하는 API를 사용해야 합니다.[2]

```java
package org.example;

import software.amazon.awssdk.core.sync.RequestBody;
import software.amazon.awssdk.services.s3.S3Client;
import software.amazon.awssdk.services.s3.model.CreateBucketRequest;
import software.amazon.awssdk.services.s3.model.DeleteBucketRequest;
import software.amazon.awssdk.services.s3.model.DeleteObjectRequest;
import software.amazon.awssdk.services.s3.model.HeadBucketRequest;
import software.amazon.awssdk.services.s3.model.PutObjectRequest;
import software.amazon.awssdk.services.s3.model.S3Exception;

public class Handler {
    private final S3Client s3Client;

    public Handler() {
        s3Client = DependencyFactory.s3Client();
    }

    public void sendRequest() {
        String bucket = "bucket" + System.currentTimeMillis();
        String key = "key";
```

---

1   특정 클라우드 서비스 사업자에서만 제공하는 기능을 사용하여 다른 클라우드 서비스 사업자로 쉽게 변경하지 못하 는 상태를 의미합니다.

2   출처: https://docs.aws.amazon.com/sdk-for-java/latest/developer-guide/get-started.html

```
    tutorialSetup(s3Client, bucket);

    System.out.println("Uploading object...");

    s3Client.putObject(PutObjectRequest.builder().bucket(bucket).key(key)
                 .build(),
        RequestBody.fromString("Testing with the {sdk-java}"));

    System.out.println("Upload complete");
    System.out.printf("%n");

    cleanUp(s3Client, bucket, key);

    System.out.println("Closing the connection to {S3}");
    s3Client.close();
    System.out.println("Connection closed");
    System.out.println("Exiting...");
  }
…
```

문제는 연동에 사용되는 API가 '표준' API가 아니라는 겁니다. 클라우드 서비스를 마이크로소프트 애저^Azure 같은 사업자로 바꾸려고 할 경우, AWS^Amazon Web Services에 종속된 API를 소스 코드에서 삭제하고 애저에 해당하는 API로 변경해야 합니다. 특정 클라우드에 종속적인 서비스를 많이 사용할수록 다른 클라우드로 갈아타기가 더욱 어려워지므로[3] 클라우드 서비스 사업자를 신중하게 선정할 필요가 있습니다.

클라우드 서비스 장애가 나타날 경우 장애 발생의 책임 소재가 명확하지 않은 것도 문제인데요. 자원 관리의 책임도 공유하기 때문입니다. 그래서 클라우드 서비스를 이용할 때는 반드시 사전에 클라우드 이용 약관을 확인해야 합니다.

---

3  특정 클라우드 사업자의 서비스에 종속되어 다른 클라우드 사업자에게로 서비스되기 어려운 현상을 벤더 록 인^vendor lock-in이라고 합니다.

```
┌─────────────────────────────────────────┐
│            클라우드 클라이언트             │
│                                          │
│      웹 브라우저, 모바일 앱, 신 클라이언트,  │
│            터미널 에뮬레이터 등            │
└─────────────────────────────────────────┘
                    ↕
┌─────────────────────────────────────────┐
│       서비스형 소프트웨어(SaaS)          │
│                                          │
│       고객관리시스템(CRM), 웹메일,        │
│          가상 데스크톱, 게임 등          │
├─────────────────────────────────────────┤
│        서비스형 플랫폼(PaaS)            │
│                                          │
│      실행 환경, 데이터베이스, 웹서버,     │
│        API 게이트웨이, 개발 도구 등       │
├─────────────────────────────────────────┤
│      서비스형 인프라스트럭처(IaaS)       │
│                                          │
│      가상 머신, 서버, 스토리지, 네트워크 등 │
└─────────────────────────────────────────┘
```

그림 10-2 SaaS, PaaS, IaaS(출처: 위키피디아)

클라우드 컴퓨팅 기술의 흐름을 따라 소프트웨어 제품이 서비스 형태로 전환되면서 클라우드 서비스를 모르고 개발을 논하기는 어려운 시대가 되었습니다. 이런 맥락에서 IaaS, PaaS, SaaS의 개념을 짚고 넘어가겠습니다.

IaaS[infrastructure as a service][4]는 서비스형 인프라스트럭처의 약자입니다. 이 클라우드 서비스는 사업자가 네크워크, 스토리지, 서버 등의 인프라만 제공하기 때문에 미들웨어, 웹 애플리케이션 구축, 데이터 관리 등은 서비스 이용자가 직접 해야 합니다. 우리가 생각할 수 있는 다양한 자원이 클라우드 서비스로 제공되는데요. 마이크로소프트의 원드라이브[OneDrive], 애플의 아이클라우드[iCloud], 드롭박스의 드롭박스[Dropbox] 같은 저장소 서비스가 있고, IaaS를 제공하는 대표적인 사업자로는 AWS, 애저, KT 클라우드, 네이버 클라우드 등이 있습니다.

PaaS[platform as a service]는 서비스형 플랫폼의 약자입니다. 인프라만이 아니라 미들웨어와 런타임 환경까지 클라우드 서비스 사업자가 제공합니다. 플랫폼까지만 서비스하니 그 위에서 실행되는 애플리케이션은 서비스 이용자가 알아서 구

---

4  IaaS는 '이아스'라고 읽습니다.

현해야 하지요.

웹 서비스를 제공하기 위해서는 DBMS, 웹 서버 등 미들웨어를 구축하고 관리해야 하는데요. 장애가 발생하더라도 지속적으로 서비스되어야 하기 때문에 이중화, 데이터 백업 등 고려할 사항이 만만치 않습니다. 하지만 PaaS를 사용하면 이러한 관리 고충을 단번에 해결하는데요. 애플리케이션 구동에 필요한 미들웨어와 런타임 환경을 클라우드 서비스 사업자가 직접 관리하기 때문에 개발자는 오롯이 애플리케이션 개발에 집중하면 됩니다.

SaaS<sup>software as a service</sup>는 서비스형 소프트웨어의 약자입니다. 인프라, 미들웨어, 런타임과 더불어 애플리케이션까지 제공합니다. SaaS를 이용하는 고객은 자신의 데이터만 신경 쓰면 되니 서비스 관리가 한결 수월해진답니다. 구글에서 제공하는 지메일<sup>Gmail</sup>, 구글 문서, 시트, 행아웃, 캘린더 등이 대표적인 SaaS라고 할 수 있지요.

## 10.3 멀티테넌시를 위한 소프트웨어 만들기

한 가구가 거주하는 주택을 단독 주택이라고 합니다. 우리 가족의 전용 공간이지요. 주택의 용도도 소유에서 공유의 개념으로 바뀌고 있는데요. 숙소를 공유하는 에어비앤비나 사무실 공간을 공유하는 위워크 등이 대표적인 예입니다. 그동안 우리는 한 가구를 위한 단독 주택을 짓듯 특정 사용자를 위한 소프트웨어를 만들었습니다. 하지만 공유 시대가 되면서 다양한 사용자를 대상으로 서비스하는 소프트웨어 개발은 이제 필수가 되었습니다.

클라우드 컴퓨팅 도메인에 '멀티테넌시<sup>mult-tenancy</sup>'라는 용어가 있습니다. 물리적 리소스나 가상 리소스를 여러 이용자가 사용하는 것을 가리키는데요. 멀티테넌시를 생각하고 소프트웨어를 개발한다면 보안을 최우선으로 고려해야 합니다. 여러 기업의 사용자들이 동일한 소프트웨어를 사용하기 때문에 기업들과 개인들의 데이터도 공유하거든요. 그래서 인가되지 않은 사용자가 다른 기업의 데이터에 접근하지 못하게 데이터를 고립화<sup>isolation</sup>해야 합니다.

[그림 10-3]은 싱글테넌트로 구성된 서비스형 소프트웨어의 구조입니다. 싱글테넌트의 경우 고객사마다 소프트웨어와 데이터베이스가 각각 설치되어 운영되므로 보안을 우려할 일이 적습니다.

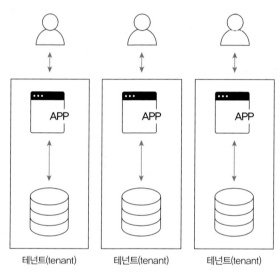

그림 10-3 싱글테넌트를 위한 시스템 구성

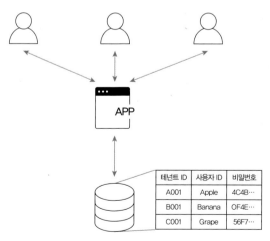

그림 10-4 멀티테넌트를 위한 시스템 구성

하지만 [그림 10-4]의 멀티테넌트는 여러 고객사가 하나의 데이터베이스를 공유하기 때문에 사정이 다릅니다. 데이터베이스를 공유하면 다른 이용자가 데이터에 접근할 가능성이 높아지므로 사용자별로 데이터를 고립할 방법이 필요합니다.

이를 소프트웨어로 구현할 수도 있지만, DBMS를 활용하는 방법도 있습니다. 가령 각 테이블에 테넌트 ID 같은 고객 식별자 열을 부여해 고객이 자신의 테넌트 ID에 해당하는 데이터에만 접근하게 통제할 수 있습니다.

멀티테넌트는 유지보수 관점에서도 유용합니다. 과거 애플리케이션을 개발할 때는 고객사마다 패치나 업그레이드를 수행해야 해서 유지보수하고 관리할 항목이 많았습니다. 그러나 멀티테넌시를 도입한 클라우드 서비스는 이런 항목을 단일화할 수 있어 그만큼 비용이 적게 드는 장점이 있습니다.

반면에 고려사항도 있습니다. 다양한 기업이 사용하는 소프트웨어라면 그만큼 다양한 요구사항을 충족할 기능을 개발해야 하는데요. 이를 위해서는 소프트웨어를 유연하게 변경, 적용할 기능이 있어야 한답니다. 가령 홈페이지를 제작하는 콘텐츠 관리 시스템이라면, 회사마다 홈페이지 구성, 메뉴, 콘텐츠, 게시판 등이 다르기 때문에 이러한 콘텐츠들을 자사의 입맛에 맞게 커스터마이징할 기능이 필요합니다.


## 10.4 고객을 위한 셀프 기능 만들기

식당에 가면 "물은 셀프 서비스입니다"라는 표지판이 붙어 있습니다. '셀프 서비스'란 표현이 콩글리시인 줄로만 알았는데, 전 세계에서 통하는 영어식 표현인 것도 같습니다. 왜냐면 클라우드 서비스에서 고객이 스스로 서비스 설정을 변경할 수 있는 특징을 'On-demand Self Service'라고 하거든요. 고객이 클라우드 서비스를 이용하려면 부지런해야 합니다. 클라우드 서비스 제공자를 귀찮게 하지 않고 알아서 많은 일을 해야 하거든요. 그래서 On-demand Self Service로 제공되는 클라우드 서비스는 고객 지원 서비스가 비교적 풍성하지 않습니다.

사실 클라우드 서비스를 제공하는 기업은 구독 서비스 비용만 부과하기 때문에 인력까지 지원하지는 못합니다. 그래서 고객이 필요에 따라 스스로 소프트웨어를 변경할 수 있도록 서비스를 만들어야 하지요.

앞에서 설명한 것처럼, 보안이나 용량 설정 등을 모두 고객이 알아서 수행할 수 있도록 서비스를 구현해야 합니다. 예를 들어 이메일 시스템을 클라우드 서비스로 제공한다면, 사용자 증가에 따라 자원량을 늘리기 위해 환경 정보를 설정할 수 있는 기능을 제공해야 하지요.

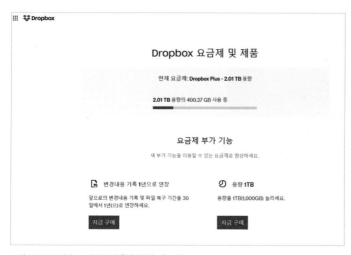

그림 10-5 클라우드 서비스의 용량 설정 기능 예

## 10.5 물리적 거리에 구애받지 않는 리전

과거에는 한국에서 외국 웹 사이트에 접속하면 로딩이 느렸습니다. 시간이 오래 걸리는 이유는 접속하려는 웹 사이트의 서버가 외국에 있기 때문입니다. 웹 사이트에 서비스를 요청하고 응답받는 물리적인 거리가 멀어서 패킷을 전달하는

데 그만큼 많은 시간이 소요되지요.

로딩 시간을 줄이기 위해서는 서비스를 제공하는 국가나 지역에 서버, 네트워크 등 인프라를 별도로 구축해야 했습니다. 즉, 사용자와 가까운 위치에 인프라를 구축하는 것인데요. 이 방법은 초기 비용이 크기도 하지만, 유지보수 비용을 지속적으로 지불해야 하는 문제가 있었죠.

그런데 클라우드 서비스를 활용하면 설정만으로 이 문제가 해결됩니다. 서비스를 제공하는 리전region[5]을 정할 수 있기 때문인데요. 전 세계적으로 퍼져있는 데이터 센터를 통해 클라우드 서버를 운영하므로, 물리적인 서버를 직접 구축할 필요 없이 리전을 선택해 소프트웨어를 배포, 운영할 수 있습니다.

그림 10-6 AWS의 리전 설정 화면 예

## 10.6 가용성은 제일 중요한 덕목

밤이 되면 어두컴컴했던 우리 동네에 편의점이 들어왔습니다. 밤이면 문을 닫았던 구멍가게와 달리 24시간 문이 열려 있는 편의점 덕분에 늦은 밤에도 마음이

---

5  AWS에서는 서비스되는 국가를 '리전'이라고 부릅니다.

든든합니다. 편의점은 우리에게 편리함을 선물합니다. 24시간 서비스되는 웹 서비스도 이렇지 않을까요?

우리의 일상 생활에 자리 잡은 편의점은 새벽이든 주말이든 문이 항상 열려 있습니다. 24시간 영업을 기대하기 때문이지요. 이런 기대치처럼, 여러분이 제공하는 서비스도 24시간 365일 중단 없이 제공되어야 합니다.

아주 먼 옛날 웹 서비스가 시작된 이른바 고인돌 시절에는 서비스가 중단되는 사건이 대수롭지 않았습니다. 하지만 인프라가 잘 정비된 근래에는 서비스 중단 사고가 용납할 수 없는 재난이 되었습니다. 국민 메신저 '카톡' 서비스가 중단된 그날, 온 국민은 통신의 단절을 경험했습니다. KT 인터넷 장애가 발발한 그날도 하필이면 점심시간에 인터넷 망이 중단되어 카드 결제가 안 되는 불편을 겪었습니다. 이 사건은 우리에게 중단 없는 서비스의 존재감을 일깨웠습니다.

클라우드 서비스 제공에서 가장 중요한 덕목은 바로 '가용성'입니다. 가용성이란 필요할 때는 언제나 서비스가 제공되는 능력인데요. 이 정의에서 강조할 단어를 꼽는다면 '필요할 때는 언제나'입니다. 이용자가 갑자기 많아져 서버에 엄청난 요청이 쇄도하는 와중에도 서비스는 중단 없이 신속하게 제공되어야 하거든요.

다수 사용자가 이용하는 서비스를 개발한다면 성능 좋은 서버와 네트워크가 구축되어야 합니다. 또한 지속적으로 서비스를 제공하기 위해서는 시스템을 이중화하는 것이 매우 중요한데요. 그래서 서비스를 제공하는 웹 서버도 이중화하고, 고객 데이터를 저장하는 데이터베이스도 이중화해야 합니다. 인프라가 충분하면 좋겠지만, 좋은 것은 항상 비용이 뒤따르기 때문에 지출을 조금이라도 줄여야 하는 회사 입장에서는 큰 고민이 되겠죠.

일 년에 한두 번 있는 이벤트를 대비해야 하는 경우를 생각하겠습니다. 이벤트에서는 특정 시간에 수많은 사용자가 동시에 몰리기 때문에 서버 입장에서는 평소 작업보다 몇 배나 많은 작업을 처리해야 하는데요. 서버가 수행해야 할 작업이 많다는 것은 그만큼 자원(CPU, 메모리 등)이 많이 필요하다는 의미입니다.

하지만 여기서 고민이 되는 지점은 이벤트가 상시적으로 있는 것도 아닌데 고가의 서버를 구입하면서까지 대비책을 마련해야 하느냐는 것인데요. 단적으로 이벤트가 있는 날은 일 년 중 열흘 남짓이고 그 외의 기간에는 부하량이 적다면, 서버 가동률이 매우 떨어지게 됩니다. 장비 구입 비용이 아까워지는 것이죠.

바로 이런 고민을 클라우드 서비스가 해결해줍니다. CPU, 네트워크, 디스크 등의 자원을 특정 기간 동안 사용한 만큼만 지불하면 되니, 불필요한 비용을 아낄 수 있기 때문인데요. 한 예로, AWS에서 오토 스케일링 기능을 사용하면 특정 이벤트가 있을 때만 자원을 추가로 사용할 수 있습니다. 그리고 이벤트가 줄면 자동으로 자원의 양을 줄일 수 있으니 서비스 가성비도 훨씬 좋아지지요.

[그림 10-7]과 같이 부하량이 일시에 큰 폭으로 증가했다가 감소하는데, 서버의 자원이 이를 받쳐주지 못하면 서비스 장애가 일어나기 마련입니다. 부하량이 증가하는 오름세에서도 지연 없는 원활한 서비스를 제공하려면 서버와 같은 자원이 추가로 필요합니다. 하지만 변동성이 심한 부하량에 따라 자원을 증감하기는 현실적으로 어렵지요. 이러한 문제점을 해결하기 위해 클라우드 서비스 사업자는 오토 스케일링을 기능을 제공합니다. 이 기능을 이용하면 [그림 10-8]과 같이 부하량에 따라 자동으로 자원을 늘리거나 줄일 수 있습니다.

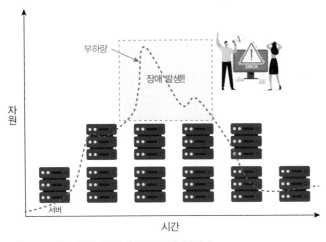

그림 10-7 오토스케일링 미사용 시 자원과 부하량의 관계

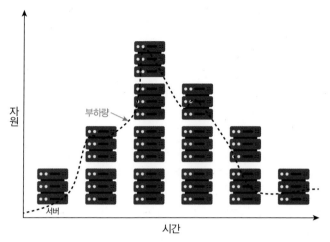

그림 10-8 오토스케일링 사용 시 자원과 부하량의 관계

만약 [그림 10-9]와 같이 부하량과 관계없이 자원량을 항상 최대로 준비해놓으면 어떨까요? 자원을 최대로 사용하니 부하량이 증가해도 서비스가 지연되지 않겠지요. 하지만 클라우드 서비스는 자원을 사용한 만큼 비용을 지불하기 때문에 부하량이 적어도 불필요하게 큰 비용을 지불하게 됩니다.

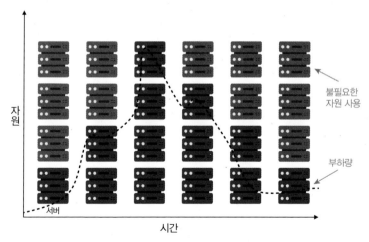

그림 10-9 자원을 최대로 사용한 경우, 자원과 부하량의 관계

## 10.7 자원을 탄력적으로 활용하는 서비스 개발하기

일반적으로 컴퓨터 자원이라고 하면 CPU, 메모리, 디스크 등을 말합니다. 이 자원들은 만지고 볼 수 있기 때문에 '물리적' 자원이라고도 하는데요. 특히 '가상'의 자원에 대비되는 말로 사용됩니다.

클라우드 서비스에서는 여러 개의 물리적인 자원을 하나로 묶어 풀 형태로 가상화하여 제공하는데, 이것을 '리소스 풀링'이라고 합니다. 우리는 리소스 풀링 덕에 클라우드 서비스에서 원하는 만큼 가상화된 리소스를 가져다 쓸 수 있습니다.

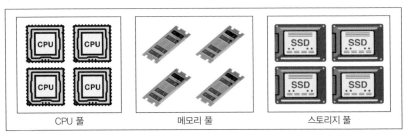

**그림 10-10** 리소스 풀링

클라우드 서비스는 탄력적이고 확장 가능하므로 이 특징을 소프트웨어 개발에 활용할 지혜가 필요한데요. 보통 서버 장비의 자원이 부족해지면 서버의 대수를 늘리거나 CPU, 메모리 등의 부품을 추가해 인프라를 증설하면 됩니다. 하지만 그러려면 시간과 비용이 들기 때문에, 적절한 시기에 맞춰 빠르게 대응하기 어려운 현실적 문제가 있지요. 이 문제 역시 클라우드 서비스가 쉽게 해결합니다. 단적으로 말해, 클라우드 서비스를 이용하면 가상의 자원을 버튼 클릭만으로 추가할 수 있기 때문에 탄력적 대응이 가능하답니다. 탄력성이란 부하의 정도에 따라 클라우드 자원을 동적으로 확장하거나 축소해 클라우드 자원 사용의 효율성을 극대화하는 특성을 의미합니다.

만약 서비스 이용자가 감소해 서버에서 수행해야 할 작업량이 줄어든다면 서버 장비의 자원이 남아돌 텐데요. 우리가 물리적 장비를 구입했다면 잉여 자원의 활용을 고민해야겠지만, 클라우드 서비스를 이용한다면 남는 자원을 그저 반납하면 됩니다. 게다가 반납 기준을 설정해두면 기준 충족 시 자동으로 자원이 반납되므로 서비스를 운영하는 입장에서 자동화된 프로세스를 구축할 수도 있지요. 이처럼, 서버에 부하가 일시적으로 대량 가중되는 상황을 해결할 방책이 클라우드 컴퓨팅 기술에 있습니다.

만약 인간이 과거의 기술을 활용하는 데 만족했다면, 오늘날 전기차는커녕 내연기관차를 타고 다녔을지 모릅니다. 인공지능으로 운행하는 자율 주행차의 보급을 앞둔 시대에 '운전은 당연히 사람이 해야지!' 하는 구시대적 사고를 고수한다면 기술 발전에서 도태될 것입니다. 즉, 여러분이 신생 기술에 관심을 갖지 않는다면 여러분의 지식은 과거에 머물고, 동시대 기술의 혁신과 동향을 놓칠 겁니다. 그러므로 새로운 것에 관심을 갖고 지속적으로 공부하기 바랍니다. 아울러 신기술을 섭렵해 발 빠르게 소프트웨어를 개발하는 전문 개발자로 성공하길 바라며 여정을 마무리하겠습니다.

**더 찾아보면 좋을 키워드**

이 책으로 공부한 후, 추가로 심화된 내용을 공부해보고 싶다면 다음 키워드를
참고하길 바랍니다.

## Chapter 1 데이터베이스의 효과적인 활용

- 쿼리 최적화
- 파티셔닝
- 캐시와 버퍼
- 트랜잭션 격리 수준
- 인덱스 통계
- 인메모리 데이터베이스
- ACID

## Chapter 2 데이터를 지키는 암호화 기법

- 전자 서명
- JWT(JSON Web Token)
- Multi-Factor Authentication
- 가상화 보안
- 서버리스 보안
- 웹 방화벽
- DDoS
- 쿠키 값 암호화
- CVE 및 CWE
- SecOps

## Chapter 3 체계적인 자원 관리

- 스와핑
- 부하분산
- 스레드 관리

- 큐 관리
- 가상화
- 시스템 자원 모니터링

## Chapter 4 성능을 향상하는 방법

- TPS
- 응답 시간
- 자원 활용률
- 병목 현상
- 처리량
- 성능 시험
- 부하 모델

## Chapter 5 오픈소스 라이선스의 세계

- 상용 라이선스
- 독점 라이선스
- 오픈소스 커뮤니티
- 크리에이티브 커먼즈 라이선스
- 오픈소스 이니셔티브

## Chapter 6 개발자를 위한 개발 도구

- Visual Studio Code
- Jupyter Notebook
- JIRA
- Docker
- DevOps
- Git Flow

## Chapter 7 효율적인 테스팅을 돕는 도구

- Postman
- 테스트 케이스
- 블랙박스 테스트
- 화이트박스 테스트
- 로드 테스트
- 테스트 자동화
- 회귀 테스트

## Chapter 8 좋은 코드 작성과 에러 처리

- 코드 리팩터링
- 디자인 패턴
- 정적 분석
- 코드 리뷰
- 커밋 메시지 규칙
- DRY 원칙
- 데드 코드

## Chapter 9 글로벌 소프트웨어 개발하기

- 유니코드
- 현지화 테스트
- 지역별 색상
- 멀티바이트 문자
- 다국어 지원

# Chapter 10 전 세계로 통하는 클라우드 서비스

- SLA(Service Level Agreement)
- 리전
- 멀티 클라우드
- 에지 컴퓨팅
- 서버리스 컴퓨팅
- 마이크로서비스
- 클라우드 애널리틱스

## 찾아보기

# 찾아보기